给孩子的
常识

给孩子的
国学常识

李异鸣◎主编

哈尔滨出版社
H.P.H
HARBIN PUBLISHING HOUSE

U0612314

图书在版编目（CIP）数据

给孩子的国学常识／李异鸣主编. —哈尔滨：哈
尔滨出版社，2021.12
（给孩子的常识六书）
ISBN 978-7-5484-6344-3

Ⅰ．①给… Ⅱ．①李… Ⅲ．①国学－少儿读物 Ⅳ.
①Z126-49

中国版本图书馆CIP数据核字（2021）第229715号

书　　名：**给孩子的国学常识**
GEI HAIZI DE GUOXUE CHANGSHI

作　　者：李异鸣　主编
责任编辑：尉晓敏　孙　迪
责任审校：李　战
封面设计：华夏视觉

出版发行：哈尔滨出版社（Harbin Publishing House）
社　　址：哈尔滨市香坊区泰山路82-9号　　邮编：150090
经　　销：全国新华书店
印　　刷：天津文林印务有限公司
网　　址：www.hrbcbs.com
E-mail：hrbcbs@yeah.net
编辑版权热线：（0451）87900271　87900272
销售热线：（0451）87900202　87900203

开　　本：710mm×1000mm　　1/16　　印张：63.25　　字数：1273千字
版　　次：2021年12月第1版
印　　次：2021年12月第1次印刷
书　　号：ISBN 978-7-5484-6344-3
定　　价：220.00元（全6册）

凡购本社图书发现印装错误，请与本社印制部联系调换。　服务热线：（0451）87900279

给孩子的国学常识

分类词条

政 经

华夏 / 一
四夷 / 一
汉族 / 二
匈奴 / 三
鲜卑 / 三
突厥 / 四
回鹘 / 五
羌 / 五
契丹 / 六
女真 / 七
蒙古 / 七
秦朝 / 八
汉朝 / 八
三国 / 九
西晋 / 一〇
东晋 / 一〇
五胡十六国 / 一一
南北朝 / 一六
隋朝 / 一七
唐朝 / 一七
五代十国 / 一八

宋朝 / 一九
元朝 / 一九
明朝 / 二〇
清朝 / 二一
郡县 / 二一
皇帝 / 二二
宰相 / 二二
三公 / 二二
九卿 / 二三
三省 / 二三
六部 / 二四
翰林院 / 二五
国子监 / 二五
军机处 / 二六
八旗制度 / 二六

哲 学

阴阳 / 二七
五行 / 二七
太极 / 二八
有无 / 二八
名实 / 二九
动静 / 二九
形而上与形而下 / 二九

气 / 三〇
道 / 三〇
理 / 三〇
性 / 三一
天理人欲 / 三一
良知良能 / 三二
致良知 / 三二
天人合一 / 三二
天人感应 / 三三
人皆可以成尧舜 / 三三
为我 / 三三
道法自然 / 三四
格物致知 / 三四

文学

六书 / 三四
四声 / 三五
字母 / 三五
训诂学 / 三六
诗 / 三六
古体诗 / 三七
近体诗 / 三七
词 / 三八
曲 / 三八
赋 / 三八
骈体文 / 三九
八股文 / 四〇
杂剧 / 四〇
传奇 / 四一
笔记小说 / 四二
章回小说 / 四二
诗话 / 四三
玄言诗 / 四三
田园诗 / 四四
山水诗 / 四四
宫体诗 / 四五
新乐府运动 / 四五
江西诗派 / 四六

台阁体 / 四七
唐诗派 / 四七
宋诗派 / 四八
诗界革命 / 四八
花间派 / 四九
婉约派 / 四九
豪放派 / 五〇
古文运动 / 五〇
公安派 / 五一
桐城派 / 五二
讲史小说 / 五二
神魔小说 / 五二
世情小说 / 五三
才子佳人小说 / 五四
公案小说 / 五四
谴责小说 / 五四
诗言志 / 五五
诗缘情 / 五六
诗无达诂 / 五六
美刺 / 五六
温柔敦厚 / 五七
知人论世 / 五七
文以载道 / 五七
风骨 / 五八

伦理

仁 / 五八
义 / 五九
礼 / 五九
智 / 五九
信 / 五九
孝 / 六〇
忠 / 六〇
五伦 / 六〇
礼义廉耻 / 六一
三纲五常 / 六一
孔门三戒 / 六二
寡欲 / 六二

知耻 / 六二
慎独 / 六二
三纲领 / 六三
忠恕 / 六三
中庸 / 六三
三不朽 / 六三
孔颜气象 / 六四
杀身成仁 / 六四
舍生取义 / 六四
独善兼济 / 六四
气节 / 六五
七出 / 六五

人 物

三皇五帝 / 六六
尧 / 六六
舜 / 六七
禹 / 六八
汤 / 六八
管仲 / 六九
孔子 / 七〇
孟子 / 七一
老子 / 七二
庄子 / 七二
荀子 / 七三
韩非子 / 七三
屈原 / 七四
秦始皇 / 七四
商鞅 / 七五
李斯 / 七六
汉高祖 / 七六
汉武帝 / 七七
董仲舒 / 七八
司马迁 / 七九
司马相如 / 八〇
诸葛亮 / 八〇
曹操 / 八一
曹植 / 八三

嵇康 / 八三
阮籍 / 八四
陶渊明 / 八五
玄奘 / 八六
李白 / 八七
杜甫 / 八八
韩愈 / 八八
柳宗元 / 八九
白居易 / 九〇
李商隐 / 九一
唐太宗 / 九二
武则天 / 九三
欧阳修 / 九四
王安石 / 九四
司马光 / 九五
苏轼 / 九六
李清照 / 九七
王重阳 / 九八
陆游 / 九九
辛弃疾 / 九九
成吉思汗 / 一〇〇
关汉卿 / 一〇一
汤显祖 / 一〇二
明太祖 / 一〇三
朱熹 / 一〇四
王守仁 / 一〇五
顾炎武 / 一〇六
黄宗羲 / 一〇七
王夫之 / 一〇八
张居正 / 一〇九
康熙皇帝 / 一一〇
乾隆皇帝 / 一一一
蒲松龄 / 一一二
曹雪芹 / 一一二
慈禧太后 / 一一三
左宗棠 / 一一四
曾国藩 / 一一五
李鸿章 / 一一六

张之洞 / 一一八

康有为 / 一一九

严复 / 一二〇

梁启超 / 一二一

王国维 / 一二二

章太炎 / 一二二

经典论著

经

简述 / 一二四

《论语》/ 一二四

《大学》/ 一二四

《中庸》/ 一二四

《孟子》/ 一二四

《诗经》/ 一二五

《尚书》/ 一二五

《礼记》/ 一二五

《周易》/ 一二五

《左传》/ 一二五

《孝经》/ 一二六

《尔雅》/ 一二六

《说文解字》/ 一二六

《训诂学》/ 一二七

《方言》/ 一二七

《释名》/ 一二八

《切韵》/ 一二八

《康熙字典》/ 一二九

分类词条

政经

华夏

中国的古称。"华夏"二字源于何处，一直有很多种说法。《辞海》认为，中国有礼义之大，故称夏；有服章之美，谓之华。《尚书》认为，夏，指大。因此大国称夏。"华夏"指中国。有的学者认为，夏，是源于中国历史上的第一个王朝——夏朝；华，则源于中华始祖伏羲的故土——华胥国。华先于夏，"华夏"之名由此而来。《简明不列颠百科全书》认为，"华夏"是中国和汉族的古称。"华"指"荣"，"夏"指中原人。公元前2100年至前770年，黄河中下游的夏族、商族、周族，他们同其他部落长期相处，逐渐形成了华夏族。以上说法见仁见智。通常我们认为，在公元前4000年，黄河流域居住着夏族，晋南关中一带居住着华族，而在淮河以南和汉江流域居住着蚩尤的祖先。公元前2700年，夏族领袖黄帝东进，战胜了华族领袖炎帝，后来炎、黄两族联手灭掉了蚩尤，占据了整个中原，逐渐形成了华夏族。因为有着先进的文明，在后来的岁月里，华夏族渐渐又融合了藏缅族、吐火罗人、东夷、通古斯族、西戎、祝融氏、蚩尤后代及匈奴、鲜卑等族，进一步扩大。到西汉时，就产生了以华夏族为基础的全新民族：汉族。简而言之，"华夏"实际上就是中原民族与周边蛮夷异化而又同化的产物，它不是单一的民族，而是以华夏文化为纽带结合起来的"民族联合体"。

四夷

华夏民族对周边文化相对落后的民族的总称。华夏族大约形成于公元前2000年左右，至公元前771年，历夏、商、周三代。三代并非源出同族，但在相互的兼并中逐渐融合，成为了一个民族共同体。华夏族按照东西南北的方位，将周边落后的民族分别称为东夷、南蛮、西戎、北狄，总称"四夷"或"蛮夷"。

夷的族称，以甲骨卜辞关于尸（夷）方的记录为最早。西周金文则正式出现了"东夷"的称谓。整个西周时期，东方诸夷都是周王朝的劲敌。文献记载周对东方的战争中，出现了东夷、淮夷、南淮夷、南夷等不同的称谓。由于族源直接继承两昊（大昊、少昊）部落，因此虽为夷人，但与夏、商、周三代仍有着一定的渊源关系。秦始皇统一中国后，三代东夷的苗裔，都已融入华夏民族之中。秦汉后，东夷除了指先秦的东北夷，又将倭人列入，泛指东方的民族和国家。蛮，在文献记载中，常指南方民族，如三苗、百越、楚、濮、群蛮、巴等。其实不专指南方。《史记·匈奴列传》说："唐虞以上有山戎、猃狁、荤粥居于北蛮。"可见在西周以来，也用作非夏族的通称，并且和"夷"一样可以用作与夏对举，称为"蛮夏"。南蛮的总称，大概出现于战国。《吕氏春秋·恃君览·召类》说："尧战于丹水之浦，以服南蛮。"《礼记·王制》说："南方曰蛮，雕题交趾。"南蛮族系复杂，长江中游有三苗、楚、群蛮；长江中上游有濮、巴蜀；长江下游及珠江流域有百越（有很多分支，如秦汉之际的东瓯、闽越、南越、西瓯、骆瓯等）；云贵高原西南夷的先民也不止一个族系。戎作为族称始于周代。在灭商以前，戎是用来称呼在周原附近与周为敌的各部落。其时，周的劲敌主要集中于周原以西陇山地区，故被称为"西戎"。商亡，为表示对商的敌忾，又称"戎殷""戎衣"。西周中叶，"徐"为周的东方劲敌，虽属东夷，确往往称之为"徐戎"，此称一直延续至春秋战国。"西戎"，从西周到战国，主要指氐羌系各部落；秦汉以后，狭义上指氐羌诸部，广义上则包括中国西部各民族。狄作为族称，始于春秋中叶。狄的本义，按王国维的考证，应是"远"与"剔除"的意思；此外另有"强悍有力""行动快疾"的释义。春秋初，其在秦、晋、郑、卫等国以北，当时仍被称为"戎"。到春秋中叶，"北狄"一词出现。此后近一百年的时间里，又陆续出现了赤狄、白狄、长狄等分支。在整个春秋时期，戎、狄有时仍会混称，有的部落兼有戎、狄两种称号。进入战国，狄的主要部分已经分化，有部分随胡人南下而融入胡人当中，成为匈奴的重要来源之一。华夷五方格局的形成经历了春秋、战国漫长的岁月，概念也在不断变化。唐时，就有将日本、高丽、波斯、天竺等国列入四夷的记载。可见，四夷的定义也始终是相对和变化的。

汉族

汉族是古代华夏民族与周边少数民族融合而成的中国主体民族，有着近四千年有文字可考的历史，创造了辉煌的文化。

从约公元前7000年起，当今汉族主体的一部分巴楚人在长江流域发展。前5000年左右，汉族的另一来源华夏族在黄河流域起源并开始逐渐发展。前2700年，活动于陕西中部地区的姬姓黄帝部落与南部姜姓炎帝部落发生争战，阪泉之战后，黄帝打败了炎帝，之后两个部落结为联盟，并攻占了周边各个部落，华夏族的前身由此产生。西周大一统王朝以来，境内多民族共存，不断融合，形成了黄河流域的华夏族和淮河、泗水、长江和汉水流域的楚族。二者的逐步形成，即今天汉民族的前身。春秋战国时期，征战频繁，华夏族同周边民族进一步融合，与楚族、秦族及陆续进入中原地区的夷、蛮、戎、狄等族也逐渐融合。很多古国消失了，被融入到了经济文化先进的大国之中。秦灭六国后，随着文字、度量衡等的统一，古民族的界限被进一步打破。不久，秦朝灭亡，刘邦建立汉朝，以"汉"为国号。此时的中国疆域空前扩大，以先秦时期的楚族和华夏族为核心，一个统一的汉民族形成了（统一的汉民族文化成于秦汉之际，是目前学界较为普遍的看法）。此时，汉族人口仍集中分布在黄河、淮河流域。从西晋末年起，逐渐向长江、珠江及中国东南部地区大规模迁徙。到明、清时，由于统治阶层的民族政策，南方汉族人口首次超过了北方。辛亥革命后，汉族又逐渐迁徙至中国东北地区。汉族的人口能有今天的规模除了在历史上不断融合其他少数民族而壮大兴旺外，与两个大的发展时期亦息息相关：一个是从魏晋南北朝至隋唐，一个是宋辽夏金元至明清时期。两汉之际，汉族之初人口约有五千万，经过魏晋南北朝至隋唐的飞速发展，到宋代时人口已突破一亿。再经宋辽夏金元至明清的发展，到清代道光时人口增至四亿多，成为了中国人口最多的民族。今天，汉族仍是中国的主要民族，人口为128631万（2020年第七次全国人口普查），占全国总人口91.11%。

匈奴

中国古代北方游牧民族。其族属尚无定论。《史记·匈奴列传》载："匈奴，其先祖夏后氏之苗裔也，曰淳维。"《山海经·大荒北经》称"犬戎与夏人同祖，皆出于黄帝"。也有人认为其是移居北地的夏桀的后裔。由于起源不明，其族属乃至语言都成了疑问。战国末期，匈奴常扰掠秦、赵、燕北境，三国相继筑长城以拒之。冒顿单于在位（前209—前174）时，统一各部，建立国家，统有大漠南北广大地区。老上单于（约前174—前160）时，匈奴势力东至辽河，西越葱岭，北抵贝加尔湖，南达长城，成为历史上第一个草原游牧帝国。西汉初，匈奴不断南下侵掠。公元前200年，汉高祖率大军亲征匈奴，结果被冒顿围于白登山，后用计逃脱。此后开始与匈奴和亲，岁奉贡献，并开关市与之交易。然而，匈奴仍屡屡背约南侵，成为汉朝一大边患。到汉武帝时，由于国力强盛，曾三次大举出兵反击匈奴，匈奴势力渐衰。后来，由于天灾、人祸及汉军的打击，匈奴发生了两次分裂：一次是前57年左右出现的五单于并立的局面，结果前53年，呼韩邪单于率众归汉，徙居阴山附近。前36年，汉西域副校尉陈汤发西域各国兵远征康居，击杀与汉为敌的郅支单于，消灭了匈奴在西域的势力。前33年，汉元帝以宫人王昭君嫁呼韩邪单于，恢复了和亲。另一次是王莽篡汉后，匈奴的势力有所发展。到东汉初年，匈奴日逐王比被南边八部拥立为南单于，袭用其祖父呼韩邪单于的称号，请求内附，得到东汉允许，匈奴遂再次分裂：南下附汉的称为南匈奴，留居漠北的则为北匈奴。公元89年到91年，南匈奴与汉军联合打击北匈奴，先后败之于漠北和阿尔泰山，

迫使其西迁（北匈奴至此从中国古书中消失），一部分进入东欧。魏晋之后，无论南匈奴还是北匈奴都曾辉煌一时：以北匈奴为例，他们远走欧洲后，灭突厥阿兰国，征服日耳曼民族，攻克君士坦丁堡，让东罗马帝国覆灭。其疆域东起咸海，西至大西洋海岸，南起多瑙河，北至波罗的海，力量盛极一时；南匈奴则在动乱的形势中，相继建立了"汉""前赵""夏""北凉"，在"十六国"中占据了一席之地。司马氏的西晋王朝也是被匈奴人刘渊推翻的。后来，匈奴人逐渐融合于鲜卑、柔然与中原民族之中，到了南北朝后，"匈奴"之名就在史册中永远消失了。有人认为今天的匈牙利人是匈奴的后裔，该说法仍待商榷。

鲜卑

中国古代民族名。原为东胡部落联盟的一支。关于"鲜卑"名称的来源，一直有不同的认识。有学者认为鲜卑即"犀毗"，指胡人的带钩。《史记·匈奴列传》云："鲜卑郭落带，瑞兽名也，东胡好服之。"郭落，指兽。鲜卑，祥瑞义。鲜卑郭落即指瑞兽，是东胡人的偏爱佩饰。另有学者认为，此带钩名与作为民族实体的"鲜卑"不能混为一谈。也有人认为，鲜卑为满语译音，指部落酋长，后以其名为族称。东汉人应奉上桓帝书云："秦筑长城，徒役之士亡出塞外，依鲜卑山，因以为号。"东汉服虔则云："东胡，乌桓之先，后为鲜卑。"《北史·魏本纪》载，鲜卑出自黄帝轩辕氏，黄帝之孙受封北国，境内有大鲜卑山（今大兴安岭），因以"鲜卑"为号。由于鲜卑的族源有多元现象，最初的鲜卑部落很可能源于山戎和东夷北支的白夷。根据各部落的发源地区

和与其他部落的融合情况,大致可分为东部鲜卑和北部鲜卑,在两者基础上又演化出了西部鲜卑。东部鲜卑起源于内蒙古自治区东部的鲜卑山,亦即辽东塞外的鲜卑山,大兴安岭东侧的浅山区和广漠草原地带,与乌桓山遥相呼应。北部鲜卑在大鲜卑山,即今大兴安岭北段。世代居于辽东的鲜卑,曾受匈奴统治,与汉朝亦时战时和。随着乌桓部族的南迁,鲜卑不断南移至其故地。汉武帝时,霍去病徙乌桓于上谷等五郡塞外,原分布在鲜卑山的鲜卑人于是向西南迁至乌桓故地饶乐水(今西拉木伦河)流域,而分布在大鲜卑山的拓跋鲜卑先祖也随后迁至大泽(今呼伦贝尔草原一带)。东汉和帝永元年间,北匈奴被汉朝及乌孙、丁零、乌桓、鲜卑等击败后西迁,鲜卑开始大规模地南迁西徙,掌控了匈奴故地。留居在漠北的十余万匈奴人亦先后归顺,于是鲜卑诸部逐渐强大起来,成为了继匈奴之后蒙古草原上的霸主。西晋末年,中原大乱,鲜卑慕容、拓跋、乞伏、宇文氏先后在北方和中原地区建立了前燕、后燕、西燕、西秦、南凉、北魏、西魏、北周等十几个王国。南北朝时,北方的统治者为拓跋氏和宇文氏。北魏孝文帝拓跋宏进行了一系列的汉化改革后,鲜卑族迅速壮大,不但保有最初的骁勇而且愈发知书识礼。鲜卑族建立的北周后来被隋朝杨氏取代,尽管如此,鲜卑的血统传承却依然如故,如唐朝的开国皇帝李渊(其母为鲜卑人独孤氏)、唐后宫的嫔妃(如长孙皇后)、参政议政的大臣(如尉迟敬德)等。此后,鲜卑作为一个民族渐渐淡出了历史舞台。

突厥

中国北方和西北方古代民族,亦为汗国名。广义的"突厥"泛指突厥汗国前后所有操突厥语的部落或民族,其兴起前的敕勒、铁勒、狄历、丁零等名称可能都是突厥一名的不同译法;狭义的"突厥"专指6世纪至8世纪中叶于金山(今阿尔泰山)南麓、漠北高原两度建立汗国的民族。其先人在6世纪中居金山之阳,为柔然国的锻工。因金山形似古战盔,其俗称突厥,因以为号。建立突厥汗国的首领是阿史那氏、阿史德氏,两个氏族世代通婚,共同统治突厥部众。公元542年,"突厥"见于汉代文献记载。546年,突厥遣使赴西魏纳贡,与内地王朝正式交往。与此同时,阿史那氏的首领土门降服相邻的诸部落,势力大增。552年,土门重创柔然国,自立为伊利可汗,建立突厥汗国。其王庭置于漠北鄂尔浑河流域的郁督军山(今蒙古国杭爱山),史家称之为突厥第一汗国。在552—581年间,突厥成为欧亚草原上最为强大的国家,掌控着东西交通与贸易要道。然而,这个游牧汗国在政治结构上还不完善,汗位的争位内讧加剧了其分裂趋势,很多小可汗、强大的部落首领都蠢蠢欲动。581—583年,草原因大风雪遭遇灾荒,隋发兵击破突厥。突厥第一汗国分裂为东(北)、西两个突厥汗国。隋与东突厥联姻,令突厥称臣。隋朝末年,北边群雄蜂起,突厥再次强盛起来。群雄争相示好以期援助。至唐太宗继位,联合薛延陀、拔曳固、回纥等铁勒诸部,于630年消灭了东突厥汗国,余众置羁縻都护府、都督府、州进行管理。唐又逐步取代了西突厥对西域绿洲诸国的控制,加设安西都护府。657年,唐平定阿史那贺鲁氏叛乱,册立西突厥汗室后裔为兴昔亡、继往绝可汗,分治十姓部落。682年,东突厥贵族阿史那骨咄禄兴兵反唐,重建突厥(史称突厥第二汗国、后突厥汗国)。后突厥在691—716

年间达到极盛, 破奚、契丹, 讨黠戛斯、党项, 攻取河套六胡州, 发兵西征, 势力直抵中亚。734年, 毗伽可汗被毒杀, 突厥内乱。翌年, 回纥骨力裴罗自立, 灭突厥。突厥部众融入回纥或西迁至乌古斯等其他民族中。突厥有自己的文字, 语言属阿尔泰语系、突厥语族。现在, 全球约有1.3亿人讲突厥语, 这些人分布在土耳其、阿塞拜疆、塞浦路斯、哈萨克斯坦、乌兹别克斯坦、土库曼斯坦、吉尔吉斯斯坦以及中国的新疆等地。突厥的英文单词为Turkey, 现在一般认为, 土耳其人为突厥人的后裔。

回鹘

中国古代北方及西北民族名。原称回纥, 公元788年改称回鹘。维吾尔族祖先。后亦为以回纥族为核心建立于漠北的游牧汗国名。西汉前, 回纥是个逐水草而居的游牧部落。隋至唐初, 居住在婆陵水 (今蒙古色楞格河) 侧, 受突厥政权统治。605年, 回纥联合仆固、同罗、拔野古等部族起来反抗, 摆脱了突厥的统治, 逐渐强大起来。646年, 配合唐军攻灭了薛延陀政权, 首领吐迷度自称可汗, 接受唐朝的管辖, 唐在其地分置六府、七州。744年, 回纥首领骨力裴罗自立为可汗, 建立漠北回纥汗国。这时回纥控制的地区, 东起今额尔古纳河, 西至今阿尔泰山, 势力日益强盛。840年前后, 回鹘 (之前已更名) 可汗被黠戛斯所杀, 汗国瓦解, 诸部离散, 其中一部分南下降唐, 其余西迁。西迁的一支到达河西走廊一带, 称河西回鹘, 后来成为河西地方的土著, 就是现在的裕固族。一支迁到葱岭及其以西的地方, 称葱岭西回鹘。另一支迁到西州。西州回鹘又向西发展, 以高昌 (今新疆吐鲁番) 为中心, 东抵哈密、西至库车、南达于阗、北越天山, 建立高昌回鹘政权。西州回鹘后来改称 "畏兀儿", 即今天维吾尔族的先祖。安史之乱时, 回纥曾两次派兵助唐平乱, 唐先后三次把公主嫁与回纥可汗。唐后期, 与回纥的贸易往来较多, 以茶、绢等换取回纥的马匹、皮毛。不少回纥人滞留内地经商, 仅长安城就有千余人。在唐朝先进文明的影响下, 其经济文化有了长足发展: 开始从事农耕, 种植五谷、棉花、瓜果 (以葡萄为最) 等作物, 有自己独特的灌溉方式 (坎儿井) ; 信奉佛教, 兼事摩尼教和祆教; 创制了回鹘文, 精于木刻印书术与壁画艺术等。10至11世纪, 回鹘与五代、北宋关系密切。12世纪初隶属西辽。13世纪初归附蒙古。14世纪20年代起, 属察合台汗国。17世纪后被准噶尔部占领。18世纪中叶归清政府管辖。

羌

中国古代西部民族名, 亦为古代西部游牧民族泛称。关于羌的记载, 最早可追溯至商代。殷甲骨卜辞中有 "羌方 (商西强国)"、役使 "羌"、"多羌" 及大量以 "羌" 为人牲祭祀的记载。商朝末年, 羌人曾参加武王伐纣的战争。

羌人是古戎人的一部分。《国语·周语》载西周宣王时有 "羌氏之戎", 势力强大。姜戎中有申戎, 后与犬戎等共灭西周。《左传》云 "姜戎氏", 春秋前期入居豫西, 其俗被发, 与羌同。"姜""羌" 二字古时相通, 学者多认为此姜戎即羌人。据说这支戎人是被晋惠公招引到晋南, 虽然其当时 "衣服饮食不与华同, 货币不通, 言语不达", 但已步入农耕定居生活, 后来即与华夏族融合了。羌人的历史绵延不断, 在战国时, 有义渠之戎,风俗为火葬，被学者认为是羌人。他们与华夏诸侯国有交往，常与秦发生争战，后为秦昭王所灭；居住在河湟地区的部分羌人，依水草而居，氏族无定，有戎人、爰剑的彪悍之风。后来躬耕蓄畜，日益强大，在河湟地区称霸。爰剑子孙世代为酋豪，秦献公时，因顾虑秦的强大，于是向西南发展。此后子孙分散，是为汉代居住于今甘肃、川西的牦牛、白马、参狼诸羌。到爰剑五世孙研时，羌武力最强，遂以"研"为种号；至十三世孙烧当时，子孙更号烧当。汉初，匈奴强大，羌人服属于匈奴，一部分请求内迁，汉景帝刘启允许研种留何率族人迁入陇西郡一带。后汉武帝于湟水流域设县、护羌校尉。汉昭帝时，又置金城郡，辖地进一步扩大。公元前61年，因官吏滥杀羌民，诸羌怨怒。汉宣帝时，朝廷派员招讨，减少杀伐，羌人陆续归降。汉元帝至光武帝时，很多归附的羌人被内迁。这些内迁羌人被称为东羌，由于深受地方官吏、豪强的压榨，生活悲苦；留居河湟地区的西羌则受护羌校尉、边郡都尉的欺凌滥杀，也很艰难。羌人由此不断地反抗，成为东汉后期的一大祸患。三国时，河西诸羌和武都、阴平的羌部分别降属魏、蜀。魏、蜀两国相互攻伐，许多羌人迁入了陇、蜀、秦、雍之地。西晋时，杂居于关中的羌人为数甚众，在生活上备受压迫。296年，冯翊、北地两郡的马兰羌与匈奴联合造反；不久，秦、雍羌人与氐人俱反，成为晋王朝的心腹之患。公元前307—313年，南安郡烧当羌人姚弋仲迁入扶风境，从者数万。其子姚苌于前384年叛前秦自立。魏晋南北朝时，迁居内地的羌人从事农业生产，逐渐与汉族融合。到了唐代，党项羌从青海迁至夏州等地，于宋时建立西夏国，被蒙古灭后，大部分与汉族融合。居住在岷江上游的羌人部落，自汉

以来多隶属于中原王朝，其中大部分被汉族和藏族同化，小部分得以保存下来，成了今天的羌族。

契丹

中国北方古代民族名，是鲜卑族宇文部的一支。388年，北魏破之，于是避居于潢水、和龙一带从事游牧，向魏朝贡；另有少数契丹人内迁，与汉人杂居。契丹在北朝时，分八部，隋唐时分十部（一说为八部）。当时，突厥称雄北方草原，契丹酋长就辗转臣服于唐与突厥之间。唐太宗贞观以后，契丹酋长窟哥率部归顺，唐置松漠都督府，其各部分置十州，授窟哥为松漠都督，赐李姓。武则天时，契丹首领李尽忠因营州都督的欺凌，起兵反抗，以数万族众击破唐朝兵力。武后又发兵进讨，仍被契丹打败。后借奚与突厥的兵力，才将其击退。此后，契丹对唐有朝贡，也有冲突，直到842年，才与唐恢复臣属关系。唐末，契丹首领耶律阿保机统一各部，日渐强大，于916年称帝，国号契丹。1066年复号大辽。契丹在建国之前，902年秋，阿保机率骑兵侵入长城以南，在今山西、河北一带掠获汉人近十万，牛羊驼马不计其数。此后不时南侵，让掳掠来的汉人从事农耕和手工业生产。契丹的财富日益增多，游牧地区逐渐出现了定居放牧。契丹建国后，积极学习中原文化，同南唐、吴越都有外交往来，吐蕃、吐谷浑、党项等都来朝贡。由于境内有大量的汉人居住，上层契丹人在优裕的生活中，学习诗文，有的参加科举，有的通习契丹文、汉文，有很高的文化素养。在北部山林草原地带，多数契丹人仍从事放牧、狩猎，但由于也受到新文化的影响，从前的农牧隔阂已经明显弱化。在信

仰上，契丹人信萨满教，敬天神。在契丹后期，佛教也很盛行。另外，在科学技术、医药方面，契丹也有出色的贡献。1125年，金朝灭辽，契丹人多归附于金，一部分于辽亡前随耶律大石西迁，建立西辽（1124年—1211年）；有的拥雅里转移；有的随库烈儿北撤。到了金代，归附的契丹人不断起义，以后投附蒙古并参加南征。契丹人多同化于汉人、蒙古人中。现代研究者多认为，今达斡尔族较多地保留了契丹传统，是契丹的后裔。契丹国势曾远及中亚，故中世纪中后期西方国家多以契丹指北部中国，蒙古西征后转指整个中国。

女真

中国东北古代民族名，与肃慎、挹娄、勿吉、靺鞨有历史渊源。五代时，契丹人称黑水靺鞨为女真，从此，女真一名代替了靺鞨。辽朝时，因避讳写作女直。

926年，辽天显元年，耶律阿保机灭渤海部，部分女真人随渤海人南迁，编入辽籍，称为"熟女真"；留居故地的女真人，因未入辽籍，被称为"生女真"。生女真中的完颜部逐渐强大，在按出虎水（今阿什河）一带定居。他们从事农业生产，掌握了冶铁技术，出现了私有财产，阶级分化趋向明显，开始向阶级社会过渡。1021年—1074年，完颜部的乌古迺为部长时，开始统一生女真各部，被推为"都勃极烈（首领）"，同时受辽生女真部节度使官号而不系辽籍，成为辽朝属国。辽朝末年，阿骨打起兵反辽，于1115年建立金朝。1125年灭辽，1127年灭北宋，成为与南宋对峙的北部封建王朝。当时，外兴安岭以南及黑龙江下游都属金朝治下。1234年亡于蒙古。女真人在建立金朝以前，使用契丹字，建国后借用契丹字母创制女真字，有大小女真字之别，与汉文同样成为金朝通用文字。为加强对汉区的统治，金朝不断迁徙"猛安谋克"于中原各地，使其与汉人杂居，接受中原文化，加速封建化进程。至金末，迁徙的女真人已渐与汉人同化。元代时，迁入中原各地和散居辽东的女真人、渤海人、契丹人与华北汉人同被视为汉人，而留居东北的女真人，仍在以渔猎为生，社会发展缓慢，有的甚至仍处在原始社会阶段。明初到明中叶，东北广大地区的女真人分为建州、海西、东海（野人）三部，其住地设置有卫、所，总属奴儿干都司名下。卫、所的长官如都督、指挥使、同知、金事、千户长、百户长等，均由女真酋长担任，明廷给予印信。1583年，女真首领爱新觉罗·努尔哈赤起兵，统一了建州各部。1589年后，努尔哈赤相继兼并了海西四部，征服了东海女真，统一了分散在东北的各部女真。其间，他将女真人原有的狩猎生产组织形式"牛录"加以增定完善，创建了军政合一的"八旗"组织。1616年，努尔哈赤称大英明汗，沿用"金"为国号（史称后金）。努尔哈赤死后，其子皇太极继位。皇太极改女真为"满洲"，其余女真各部各以赫哲、鄂温克、鄂伦春等族名通行，"女真"一名逐渐消失。1636年，皇太极改国名为"清"，为中国历史上最后一个封建王朝。

蒙古

北方民族名，源于东胡族系。"蒙古"一词地理上指亚洲中东部的蒙古高原，包括中国新疆的一部分、内蒙古和蒙古国，以及俄罗斯联邦的部分区域（如唐努乌梁海）；历史上通常指大蒙古国或蒙古帝国、四大汗国、帖木尔帝国等蒙古人建立的国家。今言"蒙古"一般指蒙古国或蒙古族。蒙古部落最初分布在大漠南北,以游牧为生。最早的记载始于唐代,称"蒙兀室韦"。1140年,酋长孛尔只斤氏始以"蒙古"为称号(意为"银",与女真族的"金"相对)。该地区在汉代之前的主要居民为匈奴人。匈奴被击溃后该地区先后由柔然、突厥、回纥等民族控制。宋时,蒙古人迁入该地。蒙古民族最初受金朝统治,随着金的衰落,在13世纪初,孛尔只斤氏首领铁木真(即成吉思汗)统一了这一地区的所有蒙古部落,建立了蒙古帝国。忽必烈做大汗时,改称元朝。其疆域广阔,除了该地区外,还包括现中国领土的大部分、朝鲜半岛等。1368年,明将徐达攻占大都,元朝灭亡,蒙古族退回大漠南北,主要生活在这一地区。明末,努尔哈赤以建州卫兴起于东北,开始统一女真各部及近邻蒙古部族。至皇太极时,漠南蒙古被统一;漠北与漠西四部也先后臣属清廷。康乾时,漠北、漠西蒙古封建主不断内附,清廷都给安置了牧地。除贝加尔湖布里雅特蒙古外,都已归入清朝统一的版图。为了加强对蒙古的控制,清廷与蒙一直积极通婚。由此,清朝十二代皇后中有一半具蒙古族血统。由于血亲相联,蒙古族成了维护清朝统治的重要支柱,清廷也给予其种种特权和荣耀。清朝灭亡后,蒙古北部(通常被称为外蒙)在苏俄的支持下,宣布独立,成立了蒙古人民共和国。1944年,隶属外蒙的唐努乌梁海地区并入苏联。蒙古南部(即内蒙古)在1947年成立内蒙古自治区,成为了中华人民共和国的一部分。

秦朝

秦朝(前221年—前207年),秦始皇建立的大一统的封建集权王朝。公元前247年,庄襄王(名子楚)死,其子嬴政被立为秦王。前221年,秦灭六国而统一全国,嬴政改称始皇帝,定都于咸阳(今陕西省咸阳市)。秦国的地域东至大海,西至陇西,南至岭南,北至河套、阴山、辽东,幅员辽阔。

秦朝建立后,为了加强统治,秦始皇在政治、军事、经济、交通、文化及对外开拓诸方面,均采取了一系列新政。他一方面创设了影响深远的皇帝制度,在中央设立三公九卿制,在地方推广郡县制;另一方面着手统一文字、度量衡及货币,销毁兵器,决通川防,广修驰道以及听从李斯的建议"焚书坑儒"等。随着进一步北征匈奴、南服百越等开疆拓土措施,统一的多民族的封建国家最终形成。作为封建帝国的开拓者,秦始皇居功甚伟,但为了加强中央集权及对人民的控制,秦朝的统治是非常残暴的。秦始皇当政十二年,其为政之苛暴也显露无遗。百姓日日面对的是无休止的兵役、徭役及恐怖暴虐的刑罚,生活在巨大的灾难和痛苦中。前210年,秦始皇在巡游途中病死,其子胡亥继位,即秦二世。秦二世在位三年,由宦官赵高等总揽朝政,统治更加黑暗。秦二世在位不久,即爆发了由陈胜、吴广领导的农民大起义,秦朝被推向了灭亡的深渊。前207年,赵高弑胡亥立子婴(胡亥兄之子)为王。同年十月,子婴降于刘邦,秦朝灭亡。

汉朝

汉朝(前202年—220年),是中国历史上继秦朝之后出现的统一王朝,分为西汉(前202年—8年)和东汉(25年—220年)两个历史时期,合称两汉。西汉为汉高祖刘邦所建立,建都长安;东汉为汉光武帝刘秀所建立,建都洛阳。西汉时,王莽曾短暂地建立了新朝(9年—23年)。

秦朝灭亡以后,项羽和刘邦展开了长达4年的楚汉之争。刘邦在垓下之战中打败了西楚霸王项羽,于公元前202年正式称帝,定国号汉,汉朝就此开始。汉文帝和他的儿子汉景帝在位期间,采取无为而治的手段,轻徭薄赋、与民休息,恢复了因战争而破坏的生产力。这一时期被史家称为"文景之治",是中国自秦朝大一统以来,第一个被传统历史学家称羡的时期。武帝在位期间(前141年—前87年),汉朝的政治、经济、军事更为强大。在政治上,武帝削弱了诸侯王的势力,诸侯王不再能够对中央构成威胁,中央集权得到了加强。文化上,采纳董仲舒"罢黜百家,独尊儒术"的建议,使儒家思想从此时起成为了中国历经两千年的主流思想。军事上,主动出兵匈奴,又吞灭南越国,征服朝鲜,使中国成为东亚霸主。外交上,两次派张骞出使西域,开辟了丝绸之路。西汉后期,外戚和宦官势力兴起,皇权旁落。汉成帝沉溺女色,不理朝政;汉哀帝有"断袖之癖",终日与男宠厮混,外戚王氏的权力膨胀。公元8年,王莽建立新朝,西汉灭亡。

23年,王莽政权在农民起义的打击下灭亡。25年,汉朝宗室刘秀继皇帝位,是为光武帝,沿用汉的国号,以这一年为建武元年,定都洛阳,史称东汉。汉光武帝废除王莽时的弊政,对外戚严加限制,史称光武中兴。但是分封土地,也使得土地兼并情况日益严重,地方豪强势力兴起。东汉后期,外戚和宦官乱政局面重新出现,而且愈演愈烈。各地豪强大族也拥兵自重,演变成东汉末年众豪强军阀割据一方、群雄逐鹿的局面。汉灵帝死后,董卓掌权,废后汉少帝刘辩为弘农王,改立汉献帝刘协。董卓被吕布诛杀后,军阀割据加剧,曹操把持中央,"挟天子以令诸侯"。220年,汉献帝被曹操之子魏文帝曹丕所废,东汉灭亡,中国历史进入分裂的三国时代。

汉朝是一个强大的帝国,创造了辉煌的文明,和之后的唐朝合称为"强汉盛唐"。汉朝统治时期所确立的社会与政治制度,一直延续到20世纪。至今,中国人仍然称呼自己为"汉人",而中华民族中以华夏族为主的中原部族被统称为"汉族",其文字称为"汉字"。

三国

三国(220年—280年)。东汉末年,爆发了大规模的黄巾起义,东汉政权遭受沉重打击,地方豪强势力迅速增强,纷纷起兵割据自立,并逐渐脱离中央,东汉的政权急剧衰落,形成魏、蜀、吴三国鼎立的局面。三国始于220年曹丕受禅称帝,终于280年晋灭吴。魏国(220年—266年),始于魏文帝曹丕,置司、豫、兖、青、徐、凉、雍、冀、幽、并、荆、扬等州,领有今黄河流域各省和湖北、安徽、江苏北部,辽宁中部,有户66万余,是三国中最强大的国家。蜀国(221年—263年),刘备所建,置益州,版图在今四川东部、重庆以及云南、贵州北部和陕西汉中一带,有户28万余。吴国(222年—280年),孙权所建,有扬、荆、交三州,位于长江中下游和东南沿海一带,有户52万余。三国时期,各国为图生存,都致力于整顿吏治,恢复社会秩序和发展经济。魏自曹操统一北方、开展屯田开始,生产逐渐恢复,改革弊政,抑制豪强,扫除宦官、外戚的专权,吸收中下层地主阶层参政。魏文帝时,又实行九品中正制,承认一般士族有做官的权利。蜀国在丞相诸葛亮的大力推行下，严格法治，纪律严明，赏罚分明，农业和手工业逐步得到恢复和发展，国力增强。特别是诸葛亮招抚西南夷，使少数民族地区得到开发，加强了民族团结。吴国自211年迁都建业，促进了东南地区的开发，农业发展，政治稳定，航海业发达。三国时期战争不断，如：蜀、吴争夺荆州之战，蜀、魏争夺汉中之战，以及魏灭蜀、晋灭吴之战都比较著名。三国的军事实力以魏国最强，吴国次之，蜀国最弱。晋武帝太康元年（280年），晋灭吴，三国时代终结。

西晋

西晋（265年—317年）。晋朝皇族的源头为河内司马氏，在曹魏时代已世代为官。皇族中的司马懿极具政治及军事才略，在曹魏后期，抵御蜀汉北伐及平定辽东，是魏国的重臣。司马懿去世后，其子司马师及司马昭进一步巩固了司马氏的权势。265年，司马昭之子司马炎篡夺皇位，改国号为"晋"。定都洛阳。司马炎即晋武帝。280年，吴主孙皓投降，吴国灭亡，西晋统一天下。

司马氏执政后，开始诛杀异己，分封宗室，这使得西晋开国功臣中少有德才兼备的人物，多碌碌无为之辈。当时的社会风气很不好，贪污、奢靡成风。著名的石崇、王恺斗富就发生在晋武帝当政时期。西晋建立后，为了避免权臣专政及地方割据，武帝开始裁撤州郡守兵，封赏诸王，令地方宗室的权力大增。与此同时，边境的胡人开始迁入中原。这些胡族内迁后，不时受汉官欺压或歧视，内心非常不满，叛乱的事时有发生。大臣郭钦、江统等人以"徙戎论"劝武帝用武力将内迁的外族徙迁回原住地，但没有被采

纳，为日后"五胡乱华"埋下了隐患。290年，晋武帝去世，晋惠帝继位，外戚杨骏辅政。由于惠帝智商低下，皇后贾南风趁机干政。晋王室愈发衰微。300年，太子司马遹被废。赵王司马伦采孙秀计，挑拨贾后杀掉太子。而后，赵王伦联合齐王司马冏以替太子报仇为由发兵去除贾后及其党羽，赵王伦专政。从赵王伦始，齐王冏、河间王颙、成都王颖、常山王（后封长沙王）乂、东海王越、豫章王炽等为了争权开始不停作乱。到306年，东海王攻入长安；河间王颙和成都王颖败走，最后被杀。东海王迎惠帝还洛阳。惠帝后来被毒死，豫章王司马炽继位，即晋怀帝，由东海王专政。八王之乱至此结束。

八王之乱期间，司马氏在地方上的影响顿减，地方势力不断膨胀，外族陆续叛变独立。李成与汉赵都先后自立。晋王室面临着覆亡的危机。313年，晋怀帝被杀，愍帝于长安继位。汉赵开始发兵进攻西晋。316年，晋愍帝投降，最后被杀，西晋灭亡。此后，匈奴、氐、羯、鲜卑及羌等族，陆陆续续在北方建立了一系列国家，史称"五胡十六国"。

东晋

东晋（317年—420年）。316年，晋愍帝被俘，西晋灭亡。317年，琅琊王司马睿在南渡过江的中原氏族与江南氏族的拥护下，在建康称帝，即晋元帝，国号仍为晋，因是继西晋之后偏安于江南，故被史家称为东晋。东晋自晋元帝司马睿建国共历十一帝，前后103年。在此期间，中国一直处于分裂状态，直到东晋灭亡，这种状态仍未改变，随之到来的是另一个分裂时期——南北朝时期。

东晋王朝的统治阶层大部分是由过江避难的中原名门望族与江南的土居氏族组

成，他们本身就存在着地域、文化方面的差异，因而一直相互排挤。在整个东晋时期，中原氏族始终占据着统治的主导地位，南方土居氏族则一直被排斥。

从晋元帝元年（317年）至晋安帝隆安三年（399年）间，是东晋发展相对平稳的时期，这一期间虽有过一些叛乱，但很快都被平定。元帝末年，王导之弟王敦起兵反晋，遭到其兄王导与朝臣的抵抗而未能成功；桓温也曾觊觎帝位，也被王谢两大家族抵制下去。385年，重臣谢安病死，晋孝武帝将大权交付给弟弟司马道子。司马道子和儿子司马元显把持朝政，权倾一时。他们暴虐无能、大肆剥削人民，使图谋王位的大族有机可乘。398年，以桓玄为盟主的王恭、殷仲堪、庾楷等人的联军占据了建康以西的州郡，使朝廷的统治被限制在东方的八郡内。东晋开始走向衰亡。也是在安帝时期，信奉五斗米道（中国最早出现的道教组织，由东汉张道陵创立，因入教者须出五斗米，所以称"五斗米道"或"米道"。东晋末年，遭统治者镇压，世间便讳言"五斗米道"，改称"天师道"）的孙恩趁民心骚动，于东方起事。他们在短短的十几天中发展到了数十万人，后被晋将谢琰、刘牢之击溃逃至海岛之上。这次起义大大削弱了晋朝的力量，桓玄便趁机发兵攻占建康，废晋安帝，自立为帝。此时，东晋四大家族中的谢、王、庾三家已相继衰落，唯一有实力与桓玄对抗的只有在对抗孙恩起义时才发展起来的匈奴人刘裕。于是，刘裕率众击败桓玄，推恭帝司马德文即位。他名义上恢复了东晋的统治，但实际上却已大权在握。420年，刘裕废晋恭帝，建立了宋国，结束了东晋的统治。

五胡十六国

五胡十六国（304年—439年）是中国历史上的一段大分裂时期。指自西晋末年到北魏统一北方期间，在中国北部境内建立政权的五个北方民族及其所建立的政权。五胡指匈奴、鲜卑、羯、氐、羌。十六国指前凉、后凉、南凉、西凉、北凉、前赵、后赵、前秦、后秦、西秦、前燕、后燕、南燕、北燕、夏、成汉。五胡世代居住在中国的西北部。他们建立王朝后，各自征战，朝代的更迭相当繁乱。

附十六国世系图表：

十六国世系

年号	庙号	姓名	即位时间	即位年龄	在位年数	死时年龄	世系	备注
汉（前赵）世系								
	高祖武	刘渊	304		7		新兴县匈奴人，呼韩邪单之后，曹魏时改姓刘	西晋太康末为北部都尉，后为建威将军，五部大都督，受晋封为汉光乡侯，后起兵反晋，304年称汉王，308年称帝，迁都平阳
光兴嘉平建元麟嘉	烈宗	刘聪	310		9		刘渊第四子	刘渊死，太子刘和即位，刘聪杀兄夺位，311年派刘曜攻破洛阳，俘晋怀帝，316年派刘曜破长安，俘晋愍帝，灭西晋

汉昌	隐皇帝	刘粲	318		1		刘聪子	以皇太子摄政，318年七月即帝位，九月，大将军靳准杀粲夺位
光初		刘曜	318		12		刘渊侄，少孤，由刘渊收养	靳准夺帝位，刘曜率兵攻准，被太保呼延晏等拥立为帝，进军平阳，尽杀靳氏，迁都长安，改汉为赵，史称前赵，后被石勒所杀

成汉世系

建兴晏平王衡	太宗	李雄	304	31	31	61	李特子，巴西宕渠人	301年，其父李特在绵竹率流民起义反晋，李特战死，李雄继为帅，304年称成都王，306年称帝，国号大成
玉衡	戾太子	李班	334	47	1	47	李雄的侄儿	334年雄病死，班以太子即位，同年被李雄子李越杀
玉衡玉恒	幽公哀皇帝	李期	335	22	4	25	李雄第四子	李越杀李班后，被拥立为帝，暴戾骄虐，338年，汉王李寿拥兵矫太后令，废李期自立
汉兴	中宗	李寿	338	39	6	44	李特弟李骧子	343年寿死，子李势即位
汉兴太和嘉宁		李势			5		李寿长子	347年晋征西将军桓温攻成都，李势降，361年死于建康

前凉世系

建兴	高祖	张实	314	44	7	50	张轨长子	301年，西晋任张轨为凉州刺史，轨保据一方，314年轨病死，其子张实继之，317年西晋灭亡，张氏以姑臧为中心世守凉州
建兴	太宗	张茂	320	44	5	48	张轨子	320年六月，张实被部下杀害，实子骏年幼，茂袭平西将军行都督凉州诸军事，护羌校尉，凉州牧，西平公
建兴	世祖文王	张骏	324	18	23	40	张实子	张茂摄位，立骏为抚军将军，武威太守，西平公世子，茂死，无子，张骏立，于345年称假凉王
建兴又作永乐	世祖桓	张重华	346	20	8	27	张骏第二子	以世子即位
和平	威王	张祚	354		2		张骏之长庶子，张重华之兄	张重华死，其幼子灵曜嗣立，张祚以其年幼，废以为宁凉侯，自立为大将军、凉州牧、凉公，355年为其臣下所杀
建兴升平	冲王	张玄靓	355	6	9	14	张重华少子	张祚死，张玄靓被宋混、张琚推为大将军、凉州牧、西平公，恢复东晋建兴年号。363年，张天锡发动兵变，派兵入宫杀张玄靓

年号	庙号	姓名	即位年	即位年龄	在位年数	卒年龄	出身	事略
悼公		张天锡	363		14		张骏少子,重华弟	363年杀张玄靓自立,376年降于前秦,前凉亡
后赵世系								
太和建平	高祖	石勒	319	46	15	60	上党武乡人,羯族	起兵后投奔前赵,为刘渊大将,319年自称大单王,定都襄国,330年称帝
建平延熙		石弘	333	20	2	22	石勒第二子	被石勒立为太子,即位后,石虎总摄朝政,334年,石虎废弘为海阳王,不久杀之
延熙建武太宁	太祖	石虎	334	40	16	55	石勒之侄	334年废石弘自立,称大赵天王,349年改称皇帝,335年九月迁都于邺
青龙		石鉴	349		1		石虎子	349年十一月,石闵(石虎养孙,汉人)废杀石遵,立石鉴,闵改国号为卫,易姓李,杀石鉴及石虎孙二十余人,自立为帝,改国号为魏,复其原姓冉,史称"冉魏",石鉴在位仅百日余
永宁		石祇	350		2		石虎子	石鉴被杀,石祇于350年三月自立为帝,起兵讨冉闵,战败,于四月为部将刘显所杀,后赵亡
前燕世系								
	太祖	慕容皝	337	41	12	52	昌黎棘城人,鲜卑族	西晋灭亡后,慕容廆自称大单于,在辽河流域建立政权,其子慕容皝嗣位于333年,337年自称燕王,于342年迁都龙城
元玺光寿	烈祖	慕容儁	348	30	13	43	慕容皝次子	慕容皝立以为世子,皝死,嗣位,受东晋穆帝册封,为使持节中外大都督,大将军,大单于,燕王,350年攻克蓟城而迁都于蓟,352年灭冉闵,同年称帝,迁都于邺
建熙	幽皇帝	慕容暐	360	34	11	45	慕容儁第三子	慕容儁立以为皇太子,后嗣位,370年十一月,苻坚攻入邺城,暐外逃被俘,前燕亡,后被苻坚所杀
前秦世系								
	太祖	苻洪	350	66	1	66	略阳临渭人,后改姓苻,先世为捕落小帅,父怀归	西晋末,被氐族各部落推为盟主,后被前赵刘曜封为氐王,后又受后赵封号,以石遵削其职而降晋,350年,苻洪自称大都督,大将军,大单于,三秦王,改姓苻,同年三月,被其军帅将军麻秋毒死

皇始	世宗	苻健	350	34	6	39	苻洪第三子	即位前斩麻秋,旋即位,翌年,占关中,据长安,称天王、大单于,国号大秦,改元皇始,翌年称帝,都长安
寿光	厉王	苻生	355	22	3	24	苻健第三子	嗜酒残暴,357年被苻坚任苻坚废为越王,后被杀
永兴甘露建元	世祖	苻坚	357	20	29	48	苻雄子	苻生被杀后嗣位,灭前燕、前凉,统一中国北部,383年,率军攻东晋,败于淝水,北方再度陷入分裂,385年,慕容冲围长安,苻坚出逃,后被缢杀
太安	哀平皇帝	苻丕	385		2		苻坚长子	385年七月苻坚败死,八月丕称帝,次年,与鲜卑人慕容永战于襄陵,大败,后与晋将冯该作战,再败,被杀
太初	太宗	苻登	386	44	9	52	苻坚之族孙,父苻敞	苻丕死,苻登立,394年为姚兴所败,被杀,其子苻崇奔逃于湟中嗣位,同年被西秦乞伏乾归逐杀,前秦亡
后秦世系								
白雀建初	太祖	姚苌	384	55	11	64	南安赤亭人,羌族,父姚弋仲	其兄为苻坚所杀,姚苌率诸弟降苻坚,苻坚伐晋,以姚苌为龙骧将军,苌自称大将军、大单于,386年称帝
皇初弘始	高祖	姚兴	394	29	23	51	姚苌长子	以皇太子嗣位
永和		姚泓	416	29	2	30	姚兴长子	416年,东晋太尉刘裕乘姚兴新丧而举兵北伐,攻克洛阳,次年攻占长安,姚泓被俘,后秦亡
后燕世系								
燕元	世祖	慕容垂	384	59	13	71	昌黎棘城人,鲜卑族,前燕慕容皝第五子	原为前秦大将,苻坚惨败于淝水之战后,慕容垂即图恢复燕国,于384年称燕王,两年后称帝,定都于中山
永康	烈宗	慕容宝	396	42	3	44	慕容垂第四子	以太子嗣位,398年为部下所杀
建平长乐	中宗	慕容盛	398	26	4	29	慕容宝庶长子	398年四月即位,杀兰汗,称长乐王,同年称帝,400年,改称庶民天王,401年,被部下射伤后死去
光始建始	昭文皇帝	慕容熙	401	17	7	23	慕容垂少子	慕容盛死,太后废太子,立熙,407年,冯跋杀慕容熙自立,后燕亡
西秦世系								
建义	烈祖	乞伏国仁	385		4		先世世为豪酋,父乞伏司繁,佐命苻坚	乞伏司繁为前秦苻坚之镇西将军,385年司繁卒,国仁即位,领秦河二州牧

太初更始	高祖	乞伏乾归	388		25		乞伏国仁之弟	乞伏国仁死，群臣以其子年幼，推国仁弟乾归为大都督、大将军、大单于、河南王，394年称秦王，迁都苑川，412年被兄子乞伏公府杀
永康建弘	太祖	乞伏炽磐	412		17		乞伏乾归长子	乞伏公府杀乾归，炽盘追杀公府而继位，414年灭南凉，428年病死
永弘		乞伏暮末	428		4		炽盘第二子	431年降夏王赫连定，后被杀，西秦王

后凉世系

太安麟嘉龙飞	太祖	吕光	386	49	14	62	略阳氏族人，先世世为豪酋	受苻坚命，以太尉领兵攻略西域，降服三十余国，后闻苻坚为姚苌所杀，于386年自称使持节、侍中、中外大都督、凉州牧、酒泉公，建元太安，后改称三河王、天王
咸宁	灵皇帝	吕纂	399		3		吕光庶长子	399年，吕光立太子吕绍为天王，自号太上皇，吕光死，吕纂攻绍，绍自杀，纂即位
神鼎		吕隆	401		3		吕光弟，吕宝之子	401年，吕超杀吕纂，让位于吕隆，隆即位，改元神鼎，403年降于后秦，后凉亡

南燕世系

燕平建平	世宗	慕容德	398	63	8	70	昌黎棘城人，鲜卑族，前燕主慕容皝少子，后燕主慕容垂之弟	前燕时被封为梁公、范阳王，后燕时封范阳王，北魏陷后燕都城中山后，慕容德率众至邺，又迁滑台，398年称王，400年称帝，405年病死
太上		慕容超	405	21	6	26	慕容德之兄	慕容德立为太子，德死，嗣位，410年为东晋刘裕所败，南燕亡

西凉世系

庚子建初	太祖	李暠	407	27	19	45	匈奴人，匈奴右贤王去卑之后，父卫辰	后凉末，李暠任敦煌太守，400年自称凉公，年号庚子
嘉兴		李歆	417		4		李暠第二子	暠死，歆即位，420年与北凉沮渠蒙逊战于箩泉，兵败被杀
永建		李恂	420		2		李暠第六子	歆死，恂立，改元永建，次年春，沮渠蒙围敦煌，恂自杀，西凉亡

胡夏世系

龙升凤翔昌武真兴	世祖	赫连勃勃	407	27	19	45	匈奴右贤王之后，父卫辰	卫辰入居塞内，被苻坚封为西单于，督摄河内西诸部，后为北魏拓跋圭所杀，赫连勃勃投奔后，407年拥兵自立，称天王、大单于

年号	庙号/谥号	姓名	即位年				族属	备注
承光		赫连昌	425	4			勃勃第二子	以太子即位,428年被北魏生俘,封秦王,不久杀之
胜光		赫连定	428	4			勃勃第五子	昌被俘,定占据平原,称帝,431年被吐谷浑击败,夏亡
北燕世系								
正始		高云	407	3			高句丽王族,慕容宝收为养子,赐姓慕容	407年,后燕禁卫军将领冯跋杀燕帝慕容熙,立慕容云(高云)为主,为其宠臣离班所杀
太平	太祖	冯跋	409	22			汉族	高云被杀,冯跋平定变乱,称天王
太平 太兴	昭成皇帝	冯宏	430	7			冯跋之弟	冯跋病死,宏杀跋子自立,436年为北魏所杀
北凉世系								
永安 玄始 承玄 义和	太祖	沮渠蒙逊	401	34	33	66	匈奴族沮渠部,先世世为沮渠部酋豪	397年起兵反后凉吕光,拥后凉段业为凉州牧,建康公,401年杀段业自立,称张掖公,都张掖,412年称河西王,421年灭西凉
永和	哀王	沮渠牧健	433	7			蒙逊第三子	蒙逊死,牧健即位,439年,魏师来伐,牧健请降,被杀,北凉亡

南北朝

南北朝(420年—589年)。是两晋之后中国历史上的一个分裂时期。这一时期,南北政权对峙长达169年。

在中国南方,先后建有刘宋、南齐、萧梁和陈四个政权,除梁元帝以江陵作都3年外,其余的时间,南方各朝的京城始终建在建康(今江苏南京)。历史上把宋、齐、梁、陈这南方四朝称之为南朝。刘宋(420年—479年)是其中疆域最大、统治年代最长的一个政权。南齐(479年—502年)的历史只有23年,但由于内部争杀频繁,竟历三代七帝,平均三年一帝,是中国历史上帝王更换极快的一朝。梁代(502年—557年)历三代四帝,其中武帝萧衍统治时间最久,将近半个世纪。陈(557年—589年)的统治时间只有33年,

历三代五帝。陈是一个疆域狭小、力量单薄的王朝,统治者又极度腐败,最终丧亡于北周。

在中国北方,则有北魏、东魏、西魏、北齐、北周五朝。北魏由中国北方少数民族拓跋鲜卑建立,其打败后燕入主中原,于386年建立北魏政权,从而结束了这一地区长期混战的局面。北魏统一北方的439年被视为北朝的起始之年。北魏前期以平城(今山西大同)为都,孝文帝实行汉化,政治中心也迁徙到中原腹地洛阳。推行了一系列改革鲜卑旧俗的措施。这一改革促进了北方社会经济的发展,却引起了部分守旧贵族和鲜卑武人的反对。523年,北魏陷入分裂和内战。权臣高欢、宇文泰将北魏分为东、西两部分。东魏(534年—550年)以邺城为都,历一帝16年;西魏(535—556年)定都长安,历三

帝22年。东、西魏先后被北齐（550年—577年）和北周（557年—581年）取代。577年，周灭齐，北方重新统一。581年，北周外戚杨坚夺取帝位，改国号为隋。南北朝时期结束。

隋朝

隋朝（581年—618年）。公元581年，北周外戚杨坚夺取政权，建立了隋朝。因曾受封隋国公，故改国号为隋，定都长安。杨坚即隋文帝。589年，隋灭陈，结束了长期分裂的局面，重新统一了全国。隋文帝在位24年，605年，卒于仁寿宫。隋文帝死后，其子杨广继位，年号大业，是为隋炀帝。隋朝初期，由于国家统一，社会安定，经济得到了很大发展。农民的耕作面积大量增加，粮食产量得到提高。长安、洛阳官仓里储粮多达千万石，少的也有数百万石。手工业也有新的发展，造船技术达到很高的水平，能建五层楼高的宏伟战舰。洛阳的商业盛极一时，居住着数万家富商。封建经济一片繁荣。为了适应封建经济和政治的发展，加强中央集权，隋炀帝时，把选拔官吏的权力全部收归中央，以科举制代替九品中正制。隋炀帝大业三年，又设进士科，用科考的办法选取进士。开科取士把读书、应考和做官三者紧密结合在了一起，揭开了中国科举史上新的一页。

隋朝虽然富足，但随着隋炀帝的耽于享乐、好大喜功而渐渐走上亡国之路。605年，隋炀帝刚刚继位，他马上大兴土木，征调百万人建东都洛阳，造华丽的大宫殿供自己享用。不久，隋炀帝又下令开凿一条足以贯通南北的大运河。运河以洛阳为中心，分永济渠、通济渠、邗沟和江南河四段，全长四五千米；东北通到涿郡，东南直达余杭。大运河的贯通，客观上加强了南北经济的交流，但对于炀帝的游乐却更加有利。炀帝曾三次乘坐龙舟巡游江都，随行船只几千艘，绵延200余里，所经之州县都必须供应食物。为了进一步扩大统治，炀帝还不断向外扩张。大业十二年（612年）至大业十四年（614年），他三征辽东高丽（今朝鲜半岛），但均以失败告终。繁重的徭役和兵役，迫使农民纷纷离开土地，农田大量荒芜，饥荒连连。无休止的征战也让隋朝的国力大大受损。611年，山东长白山农民首先揭竿而起，各地纷纷响应。起义军逐渐汇合成几个强大的集团，如河南瓦岗山的翟让、李密，河北的窦建德，江淮地区的杜伏威等。瓦岗军在河南瓦岗起义后，很快攻占了隋朝的大粮仓兴洛仓，隋朝的政权摇摇欲坠。618年，隋将司马德戡和宇文化及乘"骁果军"骚动，在江都发动兵变，杀死了隋炀帝。隋政权覆亡，成为中国历史上第二个仅历两世即亡的朝代（另一个为秦朝）。值得一提的是，隋朝时积累下的丰盈的物资财富，为后世的发展打下了良好的物质基础。在隋之后，中华民族即迎来了引以为豪的盛唐文化。

唐朝

唐朝（618年—907年），是中国历史上最重要的朝代之一，李渊于618年建立唐朝，以长安（今陕西西安）为都城，后来又设洛阳为东都。公元7世纪时，唐朝的疆域范围直抵中亚内陆。755年，安史之乱爆发，唐朝开始日渐衰落。至907年梁王朱全忠篡位灭亡，唐朝共延续了289年。唐朝在文化、政治、经济、外交等方面都取得了辉煌的成就，是当时世界上最强大的国家之一。当时的东亚邻国包括新罗、渤海国和日本的政治体制、文化等方面受其很大影响。

唐朝前期，唐太宗李世民作为杰出的政治家和开明皇帝，接受亡隋的教训，居安思危，励精图治，由此出现了天下升平的景象，史称"贞观之治"。唐玄宗即位后，又针对经济、财政、军事各方面进行一系列改革，形成了开元年间政治清明、物阜民殷的局面，史称"开元之治"。这是继汉武帝时期之后，中国历史上出现的第二次鼎盛局面。

开元时期，唐朝的兵制发生了变化，对之后的社会政治产生了巨大影响。711年，贺拔延嗣任凉州都督，充河西节度使，节度使之名自此出现。节度使成为既掌握军权又掌握行政权和财政权的自雄于一方的力量。中央与地方的力量对比失去平衡，逐渐造成"内轻外重"的局面，到755年终酿成安史之乱大祸。

安史之乱爆发后，唐玄宗仓皇逃往成都，太子李亨即位，是为肃宗。他一面派将领郭子仪和李光弼统兵进讨；一面向少数民族回纥借兵，以增强军事力量。战争期间，叛军内部不断内讧，先是安禄山被其子安庆绪所杀，后来安庆绪又为部将史思明所杀，最后史思明亦为其子史朝义所杀。内部斗争大大削弱了叛军的力量，唐军逐步转败为胜。763年，叛军战败，史朝义自缢，安史之乱结束。安史之乱虽然被平定，但藩镇割据的形式却从此形成，唐王朝由统一集权走向分裂割据的局面。

唐朝后期，藩镇割据战争不断，民不聊生。859年，唐末农民战争爆发，经过黄巢的打击，唐朝统治名存实亡。907年，节度使朱全忠逼唐哀帝李柷禅位，改国号梁（史称后梁），是为梁太祖，改元开平，定都开封。唐朝灭亡。

五代十国

五代（907年—960年）十国（902年—979年）。唐朝灭亡之后，中国中原地区相继出现了五个朝代和割据西蜀、江南、岭南和河东的十个政权，合称五代十国。

五代是后梁、后唐、后晋、后汉、后周。他们都建国于华北地区，疆土后梁最小，后唐最大。除后梁一个短暂时期以及后唐以洛阳为都城外，后梁大部分时期和其他三代都以开封为都城。五代为期54年，有八姓称帝（后梁、后晋、后汉各一姓，后唐三姓，后周二姓），共十四君。后梁和后周的君主是汉族人，后唐、后晋、后汉的君主是沙陀族人。十国是前蜀、后蜀、吴、南唐、吴越、闽、楚、南汉、南平（荆南）和北汉。北汉建国于今山西境内，其余九国都在南方。十国与五代并存，但各国存在时间长短不一，如吴越割据于唐亡以前，直到五代结束后才为北宋所灭。

五代十国时期，华北地区社会经济遭到严重破坏。五十多年来，大小战事不断，华北地区的兵役和各种劳役异常繁重。战争破坏和苛重赋役促使人民数以千计地饿死或流徙他处，人口锐减。北汉的十二州，盛唐时有28万户，而在北汉亡国时仅有3万余户，约为盛唐时户口的八分之一。相对华北而言，南方的重大战事较少，政局也比较安定，农业经济有长足的进步。960年，后周大将赵匡胤发动兵变，废后周恭帝自立，改国号为宋。宋建国后，先削平南方的荆南、南汉、南唐、吴越等国，统一了南中国。979年，宋太宗赵光义出兵太原，北汉主刘继元被迫归降。至此，唐末以来近百年分裂动荡的局面终告结束。

宋朝

宋朝（960年—1279年），是中国历史上继五代十国后的朝代。分北宋（960年—1127年）与南宋（1127年—1279年），合称两宋。

北宋的创建者为赵匡胤，涿州（今河北涿州市）人。原为后周殿前都点检。建隆元年（960年），发动陈桥兵变，"黄袍加身"，夺后周政权，称帝于开封，建立宋朝。北宋开国后，宋太祖以"杯酒释兵权"的策略削武将职权，将兵权收归中央。又改革官制，提拔文臣出任州县长官。中央增设副相（参知政事），又使枢密使、三司使分掌兵财，以分相权。由于当时全国尚未统一，自建隆三年（963年）起，宋太祖采取"先南后北"的统一战略，攻灭荆南等南方割据政权，在北方要地驻兵防守，为继任者大一统打下了基础。太平兴国元年（976年）十月，赵匡胤之弟赵光义登上皇位，即宋太宗。979年，北汉被消灭，中国大部分被统一。北宋历经太祖、太宗、真宗、仁宗、英宗、神宗、哲宗、徽宗、钦宗九世。1127年，金国军队攻入开封，宋徽宗、宋钦宗被俘，史称靖康之变，北宋灭亡。在整个北宋期间，收兵权，削藩镇，宰相职权，重文轻武，在步步强化中央集权统治的同时，也形成了积贫积弱的局面。在宋仁宗时，一度出现了短暂的"庆历新政"；神宗熙宁年间，王安石变法产生了一定的影响，但终因保守派反对而废止。到了北宋末年，统治极度腐朽，最后在金军的猛攻之下土崩瓦解。

靖康之变后，徽、钦二帝被俘。徽宗第九子赵构在应天府（今河南商丘）即位，建立南宋，即宋高宗。1138年，宋高宗正式定都临安（今杭州）。南宋时期，统治者依仗长江天险，苟且偷安，不思进取。对外长期施行求和政策，向金称臣纳贡；对内则压制军民抗金，甚至不惜残杀爱国将领。南宋后期，蒙古族崛起于漠北。宋廷抗蒙的战争不断。1276年，元朝军队占领临安，益王赵昰、广王赵昺等残存势力退守崖山继续抵抗。1279年，大臣陆秀夫背着8岁的幼主赵昺跳海而死，南宋灭亡。

两宋时期，农业、手工业、经济及科技、文学都得到了显著发展。手工业分工细密，工艺先进；商品经济水平超越了以往，城市、市镇空前繁荣，货币流通扩大，并诞生了世界上最早的纸币；在文化领域，理学、文学、史学、艺术等都取得了骄人的成就，二程、朱熹、欧阳修、苏轼、司马光及沈括等优秀人物，享誉千古；这一时期还有诸如活字印刷术、指南针和火药等发明问世，为人类社会进步做出了重大贡献。

元朝

元朝（1271年—1368年）。12世纪后半叶，蒙古族崛起于漠北。1206年，铁木真被推举为大汗，称成吉思汗。在铁木真的领导下，蒙古族逐渐强大起来，成为中国北方一支强大的力量。它在三次西征的同时，先后灭西夏、金国，为统一全中国做好了准备。这时，成吉思汗病逝，窝阔台、蒙哥、忽必烈先后继任大汗。1271年，忽必烈在大都（今北京）建立起一个新王朝，他把原来西夏、金、宋、大理和蒙古本土合并成一个帝国，改国号"大元"，取《易经》"大哉乾元"之意。1276年，元朝发兵攻占南宋都城临安（今杭州），统一了中国全境。从此，蒙古国由一个少数民族建立的政权，成为了中国正统王朝的一个朝代。

元朝建立后，农业逐渐得到恢复。因为蒙古族从前的生活方式大多以游牧为主，生产力低下。为了改变这种状况，自忽必烈以来，历代元朝统治者都以农业生产代替了畜牧生产，农业因此有了极大的发展。这一时期，手工业也很发达，随着棉花种植的普及，纺织业发展得很快，棉纺织技术十分高超。此外，因漕运、海运的畅通及纸币的流行，商业在元朝也极度繁荣起来，元朝成为了当时世界上最富庶的国家之一。威尼斯商人马可·波罗撰写的《马可·波罗游记》即详细记载了当时元大都的繁荣景象。除此之外，宗教、文化、科技都较之先前有了长足进展。但是，物质的丰富让统治者的生活逐渐奢华起来的同时，其内部争权夺势的斗争亦更加激化。从1308年至1333年，元朝先后历武宗、仁宗、英宗、泰定帝、天顺帝、文宗、明宗、宁宗至元顺帝共八代皇帝，元朝内部斗争之激烈从中可见。除了生活奢靡，蒙古人还实行四等民族划分法，第一是蒙古人，第二是色目人（中亚人），第三是汉人（中国北方人），第四是南人（中国南方人）。职业也被分成十级，其次序为：官、吏、僧、道、医、工、匠、娼、儒、丐。汉人的地位最低；在职业划分中，儒者的地位甚至不如娼妓。元帝国还对一些没被征服的邻邦发动大规模的战争，曾两征日本、两征安南（今越南北部）、两征缅甸。不断的征伐加上对汉人的歧视政策，人们反抗不断。仅在元朝初年，就发生过多次汉族与南方各少数民族反抗蒙古暴政的起义，但都未成功。到了元朝中后期，政治愈发黑暗腐朽，皇帝为了继续维持豪华的生活，不断向人民收取各种赋税，尤其是汉民族受到的压迫尤为严重。泰定二年（1352年），河南赵丑厮、郭菩萨揭竿而起。而后，顺帝至正十一年（1351年）发生的刘福通领导的红巾军起义，席卷了整个中国。在起义军中，出现了一批优秀

将领，其中以朱元璋、陈友谅、张士诚等人所领导的部队实力最为强大。从至正十六年（1356年）到至正十九年（1359年）间，朱元璋不断扩充自己的势力，并在六七年的时间里先后消灭了陈友谅、张士诚部，统一了江南的半壁江山。至正二十七年（1367年），朱元璋挥师北伐，终于在1368年攻陷元大都，结束了元朝的统治。同年，朱元璋于建康称帝，建立了明王朝。

明朝

明朝（1368年—1644年）。中国历史上继元朝之后的统一王朝。1368年，朱元璋定都应天府，国号大明，年号洪武，建立了明朝。朱元璋即明太祖。朱明王朝传十二代，历太祖、惠帝、成祖、仁宗、宣宗、英宗、代宗、宪宗、孝宗、武宗、世宗、穆宗、神宗、光宗、熹宗、思宗共十六帝，统治277年。

明朝初年国力较盛，曾北进蒙古，南征安南。明英宗幼年即位时，朝中有杨溥、杨士奇、杨荣"三杨"主持政局，"海内清平"。至正统七年，宦官王振开始擅权；正统十四年发生"土木堡之变"，永乐以来的军事优势遭到破坏，但景泰皇帝任用于谦击败瓦剌，保卫了国土。弘治时期是明朝政治最为清明的时期，历史上称为"弘治中兴"。正德、嘉靖朝始逐渐中衰，社会矛盾萌发，并面临蒙古、倭寇两大外患。明神宗于万历朝初期，在名相张居正的辅政之下进行改革，曾一度中兴。惟至万历朝中期始，皇帝怠政，官员腐化，关外女真兴起，明朝开始走向衰亡。天启年间，阉党乱政加快这一进程的发展。至崇祯年间，陕北爆发农民起义，不久发展成为全国规模的农民战争，后金军队也突破长城，五入关内。1644年，李自成

率大顺军队攻占北京，崇祯帝自缢，明朝灭亡。明亡后，其残余力量曾在南方建立弘光等政权，史称南明。南明政权在明朝灭亡后又延续了数十年，至清康熙年间被清军彻底灭绝。

清朝

清朝（1636年—1912年）。中国历史上最后一个封建王朝，由满族统治者建立。1616年（明万历四十四年），爱新觉罗·努尔哈赤称汗，国号"大金"（史称后金），年号"天命"，定都于赫图阿拉（今辽宁新宾县境内），后迁都盛京（今沈阳）。1636年，其子皇太极（即清太宗皇太极）改国号为"大清"，改元崇德，称帝。1644年，明朝灭亡，清军入关，迁都北京。经过长期战争，确立了对全国的统治。到康熙、雍正、乾隆时期，社会经济得到全面恢复，经济繁荣，社会稳定，国力鼎盛。乾隆以后，内外矛盾激化，反清起义频繁。1840年，鸦片战争爆发。中国从此由封建社会逐步沦为半殖民地半封建社会。清朝晚期，民族矛盾和阶级矛盾极为尖锐，帝国主义横行，战乱不断，经济凋敝，民不聊生。为了挽救民族危亡，国人进行了反帝反封建的旧民主主义革命。1911年，辛亥革命爆发后，各省纷纷宣布独立。末代皇帝溥仪于1912年退位，清朝覆亡。

从1644年清朝入关至1912年中华民国成立、清帝退位，清朝统治全国268年。入关以前有两位皇帝，即清太祖努尔哈赤（年号天命）和清太宗皇太极（年号天聪、崇德）；入关后有十位皇帝，年号依次为：顺治、康熙、雍正、乾隆、嘉庆、道光、咸丰、同治、光绪和宣统。

郡县

中国古代继宗法分封制之后出现的以郡统县的地方行政制度。最早出现在春秋时期，在秦汉之际最为盛行。春秋初年，秦、晋、楚等国往往在新兼并的地方设县。县的封邑直接隶属于国君的地方行政区域。春秋中期以后，设县的国家增多。春秋末期，有的国家又在新的边远地区设置了郡。郡的面积比县要大，但由于地广人稀，十分荒僻，实际地位并不如县。进入战国，郡所辖地区逐渐繁荣，人口增多，郡下开始设县，逐渐产生了由郡统辖县的两级地方行政组织。至此，郡县制开始形成。

郡的长官称"守"，县的长官称"令"，均由国君任免。郡县制使各诸侯国形成了中央、郡、乡这一套比较系统的行政机构，对国家实行集权统治起了重要的作用。战国时期，郡县制虽然已形成并得到了很大的发展，但由于各国林立，执行状况各不相同。秦朝建立后，经过朝廷上的两次辩论，秦始皇决定在全国范围废除分封制，广泛推行郡县制。其最初分天下为三十六郡，后来随着边境的开发和郡治调整，增至四十余郡。郡守是郡的最高行政长官，对上承受中央命令，对下督责所属各县。县是郡的下级行政机构，长官称县令或县长，由朝廷任命，其主要任务是治理民众，管理政财、司法、狱讼和兵役。郡守通过每年的考核和平时的检查，对县令（县长）的工作进行考察。概括来说，秦朝的郡县制有着明确的职责分工，既相互配合，又彼此牵制，而最高统治权都掌握在皇帝的手中，这样就确保了统治者对广大民众的专制统治，对维护国家的统一有着积极的意义。

皇帝

君主制国家的元首名称。中国古代最早所称的"皇帝"是对"三皇五帝"（见"三皇五帝"条目）的统称。公元前221年，秦王嬴政统一六国，丞相李斯等根据三皇的名称，上尊号为"秦皇"。嬴政认为自己"德兼三皇，功高五帝"，将"皇""帝"两个人间最高的称呼结合起来作为帝号，即"皇帝"。从此，历代封建君主都称皇帝。皇帝一般自称孤、寡人、朕等。皇帝之父称为太上皇。1911年辛亥革命后，清王朝被推翻，清帝宣统退位。皇帝之称遂废。中国的皇帝（君主）包括正统朝代和少数民族建立的政权，还有一些通过政变所建立的政权，再加上农民起义建立政权，中国历史上的皇帝达1000多位。

在封建社会，"皇帝"是一个无比尊贵的称号，臣子在皇帝面前，只能称呼皇帝的别称。比如在东汉时，称皇帝为"国家"，这是由于古代称诸侯为"国"，称大夫为"家"，人们便以"国家"作为国的通称，皇帝是国的化身，因而称皇帝为"国家"。晋代仍沿袭这种称呼。唐代称皇帝为"圣人"，在宫里称"宅家"，因为皇权至高无上，以天下为宅，以四海为家。宋代曾以"庙""祖"称皇帝，如称宋神宗为"神祖"，称宋仁宗为"仁庙"。还有"官家""官里"等称呼，取"五帝官天下，三王家天下"之意。此外，皇帝的别称还有天子、陛下、皇上、上、飞龙、乘舆、车驾、驾、万岁、万岁爷、至尊、人主、圣、家家（北朝）、郎主（辽、金）等，也有以年号作为皇帝别称的。

宰相

宰，主持、主管义；相，指辅佐。宰相，就是对君主负责总揽政务的长官。历代宰相之名与职权，各有不同。秦和西汉时，以相国或丞相为宰相，以御史大夫为丞相之副。到了东汉，司徒的权力相当于丞相，与司空、太尉共同掌政。当时的实权统归尚书，由尚书令主赞奏事，总领纪纲，无所不统。魏晋以后中书监、中书令、侍中、尚书令、尚书仆射等为宰相，并不固定。隋时，颁行三省六部制，以三省长官为宰相。唐代，因袭隋制，以三省之长，中书令、侍中（门下）、尚书令，共议国政，行使宰相职权。唐玄宗开元后，加衔称同中书门下平章事（简称平章事）。宋代直接以同平章事为宰相之官称，与其副职参知政事（唐宋时最高政务长官之一）、枢密使（为枢密院长官。唐时由宦官担任，宋以后改由大臣担任。枢密院是管理军国要政的最高国务机构之一，枢密使的权力与宰相相当。在清代，军机大臣往往被尊称为"枢密"）等合称宰执。神宗元丰时，以尚书左右仆射为宰相。南宋时又改为左右丞相。到了元代，以中书省为政务中枢，丞相、平章政事为宰相，左右丞、参知政事为副相。明初沿袭元制，到洪武十三年（1380年），太祖废丞相，亲揽政务。明成祖时，以翰林官入值内廷殿阁，参预机务。此后，内阁大学士成为明代实际上的宰相。到了清代，雍正另设军机处于内廷，军机大臣逐渐成为清代事实上的宰相，但仍沿旧称，以授内阁大学士为拜相。

三公

我国古代封建社会的中央高级官职。周代时已有"三公"一词。西汉今文经学家据《尚书》《礼记》等书认为三公指司马、司徒、司空。古文经学家则据《周礼》认为太傅、太帅、太保为三公。秦时不设三公。西汉初承秦制，辅佐皇帝治国的主要是丞相和御史大夫。另有最高军事长官太尉，但不常置。从汉武帝时起，因受经学影响，丞相、御史大夫和太尉被称为三公。其时，汉武帝为了加强中央集权，对丞相的权力有所削弱。汉昭帝时，大司马之职权力较大，逐渐凌驾于丞相之上。汉成帝时，御史大夫被改为大司空，又把大司马、大司空的禄位提高到与丞相相等，确立起了大司马、大司空和丞相鼎足而立的三公制。汉哀帝元寿二年，改丞相名为大司徒，又将原有的太傅和新增的太师、太保置于三公之上，头衔高而无实权。整个西汉时期，仍以大司马权力最大，如董贤、王莽等均以此职而专擅朝政。东汉时，仍设三公。公元51年，改大司马为太尉，改大司徒、大司空为司徒、司空。三公各置秩为千石之长史一人，又各置掾属数十人。以太尉为例，下设分管诸事的西曹、东曹、户曹、奏曹、辞曹、贼曹、金曹、仓曹等。三公中，以太尉居首位。整个东汉时期，三公少有实权，受制于尚书机构，听命于外戚，仅"备员而已"。东汉末年，董卓为相国，权力早已居三公之上。汉献帝时，曹操罢去三公，设置丞相、御史大夫。两汉时实行了百年之久的三公制至此退出了历史舞台。曹魏时期，重新恢复了三公制。魏晋南北朝时，三公依然位居极品，但随着尚书省、中书省、门下省的陆续设立，实权进一步被削弱。隋朝后，三公不再开府，僚佐全部撤销，完全变成了虚衔。宋代以后，亦称太师、太傅、太保为三公，其虚衔性质不变，并渐次演化成加官、赠官。明、清沿袭不变。

九卿

我国古代封建社会的中央高级官职，始设于秦朝。九卿的制度各代不一。按照文献记载，早在先秦时即有九卿一说，秦时的九卿指奉常、郎中令、卫尉、太仆、廷尉、典客、宗正、治粟内史和少府这九个部门的长官。汉宣帝、汉元帝时，九卿的称谓开始出现于诏书中。将九卿定为九种官职，始于王莽时期，以中二千石为卿。即大司马司允、大司徒司直、大司空司若、羲和、作士、秩宗、典乐、共工及予虞，分属于三公。东汉时沿新朝旧制，设九卿之职。《续汉书》载，将太常、光禄勋、卫尉、太仆、廷尉、大鸿胪、宗正、大司农、少府定为九卿。魏晋以后，随着尚书省、中书省、门下省的建立，九卿的权力逐渐被替代和分割。到了隋唐时，虽设九卿太常、光禄、卫尉、宗正、太仆、大理、鸿胪、司农、太府，但已无行政之权。南宋、金、元时期，九卿多被划归。明、清之后，以前的九卿之官或有保留，但已成虚衔或加官、赠官。

三省

指中书省、门下省、尚书省三官署。《新唐书·百官志一》："唐因隋制，以三省之长，中书令、侍中（门下）、尚书令，共议国政，此宰相职也。"按隋制，三省同为最高政务机构，一般为中书决策，门下审议，尚书执行。三省长官共同负责中枢政务。

中书省。魏晋时设立，为秉承君主意旨、掌管机要、发布政令的机构。至隋唐时，逐渐发展为全国的政务中枢。唐代曾改称西台、凤阁、紫微省，后又恢复旧称。当时，政策由中书决定，由门下审议，然后交给尚书执行。魏晋时，中书省长官为中书监、中书令。隋代废监，存内史令（中书令）一职。唐代曾改称右相、凤阁令、紫微令，下设中书侍郎、中书舍人。到了元代,以中书省总领百官,与枢密院及御史台分掌政、军、监察三权,门下、尚书皆废,中书省的地位尤显重要。地方行政亦由中书省掌握,较远的地区另设行中书省。明初沿元制,洪武十三年(1380年)革去中书省,废丞相,自六部以下皆无所统属,而机要之任则收归内阁。

门下省。东汉设有侍中寺,晋时称门下省。唐代曾改称东台、鸾台、黄门省等,后又恢复旧称。元后废除。门下省在南北朝时权力逐渐扩大,北朝时政出门下,成为中央政权机构的中心。隋唐时与中书省同掌机要,在参政之余,还负责审查诏令,签署章奏,有封驳之权。其长官称侍中、纳言、左相或黄门监等,下设黄门侍郎、散骑常侍、谏议大夫、给事中、起居郎等职,名称因时而异。宋代初,门下省仅主朝仪等事。元丰改制后,始恢复审查诏令的旧制。南宋初,中书、门下二省合一,称中书门下省。辽、金时亦置门下省,金海陵王时废。

尚书省。东汉时设立,称尚书台、中台。南北朝时始称尚书省,下设各曹,为中央执行政务的总机构。唐代曾改称文昌台、都台、中台等,后又恢复旧称。尚书省设都堂居中,左右分司。都堂之东有吏部、户部、礼部三行,每行四司,以左司统之;都堂之西有兵部、刑部、工部三行,每行四司,以右司统之。尚书省、中书省及门下省合称三省,长官为尚书令,副设左右仆射。元代时,尚书省时置时废。到了明代,各部直接隶属君主,不再设尚书省。清延明制。

六部

隋唐时,中央行政机构设吏、户、礼、兵、刑、工六官署,总称六部。秦汉时,六部职务由九卿分掌。魏晋后,尚书分曹治事,由曹渐变为部,到隋唐时才确定以六部为尚书省的组成部分。吏、户(隋称民部)、礼、兵、刑、工六部比附《周礼》的六官,将秦汉九卿之职务大部分并入。元代时,六部隶属中书省。明朝初,废宰相,六部直接对皇帝负责,地位更高。清末,逐渐添设新的部署,六部之名遂废。

吏部。东汉始将尚书常侍曹改为吏曹,又改为选部,魏晋以后称吏部。隋唐时,列为六部之首,掌管全国官吏的任免、考课、升迁等事务。长官为吏部尚书,历代相沿。清末,其职并归内阁。

户部。三国以后,常置度支尚书,掌财用。从隋朝开始,度支尚书改为民部尚书。唐时改为户部,掌管全国土地、户籍、赋税、财政收支等事务。长官为户部尚书。历代相沿。清末,民政部分被划出,添设民政部;财政部分改设度支部,户部遂废。

礼部。北周时设立。隋唐为六部之一,分礼部、祠部、主客、膳部四曹,掌礼仪、祭享、贡举等。长官为礼部尚书,历代相沿。清末,废部改设典礼院。

兵部。三国魏时置五兵(中兵、外兵、骑兵、别兵、都兵)尚书。晋时又设驾部、车部、库部等。隋唐后为六部之一,掌管全国武官选用和兵籍、军械、军令之政。长官为兵部尚书,历代相沿。唐天宝中一度改称武部,随后恢复。清末,改为陆军部,并添设海军部。

刑部。汉代时设二千石曹掌刑狱,三公曹掌决案。魏晋后有都官、比部各曹。隋初设都官尚书,统都官、刑部、比部、司门各侍郎,后改都官尚书为刑部尚书,遂为六部之一,掌管国家的法律、刑狱事务。长官为刑部尚书,历代相沿。唐天宝年间曾一度改称宪部，不久又恢复。清末改为法部。

工部。西晋后置田曹掌屯田，又有起部掌工程，水部掌航政及水利。隋唐时沿用北周旧名设工部，掌管各项工程、工匠、屯田、水利、交通等政令。长官为工部尚书，历代相沿。清末改为农工商部。

翰林院

中国唐代开始设立的各种人才供职的机构，为文学、艺术、方技、医学、僧道等在内廷的供奉之处，由于人才济济，甚至有"茶翰林""酒翰林"一说。唐玄宗时，在供奉内廷的翰林院之外，另建学士院，遴选有文才的朝臣入居任翰林学士。翰林学士负责起草诏制，后逐渐演变为草拟机密诏制的重要机构，任职者称待诏。最初，起草诏制是中书舍人的职责，但唐玄宗感觉中书舍人拟诏难以应急和保守机密，于是一度挑选擅长文学的亲信官员充翰林院待诏，以备起草急诏。738年，另建翰林学士院，专供草拟诏制者居住，供职者称翰林学士，其本身无秩品。初设时没有定额，后来依照中书舍人之例，置学士六人，选其中资历深者一人为承旨。学士院设置之后，学士与中书舍人院有了明确分工：学士起草的是任免将相大臣、宣布大赦、号令征伐等有关军国大事的诏制，称为内制；中书舍人起草的是一般臣僚的任免及例行的文告，称为外制。安史之乱后，由于军事频繁，翰林学士的地位愈显突出，不但草拟诏制，也参与密谋机要，分割了部分宰相之权。唐宪宗以后，翰林学士承旨往往可晋升为宰相，因此很为文学之士羡慕。到了宋朝，仍分设翰林学士院与翰林院，二者区别与唐代相同，翰林学士院仍然是读书人的向往之所。（宋神宗）元丰改制后，翰林

学士承旨和翰林学士成为正式官员，官阶三品，不任其他官职，专司草拟内制之职。与宋同时的西夏、金亦设翰林学士院，设翰林学士、承旨等。元代时，设翰林兼国史院及蒙古翰林院，官制与金同，分掌制诰文字、纂修国史及译写文字等。明代时，供奉内廷的翰林院被撤销，翰林学士院正式更名为翰林院，院长称学士（多由六部尚书担任），官阶正五品，属官有侍读学士、侍讲学士、侍读、侍讲、修撰、编修、检讨等，一般统称"翰林"，掌制诰、史册、文翰之事，兼秘书处、图书馆、国史馆等功能，为皇帝的"参谋"。新科进士，如果文学、书法兼优，被选进翰林院见习，则称"庶吉士"。三年后，经考试决定去留，或授编修、检讨，或外放为州（县）官员。明代中期以后，六部尚书部长和侍郎多为翰林出身。清袭明制，设翰林院。置掌院学士两人，满、汉各一人（均由朝廷大臣兼任），官阶从二品，无文学撰述之责，是侍读学士以下诸官的名义长官，与唐宋时的翰林学士有所区别。仕为翰林官者，不仅升迁较他职位容易，而且南书房行走及上书房行走例由翰林官充任，待遇十分优厚。

国子监

国子监，中央官学。是中国历史上管理教育的最高行政机关和国家设立的最高学府。晋武帝时，始立国子学，设国子祭酒和博士各一员，掌教导诸生。北齐改名国子寺。隋文帝时，改寺为学。不久，废国子学，唯立太学一所，省祭酒、博士；置太学博士，总知学事。炀帝即位，改为国子监，复置祭酒。唐沿此制，国子监下设国子学、太学、四门、律、算、书等六学，各学皆立博士，设祭酒一

员，掌监学之政，并为皇太子讲经。唐高宗龙朔元年（661年），东都亦置监。一度改称司成馆或成均监。

宋初，承五代后周之制，设国子监，招收七品以上官员子弟为学生。端拱二年（989年）改国子监为国子学，淳化五年（994年）依旧为监。庆历四年（1044年）建太学前，国子监系宋朝最高学府。自设太学和其他各类学校后，国子监成为掌管全国学校的总机构，凡太学、国子学、武学、律学、小学、州县学等训导学生、荐送学生应举、修建校舍、画三礼图、绘圣贤像、建阁藏书、皇帝视察学校，皆属其主持筹办。国子监的官员有判监事、直讲、丞、主簿等。自元丰三年（1080年）起，改设国子祭酒（即旧判监事）、司业（祭酒的副手）、丞、主簿、太学博士（即旧直讲）、学正、学录、武学博士、律学博士等官，监内分成三案：厨库案管太学钱粮、颁发书籍条册，学案管文、武学生公私试、补试、上舍试、发解试等升补、考选行艺，知杂案管监学杂务。各案设胥长、胥佐、贴书等吏人多员。国子监还设书库，刻印经史书籍，供朝廷索取、赐予以及本监出售之用。南宋在监内专设"印文字所"。国子监所印书籍称"监本"，一般刻印精美，居全国之冠。北宋陪都西京、南京、北京亦陆续置国子监，设分司官，由朝廷执政、侍从等官出任，职事颇简，仅出纳钱粮，实际成为士大夫休养之所。

明初设中都国子学，后改为国子监，掌国学诸生训导之政令。明成祖永乐元年（1403年），在北京设国子监，皆置祭酒、司业、监丞、典簿各一员。清代国子监总管全国各类官学，设管理监事大臣一员；祭酒，满、汉各一员；司业，满、蒙、汉各一员。另设监丞、博士、典簿、典籍等学官。1905年，在中国实施了一千多年的科举制度被废除。光绪三十三年（1907年），国子监被归入学部。

军机处

官署名。清代辅佐皇帝的政务机构。雍正七年（1729年），设军机房。雍正十年（1732年），改称办理军机处，简称军机处。军机处无定员，最多时有六七人，由亲王、大学士、尚书、侍郎或京堂充任，称军机大臣，通称大军机。虽有通称，但任命时亦按各人资历分别称为军机处行走、大臣上行走、大臣上学习行走等。军机处设军机章京为僚属，通称小军机。小军机负责查核奏议，记载档案，缮写谕旨。乾隆时，军机大臣定为满、汉两班，每班八人，后增四班三十二人。每班有领班、帮领班各一人，满语称为"达拉密"。军机处每日的工作就是觐见皇帝，商承处理军国大事，以皇帝的名义对各部门各地方负责官员发布指示。宣统三年（1911年），内阁成立，军机处被撤销。

八旗制度

清代满族的一种社会组织形式。它在建立初期，兼有军事、行政和生产三方面的职能，与当时满族的社会经济基础相适应，对推动满族社会经济发展起了积极作用。入关后，满族统治阶级继续利用八旗制度加强对人民的控制，其生产的意义日趋微小。

努尔哈赤在统一女真各部的战争中，取得节节胜利。随着势力扩大，人口增多，明万历二十九年（1601年），努尔哈赤在"牛录制"的基础上初建黄、白、红、蓝四旗。万历四十三年（1615年），为了进一步适应满族社会发展，又增加镶黄、镶白、镶红、镶蓝四旗

（镶，俗写亦作厢），总共为八旗。每旗下辖五甲喇，每甲喇辖五牛录。凡满族成员分隶各牛录，平时生产，战时从征。皇太极在位时，又将降附的蒙古人和汉人编为"八旗蒙古"和"八旗汉军"，他们与"八旗满洲"共同构成了清代八旗的整体。作为一个军事组织，八旗军与绿营兵共同构成统治阶级统治全国的工具；作为一个行政机构，在某些地区，八旗各级衙署与州县系统并存，直至晚清。凡八旗成员统称"旗人"，与州县所属"民人"以不同形式同受清政府的统治。八旗一直由皇帝、诸王、贝勒掌控，旗制终清未改。清朝灭亡后，八旗制随之土崩瓦解。

哲学

阴阳

中国古代哲学范畴。阴阳最初的涵义是很朴素的，表示阳光的向背：向日为阳，背日为阴。后来引申指气候的寒暖，方位的上下、左右、内外，及运动状态的躁动、宁静等。中国古代先哲们进而体会到自然界中的一切现象都存在着相互对立而又相互作用的关系，遂用阴阳的概念来解释自然界两种对立和相互消长的物质势力，继而认为阴阳的对立和消长是事物本身所固有的，于是认定阴阳的对立和消长是宇宙的基本规律。自然界的任何事物都包括着阴和阳相互对立的两个方面，而对立的双方又是相互统一的。"阴阳"的对立统一运动，是自然界万事万物发生、发展、变化及消亡的根本原因。《素问·阴阳应象大论》曾云："阴阳者，天地之道也，万物之纲纪，变化之父母，生杀之本始。"

以上是一种抽象的理论。具体来说，

"阴阳"学说的基本内容包括阴阳对立、阴阳互根、阴阳消长和阴阳转化等四个方面。阴阳对立，指世间万物都存在着相互对立的阴阳两面，如上与下、天与地、动与静、升与降等，其中上属阳，下属阴；天为阳，地为阴；动为阳，静为阴；升属阳，降属阴。阴阳互根的大意是说，阴阳双方既对立又相互依存，任何一方都不能单独存在。如热为阳，冷为阴，如果没有冷就无所谓热。也就是说，阳依存于阴，阴依存于阳，每一方都以其相对的另一方的存在为自己存在的条件。除了阴阳互根，我们前面提到的阴阳对立、转化也不是一成不变的。另外需要说明的是，阴阳这一对立统一的范畴，是国人的归纳和总结。宇宙在国人的脑海中就是二元的。这种思路让不少国人养成了一种思维定式，无论宇宙、自然、社会、人生，还是求医诊病，无一不与阴阳挂钩。需要明确的是，尽管这种二元思维法经常是符合常识的，但毕竟是一种初级的思维法则，超出常识范围，就要具体问题具体分析了。

五行

中国古代有关宇宙万物属性及其变化规律的哲学范畴。具体指金、木、水、火、土五种物质。古代思想家认为，这五种基本物质构成了世间万物，是世界的起源。如《国语·郑语》中说："先王以土与金、木、水、火杂，以成百物。"那么为什么一定是五种物质，而不是十种、二十种呢？据说，这与华夏先民的数字崇拜有关。李约瑟博士的《中国科技史》上说，中国古代曾流行过五进位制的计数方法，其中，"五"是最大数，也是吉数，故先祖对"五"有着一种特殊而又神圣的感情。像《周易·系辞下》有："天数五，地数五。"古汉语中,五服、五礼、五彩、五谷等词组也不胜枚举。"五"的使用驳杂而内涵丰富。"五行"的起源一直没有定说,但《尚书》中对"五行"已经有了明确的表述:"五行:一曰水,二曰火,三曰木,四曰金,五曰土。""五行"构成世间万物,是这一学说的最表层意义,它还有更复杂的内涵,即相生相克。"五行"相生,指木生火,火生土,土生金,金生水,水生木;"五行"相克,指水克火,火克金,金克木,木克土,土克水。五行相生相克论是后来以邹衍为代表的阴阳家的学说基础,它们被用来阐释宇宙、社会乃至历史的变迁。在阴阳家的学说中,"五行"不再是五种具体物质,而是五种基本属性,称"五德"。天地万物、宇宙四方无不与"五德"相对应,如以四时论,春属木,夏属火,秋属金,冬属水,长夏属土;以方位论,东属木,南属火,西属金,北属水,中属土等。"五德"不是静止不动的,它依照相生相克的规律,循环往复,生生不息。阴阳家称之为"五德转移"或"五德终始"。这些学说对后世影响深远,阴阳家也因此在诸子百家中占据了一席之地。在历代史书中,《五行志》必不可少,是研究中国古代哲学的重要资料。

太极

中国古代哲学范畴。"太极"一词最早见于《周易·系辞上》:"易有太极,是生两仪(天地或阴阳),两仪生四象(四季或日月星辰),四象生八卦。"至于"太极"究竟是什么,历来众说纷纭,有认为是"元气",有说是"天理",有认为是"无",有认为是"有"。唐代大儒孔颖达认为,太极是天地未分之前,混而为一的元气。北宋周敦颐则提出了"无极而太极"的哲学命题,认为"太极"即"无极",它无形无象,至高至妙,是开始,也是一种无限。周敦颐的思考是一种进步,充满了形而上的哲学意味。在周敦颐的观点中,"一动一静"是关键:太极动而生阳,动极而静,静而生阴,静极复动。一动一静,互为其根。若要再细究,那么一切就都归于"太极"的本性了。这些一家之言,此消彼长,并没有一个权威的论断。事实上,"太极"是描述宇宙本原及其无限性的哲学范畴。指的是宇宙之本原,即原始的混沌之气。此时,天地万物还未产生,一切都处于原始状态。

有无

关于宇宙本原的哲学范畴。最早由老子提出。"有"指事物有形、有名,是一种存在;"无"的意义反之。老子认为:"天下万物生于有,有生于无。"这里的"无"与"道"是同义语。老子认为"无"就是天地之始。那么"无"又是如何产生的呢?庄子认为:"有始也者,有未始有始也者,有未始有夫未始有始也者;有有也者,有无也者,有未始有无也者,有未始有夫未始有无也者。俄而有无矣,而未知有无之果孰有孰无也。"言论拗口,玄而又玄,大意是说,"无"不是宇宙的起点,若一直往上追溯,"有"和"无"的存在与否,亦都是不可知的。由于这些概念太过抽象深奥,在整个汉代,几乎无人问津。到了魏晋南北朝时,才再次引起人们关注,王弼认为"有生于无",主张"以无为本";裴顾则认为"无"与"有"是相对而言的,"至无"不能生"有",主张应"以有为本"。不同的派别从不同的角度看待"有"和"无"及宇宙人生,对此进行了不断的讨论和反思。此后，历代哲学家不乏对"有无"的哲学命题进行分析、论辩，但始终没有开创性的见解。

名实

关于概念和实质的哲学范畴。"名"指名称、概念；"实"指实质、实际。二者之间的关系，或者相符，或者不符，或以名为主，或以实为主，各有不同。这在最初，并不是哲学问题，而是严肃的政治问题。比如周公制礼乐，教化民众之后，孔子开始"正名"，事事讲尊卑有序，无论是贵族还是平头百姓都要严格遵守君君、臣臣、父父、子子的名分，不尊就是"名不正"，就是违背了等级制度的规范。这是以"名"为主，让实际符合"名"。到了战国时期，"名实"的关系才升为哲学问题，墨子认为"名"是"实"的反映；庄子主张"名者实之宾"，应以"实"为主。这一时期还出现了以惠施、公孙龙为代表的名家流派，他们口若悬河，极富辩才，从逻辑学的角度对"名"的性质和"名"与"实"的关系进行了讨论，提出了很多著名的哲学命题，像"奴婢三耳""白马非马""狗非犬"等。这些辩论的内容与常人的思维模式大有不同，有其观念上的片面性，被后世称为"诡辩"。

动静

关于宇宙万物状态及其变化的哲学范畴。从上述"阴阳"说中可知，"动""静"也是一组对立统一的概念。其最早见于殷周金文。孔子曾在《论语·雍也》中说过："知者乐水，仁者乐山。知者动，仁者静。"虽然在春秋时期，已有"动""静"之说，但在当时仅是描述一种生活状态。最先将"动"和"静"作为一种哲学范畴的是老子。《老子》云："重为轻根，静为躁君。""躁"即"动"，"静"为"动"的主宰。《老子》又云："夫物芸芸，各复归其根，归根曰静，静曰复命，复命曰常。"认为宇宙万物变化的规律是：先静，后动，再静，"静"是宇宙运动的最后归宿。此后，儒、释、道三家，都认识到了"动""静"这一宇宙变化的基本规律。三教均主静，以动为末。到了两宋时期，周敦颐、朱熹都对"动""静"进行了系统的思考。朱熹还提出了"动静互待""动静互涵"，即"动中有静，静中有动"等哲学命题。直到明末王夫之提出"动静"观之前，先人均为"主静"派，认为"人生而静，天之性也"。王夫之认为"天地之气，恒生于动，而不生于静"；"动"是绝对的，"静"是相对的；宇宙的运动状态由"动动"与"静动"两种状态组成，"动静皆动也，由动之静，亦动也"。很可惜的是，王夫之的观点在当时并没有引起太多人的共鸣，人们仍坚信以"静"为本，这也是中国古代哲学上的一个基本倾向。

形而上与形而下

出自《易经·系辞上》："形而上者谓之道，形而下者谓之器。"是描述抽象和具象两种性质的哲学范畴。需要说明的是，"形而上"与"形而下"只是中国古人对抽象世界和具象世界的一种概括，不能与西方的唯心主义和唯物主义简单地相对应。具体来说，"形"指形体、形迹，"形而上者"即无形迹的抽象存在，就是引文中的"道"；"形而下者"为有形迹的具体存在，即"器"。如，日月星辰是形而下者；日月星辰之理就是形而上者。彼此并无尊卑之分。发展到后世，由于哲学家的价值取向、思维模式的不同，竟有了厚此薄彼的倾向。如朱熹主张"理"在先，"气"在后，"理"为"生物之本"，属形而上者；"气"为"生物之具"，属形而下者。清代王夫之则认为，"形而下"产生"形而上"，"器而后有形，形而后有上"，"形而上"不可能脱离"形而下"独自存在。这相对理学，在认识上已经是一种飞跃，虽然它对很多近代哲学命题并不能做出合理的解释。

气

中国古代先哲根据天气变化所设想出的一种原初物质。古人认为，"气"充斥于混沌空间，其大无外，其细无内，化生万物，是构成宇宙万物的本原。如东汉王充云："万物之生，皆禀元气。"这里的"混沌""化生"就是先哲对"气"特点的精炼概括。有趣的是，"气"有清浊邪正，世间万物也因此具有了美丑善恶。另外需要注意的是，"气"是关于宇宙万物构成的哲学范畴，并非"空气""气体"，它是抽象的，是不可数的整体，这一点与西方哲学中的"原子""元素"说截然不同。

道

关于宇宙本原或规律的哲学范畴。《说文解字》云："道，所行道也，一达谓之道。"道，原意指所行之路。后引申为道理、真理、道义等。如"朝闻道，夕死可矣""道不同，不相为谋""得道多助，失道寡助"等。但这些"道"并非哲学范畴。我们上文说过，最先将"动""静"作为一种哲学范畴的是老子，而先将"道"作为哲学范畴的

也是老子。老子一生最伟大的贡献，就是对"道"的探索。《道德经》云："道可道，非常道"，"道生一，一生二，二生三，三生万物"，"人法地，地法天，天法道，道法自然。"这里的"道"有两层意义，一是宇宙本原，二是自然规律。"道"为宇宙人生的真谛。除了老子外，庄子写有《南华经》，将"道"描述得颇富浪漫色彩，"大道不称，大辩不言"，"有情有信，无为无形，可传而不可受，可得而不可见；自本自根，未有天地，自古以固存；神鬼神帝，生天生地；在太极之先而不为高，在六极之下而不为深，先天地生而不为久，长于上古而不为老"。庄子的"道"是一种天人合一的神仙境界，颇令人神往。除了道家学派，儒家也论"道"，相比道家的清幽玄远，儒家的"道"主要指宇宙和社会的天然秩序。如董仲舒云："道之大原出于天，天不变，道亦不变。"言"天道"与"人道"有着同一性。宋儒则将"道"说成是"天理"，使"道"成为了儒家哲学的核心范畴。简而言之，"道"虽都指宇宙本体或万物规律，但因倡导者的派别不同，"道"也被赋予了不同的含义。

理

"理"指事物的原理、道理。《庄子·则阳》云："万物殊理，道不私也。"《韩非子·解老》："万物各异理，而道尽稽万物之理。"皆以"理"为万物的特殊规律。将"理"与"道"相提并论的是理学家程颐。从程颐始，"天理"大行其道。程颐赋予"天理"以儒家伦理的内涵，并将其作为最高的哲学范畴。朱熹又进一步发展了程颐的学说："宇宙之间，一理而已。天得之而为天，地得之而为地，而凡生于天地之间者，又各

得之以为性，其张之为三纲，其纪之为五常，盖皆此理之流行，无所适而不在。"认为天地万物都有一个恒久不变的"理"，万事万物都不过是"理"的体现。朱熹的哲学有其独具匠心之处，但局限也很明显，比如将传统社会的伦理价值观念绝对化，想要探索宇宙万物规律却又不能超然于物外。这一不足有其特定的政治原因和背景，比如要为统治者立言，为其祝颂江山永固等等。然而不管怎样，宋儒这一有关宇宙本原及其规律的范畴还是对后世哲学的发展产生了深远的影响。

性

儒家哲学范畴。性，指人的本性。《礼记·中庸》云："天命之谓性。""天性"一词由此而来。提及"性"，历来就有善恶之辩，也就是人性是善的还是恶的，这也是儒学范畴的一个核心命题。虽是儒家论道的核心，但孔子每每论及人性时，都分外谨慎，言"性相近，习相远"，只做客观描述，不加道德评判。子贡说："老师（孔子）关于文献方面的学问，我们听得到；老师关于性和天道的言论，我们却听不到。"从中可见孔子之谨慎。孟子则主张"性善"，荀子主张"性恶"。到了汉代，大儒董仲舒还将"性"划分为上中下三等，分"圣人之性"（善）、"中民之性"（善恶相间）和"斗筲之性"（恶）。由于对"性"的解释见仁见智，结论也各自有异。到了宋代，人性亦成为理学家热衷讨论的问题。程颐认为，"性"即"天理"，而天赋道德就是"天理"在人身上的集中体现，是纯然至善的。由于程颐的观点不免片面，张载遂在程颐观点的基础上进一步将人性一分为二，分"天地之性"和"气质之性"。"天

地之性"指人出生之前，纯然至善的本性。"气质之性"言及"气"的概念，认为"气"生万物，是宇宙万物的本原，人自然也由"气"构成。"气"又分清浊，得清气者为圣人，得浊气者为中间人物，得最浊之气者则是恶人。由于"气"有清浊，人自然就有了善恶之分。朱熹又在张载二分法的基础上，进一步将人性分为"天理"与"人欲"，认为天理是善的来源，人欲则是恶的来源。人能成圣，是因为可以灭尽"人欲"；恶人则是欲望不加节制，以致天良丧尽。由于儒家对于人性始终没有从人本身的角度来分析，而是多从社会人的角度去评判，因此显得并不厚重，随着时代的发展、变迁，它旧有的色彩和意义也就逐渐被淡化了。

天理人欲

最早出自《礼记·乐记》："人化物也者，灭天理而穷人欲者也。"讲人为外物所化，泯灭了最初的天性而恣情放纵，结果忤逆悖乱等一些不好的现象就出现了。于是先王制定礼乐，教化民众，节制人欲。在宋朝之前，儒家多讲人伦，少有论及"天理""人欲"。到了宋代，随着佛、道二教的盛行，儒学开始转向研究人的内心世界。"天理人欲"这才成为中心话题。首先由程颐兄弟把"天理"作为最高范畴，到三传弟子朱熹时，"天理人欲"被作了更详细、深入的分析，观点鲜明："天理"与"人欲"是人与生俱来的，属于天性，"人之一心，天理存则人欲亡，人欲胜则天理灭"，言"人欲"与"天理"相互对立，"天理"存则"人欲"灭，"人欲"盛则"天理"衰。只有革尽人欲，才能复尽天理，人成圣贤。需要说明的是，"人欲"并非指"饮食男女"本身，而是指在一些方面奢求过度，

比如追逐珍馐美味，浸淫男欢女爱不可自拔等等。"灭人欲"也不是一味消灭欲望，而是要人在欲望上有所节制，过一种清心寡欲的圣贤生活。"存天理，灭人欲"在近代臭名昭著，这与倡导者的迂腐、极端不无关系，如鼓励贞妇烈女，对人性的扼杀、压制等；其实从某种意义上讲，理学家的一些观点与佛、道二教的修为主张亦殊途同归，不能片面否定。

良知良能

儒家哲学范畴。孟子主张人性本善，认为"人之所不学而能者，其良能也；所不虑而知者，其良知也"（《孟子·尽心上》）。"良知"，就是人天生的明辨是非的智慧；"良能"指天生为善的能力。孟子认为，良知良能人们生来就有，如羞耻之心、恻隐之心、感激之情等。人亦因有良知良能，才与禽兽划清了界限。到了宋代，理学家进一步将儒学思想发扬光大，称孟子的良知良能说为"天理"，于是又有了"天理良心"或"天地良心"的说法，简称"天良"。在"唯心"观念盛行的封建社会，良知良能始终是一个严肃的社会话题，很多思想家穷其一生研究、探索，乐此不疲。

致良知

明代王守仁的心学主旨。语出《孟子·尽心上》："人之所不学而能者，其良能也，所不虑而知者，其良知也。"《大学》有"致知在格物"语。王守仁认为，"致知"就是致吾心内在的良知。这里所说的"良知"，既是道德意识，也指最高本体。他认为，良知人人具有，在心中，而不存心外，是

一种不假外力的内在力量。"致良知"就是将良知推广扩充到事事物物，这样就达到了道德的自我完成。"致良知"也就是在实际行动中实现良知，知行合一。王守仁的弟子曾这样概括他的"致良知"的思想："无善无恶心之体，有善有恶意之动，知善知恶是良知，为善去恶是格物。"这就是有名的"王门四句教"。

天人合一

中国古代哲学的经典命题。为国人最基本的思维方式，具体表现在天与人的关系上。它认为人与天不是处在一种主体与对象之关系，而是处在一种部分与整体，扭曲与原貌，为学之初与最高境界的关系之中。主要有儒家、道家及佛教三家观点。

儒家认为，天是道德观念和原则的本原，人心天生具有道德原则，这种天人合一是自然的、不自觉的合一。但由于人性后天受到的各种诸如名利、欲望的诱惑，不能发现自己心中的道德原则，于是修行的目的，便是去除心上的蒙蔽，"求其放心"，达到成圣的境界，这就是孔子所说的"七十而从心所欲不逾矩"。在佛家看来，人性本来就是佛性，只因迷于世俗红尘而不自觉，一旦觉悟到人世的繁华、欲望都不是真实的，佛性自然显现，也就达到了成佛的境界。"凡夫即佛，烦恼即菩提"即佛家之法门。禅宗语录有言："悟得来，担柴挑水，皆是妙道。""禅便如这老牛，渴来喝水，饥来吃草。"道家认为，天是自然，人是自然的一部分。庄子云："有人，天也；有天，亦天也。"认为天人本是合一的，但由于人制定了种种规章制度，使人丧失了本性，变得与自然不协调。于是道家修行的目的，便是"绝圣弃

智"，打破藩篱，释放人性，让人性重新回归自然，达到"物我合一"的真人境界。

天人感应

天与人交互感应的命题。西汉董仲舒提出。指人的活动与行为根据其好坏善恶，上天都会有相应的感应。如，人心善则天降祥瑞，出现凤凰、灵芝、麒麟等；人心恶则天降灾祸，出现月食、冰雹、地震、洪水等。"天人感应"的说法是一种古老的观念，与商周时的"天命说"一脉相承，而后由董仲舒发展成一套神学理论。在两汉时，发展出"谴告说"，意思是，天子将有过失，天就先降灾来谴告；如不知自改，又会现出异怪来警告；如果还不悬崖勒马，那么大祸就会降临了。这种危言耸听的说法，今天听来不免可笑，但在当时，确实对帝王的行为产生了一种束缚和限制，令其不能为所欲为。在独尊儒术的时代，"天人感应"已经成为了一种无比虔诚的信仰。著名的史学家司马迁在《史记》中写有一篇《天官书》，以天文对应世间人事，核心也是"天人感应"。在其他正史中，有关"天人感应"的记载亦随处可见。如暴君当政，必会天降陨石，山崩地裂，出现洪水猛兽；而君主贤达，天下太平时，则必有嘉禾、龙凤、甘露等祥瑞出现。由于对上天的崇拜，加之史书的言之凿凿，所以"天人感应"的观念在古人的心目中是根深蒂固的，即使在今天国人的潜意识里，也还没有彻底消失。

人皆可以成尧舜

儒家探讨人性的命题，出自《孟子·告子下》。曹交问周曰："人皆可成尧舜，有

诸？"孟子曰："然。"意思是，曹交（春秋时曹国君王的后代）问孟子，人人都可以成尧舜，有这样的话吗？孟子回答说，是的。此后就是孟子向曹交分析如何成圣的内容。

尧舜是并称的古代圣王。成圣，是儒家历来追求的人生境界。孟子对此认为，从人的本心上说，凡人与圣人没有差别，都是一个"善"字，圣人因一直能保持本心所以成圣；凡人则因丧失了本心，则只能是凡人。也就是说，只要人人遵循尧舜之道，保有本心，那么人人都能成圣。这一命题提出后，在相当长的一段时间里，并没有引起太多儒家学者的注意。直至佛教禅宗广为流行后，情况才开始转变。禅宗（见"禅宗"条目）认为，人人心中都有佛性，只要"明心见性"，都能成佛。其成佛的法门极其简洁，芸芸众生信奉者无数。为了与宗教门徒争夺阵地，儒家学者便抬出了孟子的人性论，与禅宗一较高下。南宋思想家陆九渊说："心，只是一个心。某之心，吾友之心，上而千百载圣贤之心，下而千百载复有一圣贤，其心亦只如此"，"不识一字，亦须还我堂堂地做个人。"其弟子杨简则说："人心自善，人心自灵，人心自明。人心即神，人心即道。人人皆与尧舜禹汤文武周公孔子同，人人皆与天地同。"到了明代，王守仁将孟子倡导的"良知"称为"人心一点灵明"，认为就是这"一点灵明"，便是人人皆可成尧舜的根据。儒学家孜孜不倦地推广自己的学说，其目的就是拉近高高在上的圣贤与凡人间的距离，激发众生的向善之心。

为我

战国时杨朱的哲学命题。杨朱没有著作流传下来，今天能搜罗到的，只是一些只言

片语。孟子将杨朱视为论敌,曾云"杨子取为我,拔一毛而利天下,不为也","杨氏为我,是无君也",对杨朱凡事以对自己有利为先,并以其作为评判是非善恶的标准十分不以为然,认为那是极端的个人主义。虽然杨朱的理论不乏深刻之处,但毕竟与中国历来倡导的正统观念格格不入,因此在战国风靡一时之后,很快就归于沉寂了。

道法自然

道家关于宇宙万物本质的哲学命题。《老子》云:"有物混成,先天地生。寂兮!寥兮!独立而不改,周行而不殆,可以为天下母,吾不知其名,字之曰道,强为之名曰大。大曰逝,逝曰远,远曰反。故道大,天大,地大,王亦大。域中有四大,而王居其一焉。人法地,地法天,天法道,道法自然。"文中的"自然"指事物本来的样子。"人法地,地法天,天法道,道法自然"是老子针对宇宙万物间的矛盾与联系作出的论断。我们可以这样理解:在广阔无垠的宇宙中,人受大地承载,所以其行为应效法大地;大地又受天的覆盖,因此亦应时时刻刻效法天的法则而运行;而"道"又是天的依归,所以天也是效法"道"的法则而生生不息。"道"是化生天地万物之母,其性无为,其发展变化是自然而然的,这又好像"道"是效法"自然"的行为,因此说"道法自然"。"道法自然",揭示的是宇宙万事万物之间的关系,也是人们处事必须遵循的原则。

格物致知

属认识论的范畴,又称"格致",出自《礼记·大学》:"致知在格物。"按照现代解释,应为:推究事物的原理法则总结为理性知识。通俗来说,就是求得知识在于推究事物的道理。它虽是儒家的道德哲学命题,但在不同的时代,人们对它的理解也并不相同。宋代理学家朱熹理解的"物"指"天下之物",认为"天下之物莫不有理",故"凡天下之物,都应因其已知之理而日加穷究,以求达到其极点。天长日久,一旦豁然贯通,对众物的表里精粗就会无不知晓,而我心也就无不明朗。"同是理学家的陆九渊则颇不赞同,他理解的"格物致知"为"格去物欲"而求得天理。到了明代,王守仁也反对朱熹的"即物穷理",他认为:"先儒解'格物'为格天下之物,天下之物如何格得?且谓一草一木亦皆有理,今如何去格?纵格得草木来,如何反来诚得自家意?"遂改"格物致知"为"致知格物":"致知"指"致良知","格物"指"正物",即"致吾心之良知于事事物物",将"良知"贯彻于万事万物当中。简而言之,朱熹强调"道问学",主张从宇宙回到我心;陆(九渊)王(守仁)则强调"尊德性",主张由我心推及宇宙万物。两者的目的其实并无本质的不同,都主张个人的道德修为,都不是科学地认识客观世界。由于对"格物致知"理解的大相径庭,这一命题最后成为了宋明儒学的一大公案。

文学

六书

汉字的六种构造条例,是后人根据汉字的形成规律所作的整理(并非全部原始造字法则)。分别是:象形、指事、形声、会意、转注、假借。"六书"始见于《周礼》:"保氏掌谏王恶, 而养国子以道, 乃教之六艺: 一曰五礼; 二曰六乐; 三曰五射; 四曰五驭; 五曰六书; 六曰九数。"虽有记录, 但什么是"六书", 《周礼》并没有加以解释。东汉许慎在《说文解字》中云: "周礼八岁入小学, 保氏教国子, 先以六书。一曰指事: 指事者, 视而可识, 察而见意, '上''下'是也。二曰象形: 象形者, 画成其物, 随体诘诎, '日''月'是也。三曰形声: 形声者, 以事为名, 取譬相成, '江''河'是也。四曰会意: 会意者, 比类合谊, 以见指撝, '武''信'是也。五曰转注: 转注者, 建类一首, 同意相受, '考''老'是也。六曰假借: 假借者, 本无其字, 依声托事, '令''长'是也。"《说文解字》首次对六书进行了定义。后世对六书的解说, 均以其为核心。若具体分析, "象形""指事"属于"独体造字法"; "形声"、"会意"属于"合体造字法"; "转注""假借"属于"用字法"。

虽然六书分析完备, 但并不是先有六书后有的汉字。汉字早在商朝时, 即已经相当发达。后世将汉字分析归纳, 这才有了六种造字法。六书问世后, 人们造新字时, 都以其为依据。如后出现的"猫""轶"是形声字, "凹""凸"是指事字, "甲""由"是象形字, "畑""辻"是会意字, "镔"则形声兼会意。六书造字法应用广泛, 后来的日本文字亦依从六书而来。在这六种法则中, 象形是最直接的表达方式, 因而在甲骨文、金文中, 该字占了大多数; 相对简便的方式为形声法, 如"鲤""鲇"字, 只要用形旁"鱼"就可以交代它们的类属, 再以发音相近的声旁来区分就可以了。由于形声法造字快捷, 到了近代, 有80%的汉字都是形声字。

四声

古代汉语中的四种声调。即平声、上声、去声、入声。上、去、入总称仄声。故四声又称"平仄"。要知道什么是四声, 得先了解声调的构成。所谓声调, 即汉语(及其他某些带声调的语言)语音的高低、升降、长短, 其中, 高低、升降是主要因素。以普通话的声调为例, 它的四个声调阴平(一声)、阳平(二声)、上声(三声)、去声(四声)中, 阴平声是高平调(不升不降叫平); 阳平声是中升调(不高不低叫中); 而上声是低升调(有时是低平调); 去声是高降调。古汉语中的四个声调则和今天的普通话不完全相同, 《康熙字典》中载有这样一首歌诀: "平声平道莫低昂, 上声高呼猛烈强, 去声分明哀远道, 入声短促急收藏。"对古汉语的四声法作了形象的概括。值得一提的是, 古声调中的入声, 在今江浙、福建、广东、广西、江西等处都有保存, 北方的一些地方如山西、内蒙古也保留了入声。然而北方和西南的大部分口语里, 入声已经消失了, 在北方, 有的变为阴平, 有的变为阳平, 有的变为上声(最少), 有的变为去声(最多); 在西南(从湖北到云南), 入声字则一律变成了阳平。四声和韵的关系十分密切。在韵书中, 什么字归什么声调, 泾渭分明, 不同声调的字不能算是同韵。在诗词中, 不同声调的字一般不能押韵。

字母

汉语音韵学术语。音韵学家用来指称汉字声母的代表字。字母一词来自梵文摩多(梵文作mata)。梵文摩多本指元音, 后来梵文词义扩大, 辅音也称摩多。该词传入中国后，当时音韵学家只用它表示声母。在此以前，汉语声母没有专门的名称，人们用双声来表示声母，反切上字与被切字双声，表明两字有相同的声母。唐末僧人守温从梵文字母得到启发，给每一声类规定了一个代表字，共提出了三十个代表汉字，到宋代又增加六个汉字，共得三十六，简称"字母"。它们分别是：见溪群疑端透定泥知彻澄娘帮滂并明非敷奉微精清从心邪照穿床审禅影晓匣喻来日。它们是以唐宋语音为基础归纳出来的声母系统，与上古语音和现代语音都有很大不同。其发音的部位，按《康熙字典》的口诀，应为："见溪群疑是牙音，端透定泥舌头音，知彻澄娘舌上音，帮滂并明重唇音，非敷奉微轻唇音，精清从心邪齿头音，照穿床审禅正齿，影晓匣喻是喉音，来日半舌半齿音，后习学者自明分。"三十六字母的创立，是音韵学发展史上的一个里程碑。

训诂学

也作"诂训""故训"，是解释古书字义之学。"训"和"诂"最初是分别定义的，"训"指说明词语的涵义，如"穆穆、肃肃，敬也"；"诂者，古也，通古今之言，使人知也；训，道也，道物之貌以告人也"。"诂"即以今语解释古语，如"初、哉、首、基、肇、祖、元、胎、俶、落、权舆，始也"。后来"训"和"诂"二字并用，成为传统小学的一个分支。训诂的方法主要有义训、形训、声训三种。具体来说，义训，指不借助字音、字形，直接用通俗的词语对字义进行解释，有同义相训，如"征，召也"；反义相训，如"乱，治也"；有的则干脆就是描写了，如"二足而羽谓之禽"等。形训，即通过对汉字本身的分析来阐释字义，如"止戈为武"。

声训，指用同音或发音近似的字来阐释字义，如"仁，人也"。几种训诂方法中，义训最常用。训诂学是传统小学的一个分支，小学又是阐释经学的基础，因此历代的训诂学家也往往都是经学大家，如顾炎武、钱大昕、段玉裁、王念孙、戴震等。

诗

《尚书·尧典》云："诗言志，歌永言。"班固《汉书·艺文志》云："诵其言谓之诗，咏其声谓之歌。"《毛诗序》："诗者，志之所之也，在心为志，发言为诗。"从典籍中可知，诗最初是一种乐歌，与音乐、舞蹈为一体，能够让人载歌载舞。诗富有节奏韵律，因此发展出了各种各样的形式。现存节奏韵律最简单的诗体是《吴越春秋》上所引的一首古歌："断竹，续竹；飞土，逐肉。"周秦以来，诗歌的节奏韵律逐渐由简入繁，出现了三言、四言、五言、六言、七言以及"杂言"的句式。在秦汉以前，四言是最为流行的句式，像《诗经》中的大多数作品都是四言，如《王风·采葛》："彼采葛兮，一日不见，如三月兮。彼采萧兮，一日不见，如三秋兮。彼采艾兮，一日不见，如三岁兮。"其他如五言、六言、七言等，都是字数有所增加，句式整齐。而"杂言"则是长短句不一，如乐府民歌《上邪》："上邪！我欲与君相知，长命无绝衰。山无陵，江水为竭，冬雷震震，夏雨雪，天地合，乃敢与君绝。"魏晋以后，五言和七言成为最流行的体式。由于四声（平、上、去、入）的发现，诗人开始讲究行文声律，诗作抑扬顿挫，铿锵悦耳，平仄参差十分讲究，如上句为"仄仄平平仄"，下句就应为"平平仄仄平"，这就是所谓"格律"。到了唐代，诗的格律规定愈发严格、缜密，无论是字数、句数还是平仄、押韵都有详细严谨的规定，诗开始有近体诗、古体诗之分。诗在我国文学史上有着举足轻重的地位，更由于被列入儒家五经，而历来被尊为"正统文学"。

汉魏以来乐府诗配合音乐，有歌、行、曲、辞等。唐人乐府诗多不合乐。此外，古绝句在唐时也有作者，都属古体诗范围。古体诗在发展过程中与近体诗有交互关系，南北朝后期出现了讲求声律、对偶，但尚未形成完整的格律，介乎古体、近体之间的新体诗。唐代一部分古诗有律化倾向，乃至古体作品中常融入了近体句式。但也有些古诗作者在创作时有意识与近体相区别，而多用拗句，间或散文化来避律。

古体诗

古代一种相对自由的诗体，与近体诗相对而言。它是近体诗形成前，除楚辞外的各种诗歌体裁。也称古诗、古风。其格律自由，不拘对仗、平仄，押韵较宽，篇幅长短不限，句子有四言、五言、六言、七言体和杂言体。其中，五言和七言诗作较多，简称五古、七古。杂言有一字至十字以上，一般为三、四、五、七言相杂，而以七言为主，故习惯上归入七古一类。我们熟悉的七言古诗有白居易的《长恨歌》、杜秋娘的《金缕衣》等。它们充分体现了古体诗的自由度，《长恨歌》洋洋洒洒达一百二十句，而乐府《金缕衣》则只有四句。由于古体诗形式灵活，便于传达感情，因此很受诗人青睐。不少文人墨客都是古诗高手，像李白、杜甫、刘长卿等，佳作迭出，为后人津津乐道。尤其是李白，写有大量的古诗作品，如《古风》《行路难》《蜀道难》《将进酒》《长干行》等，流传千古。但

龚自珍认为，李太白流传下的诗作，除了乐府（古体诗的一种）外，大都是伪作。

近体诗

古代的格律诗，分律诗、长律和绝句三种。唐代将周、秦、汉、魏不讲究格律的诗称为"古体"或"古风"，将齐梁以来开始流行的格律诗称为"近体诗""今体诗"。相对于古体诗，近体诗很讲求格律，在句式、句数、平仄、对仗和押韵等方面都有规则和要求。具体来说，在句数上，近体诗没有古诗的参差变化，它具有一种整齐的美感。律诗分八句，句式分五言、七言，又称五律、七律；超过八句属长律、排律；绝句分四句，句式分五言、七言，又称五绝、七绝。在押韵上，近体诗规定繁杂，如律诗要求二、四、六、八句押韵，也就是除首尾两联外，都要入韵；绝句则二、四句押韵，一般只押平声，且一韵到底，中途不能换韵。这都对近体诗人提出了很高的要求，既要熟悉语言的词汇、典故，更要熟谙诗韵、平仄。其中的平仄更是重中之重，它是近体诗最重要的因素，少了它也就没有近体诗的格律了。由于韵律的规则太多，古人专门成书讲这方面的知识，如隋朝的《切韵》（陆法言），北宋的《广韵》，前者分一百九十三韵，后者分二百零六韵。到了南宋，刘渊将前人的二百零六韵合并为一百零七韵，后人再减为一百零六韵，这一百零六韵被后人奉为押韵的通则，即《平水韵》。近体诗在唐代达到了炉火纯青的境界，诗人们创作出了大量的佳作名篇，其意境、技巧，令后世叹为观止。

词

诗歌的一种韵文形式，由五言诗、七言诗或民间歌谣发展而成，如《西江月》《风入松》《蝶恋花》等，都是来自民间的曲调。词起源于五代与唐，流行于宋，因此词又称宋词，历来与唐诗并称双绝。词原是配乐歌唱的一种诗体，句的长短随歌调而改变，因此又叫长短句。词一般分婉约派、豪放派两大类。

词最初称为"曲词"或"曲子词"，是配音乐的。它和乐府是同一类的文学体裁，都是来自民间文学。后来逐渐跟音乐分离了，成为诗的别体，所以词也称为"诗余"。词的发展深受律诗的影响，其中常见律句。词虽是长短句，形式较律诗灵活，但是全篇的字数和每句的平仄都有一定之规。词大致可分为小令、中调、长调三类，一般分上下两阕。通常认为，五十八字以内为小令，五十九至九十字为中调，九十一字以外为长调。敦煌曲子词中，已经有一些中调和长调。宋初柳永写了一些长调，苏轼、秦观、黄庭坚等人继起，长调就盛行起来了。长调的特点，除了字数较多以外，就是一般用韵较疏。

曲

这里讲的是元曲，常与唐诗、宋词和汉赋并称为中国文学艺术百花园中的四株奇葩。元曲原本来自所谓的"蕃曲""胡乐"，首先在民间流传，被称为"街市小令"或"村坊小调"。元灭宋后，元曲在以大都和临安为中心的地区流传开来。元曲的每一曲牌都有固定的格律要求，但并不死板，允许在定格中加衬字，部分曲牌还可增句。与律诗绝句和宋词相比，灵活性较大。

元曲将传统诗词、民歌和方言俗语糅为一体，形成了诙谐、洒脱、率真的艺术风格，对词体的创新和发展带来极为重要的影响。元曲一方面继承了诗词的清丽婉转的艺术传统；另一方面，它还担负着作为元代文人反抗统治者压迫的工具的任务。元代社会读书人地位低，沦于"八娼九儒十丐"的地位，元曲中往往有反抗政治专权、斥责社会黑暗的战斗光彩，充满反抗的情绪。有的指责社会弊端，直斥"不读书最高，不识字最好，不晓事倒有人夸俏"的社会，有的斥责"人皆嫌命窘，谁不见钱亲"的世风。元曲中也有描写爱情的作品，且都泼辣、大胆。这些都是元曲的特殊艺术魅力。

赋

中国古典文学的一种重要文体。赋萌生于战国，兴盛于汉唐，衰于宋元明清。在汉唐时期，诗与赋往往并举连称，有只作赋而不写诗的文人，却几乎没有只作诗而不写赋的才子。建安以后乃至整个六朝时期，对赋均推崇备至。将"赋"字用为文体的第一人应推司马迁。《史记》中称屈原的作品为赋，《汉书》也称屈原等人的作品为赋，后人因推尊《史》《汉》，所以便把屈原等人的作品称为赋。为什么一定要称"赋"呢？因为在汉文帝时"诗"已设立博士，成为经学。在这种背景下，称屈原的作品为诗并不合适。屈原的作品又往往只能诵读而不能歌唱，也不能用"歌"来定义。于是司马迁拟用"辞"与"赋"来作为新的称呼，由于屈氏的作品文辞华美，司马迁很倾向于用"辞"来定义，而称宋玉、唐勒、景差等人的作品为"赋"。第一个称呼自己的作品为"赋"的人是司马相如，发展至东汉末年，"赋"的称谓就已经很普遍了。

赋的文体介于诗和文之间。一般来说，诗大多为情而造文，而赋却常常为文而造情。诗以抒发情感为重，赋则以叙事状物为主。清人刘熙载说："赋别于诗者，诗辞情少而声情多，赋声情少而辞情多。"相对而言，赋更近于诗体。其语言以四、六字句为主，追求骈偶；语音上要求韵律协调；文辞上讲究藻饰和用典。从汉至唐初这段时期，赋尤近于诗而远于文。从主题和写作手法上看，屈原的作品对后世赋作影响深远，比如多书写自己的不幸与愁思，多铺张夸饰，及多用"香草美人"的比兴手法等。

赋在汉唐时期极为兴盛，其体式大致可分三种：骚体赋、四言诗体赋和散体赋（或称大赋）。由结构上看，散体赋、七体、设论体及唐代文体赋已经比较接近于散文，有的完全可归于散文的范畴。宋代以后，赋仍是文人学士喜爱的文体之一，其形式主要是俳赋与文赋，但像六朝那样的华美词章和唐宋时代的精品，已难得一见。值得一提的是，赋的发展亦带动了骈文。骈文起于东汉，成熟于南北朝，其文章中广泛用赋的骈比形式，如此一来，有些以赋名篇的文章甚至都被人视作骈文，如南朝宋的《芜城赋》（鲍照）、《雪赋》（谢惠连）及《月赋》（谢庄）等。

骈体文

骈体文从魏晋开始形成。南北朝是骈体文的全盛时代，这时候，骈体文成为文章的正宗，唐宋以后，骈体文的正统地位才被"古文"代替。骈体文的明显语言特点是骈偶和四六。何谓骈偶？两马并驾叫骈，两人一起称偶。骈偶即两两相对，又称对仗。以骈偶为文时，其基本要求是句法结构要对称，在句法结构、词性相匹配的原则下，上下联的字数相等（句首句尾的虚词及共有的句子成分不算在对仗之内）。如吴均的《与顾章书》：幽岫含云，深溪蓄翠。如萧统的《文选序》：风云草木之兴，鱼虫禽兽之流。诗句非常对称。"四六"指骈体文一般用四字句和六字句，四字句如：众制锋起，源流间出。六字句如：穷者欲达其言，劳者须歌其事。另有四六句混合者如：渔舟唱晚，响穷彭蠡之滨；雁阵惊寒，声断衡阳之浦。骈体文在语音方面也很有特点，主要讲究平仄相对和押韵。"平仄"指按照古汉语四声调"平、上、去、入"，将声调分成平声和仄声。在对仗时，在节奏点上以平对仄，以仄对平。如"冯唐易老，李广难封"对应的就是"平平仄仄，仄仄平平"。需要说明的是，古时候的语音并不完全等同于现代的语音，因此有的词读起来不押韵，但在古时候是符合韵律的。除了语言、语音外，骈体文用词也很有特点，那就是擅长用典和堆砌词藻。前者，是为了以古事或古人的话来证明自己的观点。如：屈贾谊于长沙，非无圣主；窜梁鸿于海曲，岂乏明时。援引了贾谊和梁鸿的两个典故，借前人的不得志宣泄自己内心的不平与感慨。堆砌词藻，在骈体文中再常见不过，如金玉、灵禽、奇兽、香花、异草等词随处可见，目的即是为了让文章看起来更加华丽、美观。如杨炯在《王勃集序》中说，"糅之金玉龙凤，乱之朱紫青黄"。仅颜色一类的词汇就琳琅满目。六朝以来，骈文华美得无以复加。甚至可以说，是藻饰和用典共同构成了骈文。

八股文

八股文也称"时文""时艺""制艺""制义""八比文""四书文",是明朝科举所规定的一种特殊文体。很多学者认为八股文发源于北宋的经义,即宋代科举考试的一种文体,以经书中的文句命题,考生作文阐明其中义理。现在看来,宋代的经义虽不具备后世八股文的格式,但已经有了八股文的雏形。经义在吸收了散曲和元曲的一些成分后,在明初被确立为一种独立的文体,宪宗成化年间有了较严格的程式,后来演变为一种僵死的文体。

八股文是代圣贤立言,内容主要出自四书五经。文章的基本形式为:破题;承题;起讲;然后是提比、小比、中比、后比,即四比、八股;最后收束。破题,即开篇先把题义点明。以两句话概括,不能直说题义。如题目为《子曰》的八股文,可破题为:匹夫而为天下法,一言而为天下师。前句破"子"字,后句破"曰"字。起讲,指深入地说明问题的用意所在,最多不超过十句。四比,指提比、小比、中比、后比(或者说是提比、中比、后比、束比),四比分为八股。每两股要求内容、词性、平仄相对,十分严格。收束,即结束语,约在八句之内。八股文在明代兴盛一时。有明三百年间,八股文名家辈出,如王鏊、钱福、唐顺之、归有光、金声、章世纯、罗万藻、陈际泰等。俞长城《可仪堂一百二十名家制义》说:"制义之有王守溪(王鏊),犹史之有龙门(司马迁),诗之有少陵(杜甫),书法之有右军(王羲之),更百世而莫并者也。"吴敬梓《儒林外史》第十一回写蘧公孙的女儿时曾说,"十一二岁就讲书、读文章,先把一部王守溪的稿子读的滚瓜烂熟"。女孩子尚且如此,士人之热

衷就更不用说了,大家八股对后世的影响,从中可见。光绪二十八年(1902年),八股文被废。乡、会试虽仍有四书义、五经义,但文章格式已不再限制。三年后,袁世凯、张之洞再次上折,得到谕允,于是,有着七百年历史的八股文寿终正寝。八股文有其严重的不足,比如严重形式化,缺少实际意义等。但是它也有其积极的一面,如士人从研习八股文中受到了儒家伦理道德的熏陶;为后世提供了文精意赅的典范(在明清两代,"小品"盛于一时,并非偶然);对楹联的成熟起了推波助澜的作用等。

杂剧

中国戏曲艺术发展到成熟阶段的最早的戏曲种类。因发展衍变的地域、时期的不同,又可分为宋杂剧、金院本和元杂剧。

杂剧的名称在晚唐时已经出现。到了宋代,由于城市商品经济的繁盛,百姓对文化生活的需求,东京(今河南开封)出现了集中演出各种技艺的勾栏、瓦肆,为戏剧发展提供了平台。宋代杂剧是在继承歌舞戏、参军戏、歌舞、说唱、词调、民间歌曲等艺术传统的基础上发展而来的。当时,杂剧常在宫廷中演出,虽穿插于诸般技艺之中,但已具有独立演出的性质。在民间的戏台上,杂剧经常上演。到了南宋,随着政治中心的南移,杂剧又盛行于临安(今浙江杭州)等地,并在诸般技艺中居于首要地位。当时,在北方与宋对峙的金有院本(行院所用剧本)流行。金院本与宋杂剧在体裁、演出形式、角色分工等方面大致相同,其不同之处在于所用的曲调(曲牌)方面。元初至元到大德年间(1279年—1307年),元杂剧的发展到达了巅峰,大都以及各地的杂剧演出非常活

跃,作家、名角辈出。如关汉卿的《窦娥冤》《救风尘》《拜月亭》《单刀会》,王实甫的《西厢记》,马致远的《汉宫秋》,纪君祥的《赵氏孤儿》等作品。元代末,由于统治黑暗,经济衰微,北方重灾,更由于科举恢复,文人转趋仕途,以及南方传奇兴起等原因,元杂剧开始走向衰落。到了明代初,杂剧进一步宫廷化,南杂剧兴起,其中虽不乏优秀的作品(如徐渭的《四声猿》等),但杂剧的衰落已经不可避免。

　　杂剧的体裁,首先是一本四折的形式(受宋杂剧演出时分为四段的影响)。四折之外又可以加一两个"楔子"。"折"相当于一场戏,在一折中,场景可以变换。"楔子"通常较短,一般放在第一折前,起类似序幕的作用;也有放在两折间作为过渡的。"楔子"是四折一本杂剧的重要补充部分。除了上述外,个别杂剧亦有分为五折一本的,如《赵氏孤儿》。折子数有例外,本子数也有例外:通常一本为一剧,而《西厢记》则有五本。在内容方面,杂剧有三个构成部分:宾白、唱词、科介。三者配合推动剧情发展,刻画人物性格。在角色分配上,一般有四类:旦(女性角色)、末(男性角色)、净(刚烈豪强及滑稽人物)、杂(其他杂色),每类还有更细致的划分。通常正旦或正末扮演杂剧的主角,故剧本又有旦本、末本之分。今天,杂剧演唱的原貌已不复见,人们只能从历史记载、曲谱、昆曲中的北曲以及戏曲文物中了解其大致的情况。

传奇

　　传奇是一种传录奇闻的文体,实际上是已具规模的小说。唐代是传奇的巅峰时期,这一时期的传奇作品不但数量很多,而且内容精彩、文辞华丽,有些作品很有文学价值。部分优秀的传奇作品甚至成了后世著名小说戏剧的蓝本。由于传奇风行,唐代的许多文学大家都执笔写过。

　　唐传奇依其性质大致可分为艳情、侠义、神怪三类。具体来说:一为艳情类,这类传奇主要讲述的是才子佳人的风流韵事。著名的传奇作品有:许尧佐的《章台柳传》,元、明、清各朝都有人加以改写,如明代梅鼎祚的《玉合记》和吴长孺的《练囊记》都是以《章台柳传》为蓝本;白行简(白居易之弟)的《李娃传》写长安妓女李娃的故事,缠绵动人,改写的作品有元代高文秀的《打瓦罐》、石君宝的《曲江池》、明代的薛近兖的《绣襦记》等;元稹的《会真记》(又称《莺莺传》),叙述张生和崔莺莺的恋爱故事,情节曲折、文笔动人,元代王实甫将其改编成了《西厢记》;陈鸿的《长恨歌传》,叙述杨贵妃自入宫至马嵬坡缢死的故事,白居易依其写就了长诗《长恨歌》,其与陈鸿的《长恨歌传》都成了文学史上的杰作。元代白朴的《梧桐雨》、明代吴世美的《惊鸿记》、清代洪昇的《长生殿》也都是根据上述的一歌一传完成的。此外,还有蒋防的《霍小玉传》、张鷟的《游仙窟》、李公佐的《谢小娥传》等,都是著名的艳情小说。二是侠义类,这类传奇主要的叙述对象是侠女。著名的作品有薛调的《刘无双传》、冯延巳的《墨昆仑传》、杨巨源的《红线传》、杜光庭的《虬髯客传》。这四个传奇故事,被后人无数次改编。三是神怪类,这类传奇主要讲的是神仙鬼怪。唐传奇中这一类的作品最多。著名的作品有,李公佐的《南柯太守传》、李朝威的《柳毅传》、王度的《古镜记》、沈既济的《枕中记》、牛僧孺的《玄怪录》、陈玄祐的《离魂记》、薛用弱的《集异记》、任蕃的

《梦游录》等。

唐传奇为后世小说奠定了基础，是古代文学中重要的一环。同时，传奇作品中所表现出的社会习俗、生活方式及思想等对后人研究唐代社会史有着重要的参照价值。

笔记小说

文言小说的一种形式。笔记的内容十分驳杂，囊括了古代的志怪、传奇、杂事、逸闻、风俗礼仪、训诂考证等等。由于分类标准不同，对于"笔记"的定位也一直有争议。刘叶秋在《历代笔记概述》中曾把笔记分为三大类：小说故事类、历史琐闻类和考据辩证类。按分类，小说故事类的笔记就是笔记小说。周勋初在《唐代笔记小说叙录》中只讲历史琐闻类的笔记，对笔记小说的范畴进一步做了限制，只认同古杂史笔记或杂事小说。事实上，笔记就是一种随笔、不拘一格的散体文字。刘勰在《文心雕龙·才略》中说："路粹、杨修，颇怀笔记之工。"王僧孺《太常敬子任府君传》说："笔记尤尽典实。"今人认同笔记中带有故事性的文字为"笔记小说"。需要说明的是，此"小说"不同于我们今天的"小说"概念，它重在实录，是记人和事的散文随笔，它的风格简洁，往往只需三言两语或一个小的段落即能叙述清楚，规模类似今天的"微型小说"。像《世说新语》（《世说新语》被划归小说中，其有一定的剪裁取舍和文学加工。后来出现的《续世说》《今世说》《新世说》《唐语林》《何氏语林》等只能称为笔记，不称小说）中的一则：王子猷居山阴，夜大雪，眠觉，开室命酌酒，四望皎然，因起彷徨，咏左思《招隐诗》，忽忆戴安道。时戴在剡，即便夜乘小船就之。经宿方至，造门不前而返。人问

其故，王曰："吾本乘兴而行，兴尽而返，何必见戴？"《搜神记》中的《鼠妇》一则也有异曲同工之妙："豫章有一家，婢在灶下，忽有人长数寸，来灶间壁，婢误以履践之，杀一人。须臾，遂有数百人，著衰麻服，持棺迎丧，凶仪皆备。出东门，入园中覆船下，就视之，皆是鼠妇。婢作汤灌杀，遂绝。"言词简约，不加渲染。以笔记为名的书约始于宋祁的《笔记》（原名《景文笔录》，又称《宋景文笔记》），继而又出现了《老学庵笔记》《芥隐笔记》等。清时，以笔记命名的书种类更加繁多，如记志怪故事的《阅微草堂笔记》，谈考据辩证的《双砚斋笔记》，内容驳杂的《庸闲斋笔记》等。其中，诞生于清中期的《阅微草堂笔记》被古今视为笔记小说的"正宗"。

章回小说

是中国古典长篇小说的主要形式。由宋元时期"讲史"话本发展而来。讲史时，由于很难在一两次"说话"中把一段历史故事讲完，因而说话人就分次讲述，每次讲之前用题目向听众提示本回主要内容，这就是章回小说回目的起源。今天，我们仍能从章回小说中发现诸如"话说""看官"的字样，可见它与话本间的承继关系。"回"的意思就是"次"。通常我们听艺人讲说故事，往往到了紧要关头，他就会说"欲知后事如何，且听下回分解"，下回，即下一次。宋元两代，是章回小说的孕育期，这一时期说唱艺人的底本，也就是长篇话本，已经具有了章回小说的雏形。如《全相平话五种》中的《乐毅图齐》，分为上、中、下三卷，各卷又依故事内容，分立若干小题目。从中可见最早的小说分回形式。经过宋元时期的发展，元末明

初出现了一批章回小说，像《三国志通俗演义》《水浒传》等。它们在民间已经广为流传，经讲史艺人补充和文人加工后而成。相比从前的"讲史"，这些章回小说的人物、故事的核心虽然是历史的，但更多的内容已多为后人创造，篇幅也相应增长了。每卷分为若干节，节前有单句目录，如"刘玄德斩寇立功"。到了明代中期，章回小说的发展愈加成熟，《西游记》《金瓶梅》《封神演义》等纷纷问世。它们的情节更加复杂，运笔更为细腻，内容和"讲史"已经基本没什么联系了，仅在体裁上还保留着"讲史"的痕迹。这一时期的章回小说已不分节，而是明确地分回，回目也由最初的单句变成参差不齐的双句，最后成为工整的对仗句。如"李贽评吴观明刻本"的《三国演义》，将二百四十回缩减一半，两回并作一回，以双句回目说明内容。回目的对偶从毛宗岗修改《三国志演义》始，他为了"务取精工，以快阅者之目"，把"以参差不对，错乱无章"的回目改成了对偶整齐的二句，这种形式逐渐被固定，一直沿用到近代。章回小说继续发展，到清代《红楼梦》出现后，达到了艺术发展的巅峰。章回体的为文样式深受国人喜爱，无论是内容还是形式都充满了中国的特色。

诗话

评论诗人和诗的作品。诗话多为随笔性质，语言简练，言词寥寥，如南朝钟嵘的《诗品》（见"诗品"条目）评阮籍诗的特点道："言在耳目之内，情寄八荒之表"，"自致远大，颇多感慨之词，厥旨渊放，归趣难求"；论《古诗十九首》云："文温而丽，意悲而远，惊心动魄，可谓几乎一字千金。"这些印象式的品评随意、即兴，多真知灼见与

真情实感，是历代文人喜闻乐见的一种谈诗论诗形式。反观刘勰的皇皇论作《文心雕龙》，在问世之初，却难觅知音。我国第一部名副其实的诗话出现于北宋，是欧阳修的《六一诗话》。此后，诗话便成为批评与鉴赏诗歌的一种流行模式。内容也不再限于评点诗作、诗人，还会记录逸闻、考订史实等，实际上成了不拘一格的笔记体。

玄言诗

玄言诗是以阐释老庄和佛教哲理为主要内容的诗歌流派。约起于西晋之末而盛行于东晋。魏晋以后，社会动荡不安，不少士大夫托意玄虚以求全身远祸，这种风气逐渐对诗歌创作产生影响，加上佛教的盛行，玄学与佛教逐步结合，文人学者更倾向以诗歌的方式表达自身对玄理的领悟。玄言诗的代表作家有孙绰、许询、桓温、庾亮等。其特点是玄理入诗，以诗为老庄哲学的说教和注解。该流派严重脱离社会生活，钟嵘《诗品》评道："永嘉时，贵黄老，稍尚虚谈。于时篇什，理过其辞，淡乎寡味。爰及江表，微波尚传。孙绰、许询、桓、庾诸公诗，皆平典似道德论，建安风力尽矣。"玄学，兴起于曹魏正始年间，以何晏、王弼为代表人物，主张"天地万物皆以无为本"。之后阮籍、嵇康继起，为文为诗皆"言及玄远，而未曾评论时事，臧否人物"。西晋初的玄学家主要有向秀、郭象等。魏晋时期的玄学是儒家唯心主义哲学在新的历史条件下的变种。从西晋末年至东晋时期，玄学入侵文学领域，于是出现了风靡一时，"理过其辞，淡乎寡味"的玄言诗。其代表人物孙绰、许询并称"孙许"。南朝钟嵘《诗品·下》云："世称孙、许，弥善恬淡之词。"玄言诗虽盛极一时，但最后多被淘汰。

值得一提的是孙绰、许询二人。

孙绰（314年—371年），字兴公，太原中都人。早年有隐居之志，曾作《遂初赋》明志。初为著作佐郎，袭封长乐侯。后为征西将军庾亮参军、太学博士、尚书郎，迁散骑常侍，领著作郎。诗作枯淡寡味，以老、庄思想为旨归。其少数诗篇较清新，如《秋日诗》中有"疏林积凉风，虚岫结凝霄。湛露洒庭林，密叶辞荣条。抚叶悲先落，攀松羡后凋"句，较为生动，很有真实感。孙绰的赋也很有名，其名作《游天台山赋并序》中有"赤城霞起而建标，瀑布飞流而界道"之句，孙绰颇以为豪。《晋书·孙绰传》载："孙兴公作《天台山赋》成，以示友人范荣期，云：'卿试掷地，当作金声。'"散文有《丞相王导碑》《太宰郗鉴碑》《太尉庾亮碑》等。今有明人辑《孙廷尉集》传世。许询，生卒不详，字玄度。高阳（今属河北）人。幼时聪慧，有"神童"美誉，长大后颇有文才。朝廷召其为司徒掾属，不就。曾与王羲之遍游会稽名山，参加过兰亭集会。其五言诗很有名，简文帝赞其曰："玄度五言诗，可谓妙绝时人。"今仅存《竹扇诗》一首及《白尘尾铭》等文。许诗多以玄言哲理成篇，艺术成就并不高。

田园诗

描写农村自然景物、田园生活的诗派。产生于东晋末年。代表人物为陶渊明，他的《归去来兮辞》《归园田居》《庚戌岁九月中于西田获早稻》《饮酒·其四》等为代表作。田园诗通过歌咏自然景物，表达一种特定的情感，如对官场的厌恶，归隐田园后的悠然自得及高洁的志趣等。诗风质朴，语言清新淡雅，如"方宅十余亩，草屋八九间。

榆柳荫后檐，桃李满堂前"，"采菊东篱下，悠然见南山"等。陶渊明是田园诗的开创者，他以纯朴自然的语言、高远拔俗的意境，为中国诗坛开辟了新天地。值得一提的是，田园诗除了人们熟悉的具有道家、佛家出世的情怀外，也有表现儒家入世精神的作品，后者从另一个视角展现了农家生活，像聂夷中的《咏田家》："二月卖新丝，五月粜新谷。医得眼前疮，剜却心头肉。我愿君王心，化作光明烛。不照绮罗筵，只照逃亡屋。"感情十分凄然。这种田园诗蕴含儒家入世的精神关怀，很受历代正统诗人的拥戴。但从艺术鉴赏的角度说，前一种田园诗更符合受众的心态，因而读者群也最广阔。

山水诗

山水诗初兴于六朝，脱胎于体悟自然之道的玄学思潮。谢灵运、颜延之是这一时期的代表诗人。齐梁之后，山水诗题材不断扩大，风格日益繁多。到了唐代，其创作空前繁荣，山水诗派开始形成。这时山水诗人众多，盛唐时期有王维、孟浩然、裴迪、常建、储光羲等，著名诗人刘长卿、韦应物、柳宗元等则在中唐。由于时间跨度大，这些诗人往往都经历了唐朝的由盛转衰，他们的诗作题材十分相近，手法、风格有一脉相承之处。另外很重要的一点是，他们多数都与禅学有着密切关系，在思想观念上深受禅风的熏陶。

作为山水诗派的代表，王维笃信佛教，是学者们的共识。清人徐增曾将王维与李、杜相比较，指出其诗与佛禅的关系："白以气韵胜，子美以格律胜，摩诘以理趣胜。太白千秋逸调，子美一代规模，摩诘精大雄氏（指释迦牟尼）之学，字字皆合圣教。"言王维诗"字字皆合圣教",虽多溢美之词,却道出了其诗深于佛禅的特点。除了王维,孟浩然、裴迪、常建、刘眘虚、綦毋潜等也与禅僧多有往还,诗风也深受禅的影响。以裴迪为例,他是王维的挚友、"法侣"。所谓"法侣",即禅门中的同道。裴迪今存诗29首,《辋川集》20首是与王维唱和之作,其中颇多禅韵,在其余9首中,与禅直接相关的就有4首,字里行间毫不掩饰对禅门的向往。綦毋潜在这派诗人中不是很惹人注目,但其诗作却颇能体现山水诗派的艺术特色。綦毋潜今存诗只有20余首,但与禅有直接关联,并在诗题上明确标注的就在10首以上,像《题招隐寺绚公房》《题灵隐寺山顶禅院》《过融上人兰若》等。除了参禅悟道,从质实到空明、境界灵动亦是山水诗人多有的特点。像常建的《题破山寺后禅院》:"山光悦鸟性,潭影空人心。"孟浩然的《宿建德江》:"移舟泊烟渚,日暮客愁新。野旷天低树,江清月近人。"拥有此意境的诗,在山水诗派中比比皆是。

山水诗派主要以山水景物作为审美对象、创作题材,在山水中展现诗人幽独的心灵。可以说,以山水取景,以禅心、空灵入境,辅之以淡远的风格,即是我们所定义的山水诗。山水诗非唐代独有,早在魏晋南北朝时期,诗作即已经在形式美感的追求上下足了功夫,但还是质实,与唐时相比,缺乏灵动的神韵。严沧浪曾谓:"盛唐诸人惟在兴趣,羚羊挂角,无迹可求。故其妙处透彻玲珑,不可凑泊,如空中之音,相中之色,水中之月,镜中之花,言有尽而意无穷。"这可以看作是对山水一派诗境的绝好概括。

宫体诗

南朝时以女性为描写题材的诗派。"宫体"之名,始见于《梁书·简文帝纪》:"然伤于轻艳,当时号曰'宫体'。"梁朝简文帝萧纲为太子时,曾在宫中聚集了一批诗人,专门描画女性,抒写男女之情,辞采艳丽、风格柔靡、情意婉转。他在编录《玉台新咏》时,还尤其声明:"立身之道与文章异:立身先须谨重,文章且须放荡。"与传统的道理礼教背道而驰。由于该诗体首倡者为太子及其东宫僚属,故人称"宫体诗"。虽然萧纲做得大张旗鼓,但描写、歌咏女性与男女之情的作品却并不是由他发端,早在《诗经》中就随处可见这样的诗篇,比如"手如柔荑,肤如凝脂",其描写不可谓不细腻。到了南朝时,民间专歌男女之情者,如雨后春笋,不胜枚举,像《子夜四时歌》:"开窗秋月光,灭烛解罗裳。含笑帷幌里,举体兰蕙香。"再如谢朓的《赠王主簿》:"轻歌急绮带,含笑解罗襦。"充满绵绵的暧昧之情,后人干脆给这类诗取了一个极为贴切的名字:艳情诗。南朝陈后主也爱好文学,由于帝王的热衷,"宫体诗"遂成为梁、陈两代文学的主流。很不幸的是,南朝多短命王朝,"宫体诗"于是被后世斥为"靡靡之音"或"亡国之音"。

新乐府运动

西汉设置乐府,掌宫廷和朝会音乐。由乐府采集和创作的诗歌遂被称作"乐府"。乐府诗相当一部分采自民间,具有通俗易懂、反映现实和可以入乐几个特点。后来文人也仿作乐府诗,唐代把南北朝以前的乐府诗统称作古乐府。唐朝贞元、元和年间,广大地主士大夫要求革新政治,以中兴唐朝的统治。在这股浪潮的推动下,白居易、元稹等诗人主张恢复古代的采诗制度,发扬《诗经》和汉魏乐府讽喻时事的传统,让诗歌起到"补察时政""泄导人情"的作用。白居易在《与元九书》中提出:"文章合为时而著,歌诗合为事而作。"倡议为君、为臣、为民、为物、为事而作,不为文而作。在《新乐府序》中,他又全面提出了新乐府诗歌的创作原则,要求文辞质朴易懂,便于理解;说话要切中时弊,使闻者足戒;叙事要有根据,令人信服;词句要通顺,能合声律,可以入乐。除白居易外,元稹、李绅、张籍和王建等都是新乐府的积极倡导者。他们或"寓意古题",或效法杜甫"即事名篇",以乐府古诗之体,改进当时民间流行的歌谣,积极从事新乐府诗歌的创作。白居易的《新乐府》50首和《秦中吟》10首,元稹的《田家词》《织妇词》《和李校书新题乐府十二首》,是他们的代表作。张籍的乐府33首以及《野老歌》《筑城词》《贾客乐》等诗歌,反映了战争给人民带来的苦难,揭露了统治者对人民残酷的剥削和奴役。王建在《水夫谣》中描写了纤夫生活的悲惨。《田家行》《簇蚕辞》则揭露了封建赋役的残酷。李绅曾作新题乐府20首,惜已无存。他的《悯农》诗二首:"春种一粒粟,秋收万颗子。四海无闲田,农夫犹饿死。""锄禾日当午,汗滴禾下土。谁知盘中餐,粒粒皆辛苦",已成为千古传诵的名篇。

新乐府运动的诗歌创作,反映了中唐时期极为广阔的社会生活面,从各方面揭露了当时的社会矛盾,提出了尖锐的社会问题,实现了自己的理论主张。这类作品,大都具有较强烈的现实意义和鲜明的倾向性。在艺术上,尽管各自的成就不同,风格有别,但大都体现出平易通俗、真切明畅的共同特色。元和十年,白居易遭谤被贬江州,新乐府运动亦因之受挫,但这场运动对后世诗歌的发展产生了深远的影响。晚唐时,新乐府运动的精神为诗人皮日休、聂夷中、杜荀鹤所继承。皮日休的《正乐府十首》《三羞诗》,聂夷中的《公子行》,以及杜荀鹤的《山中寡妇》《乱后逢村叟》等,均深刻地揭露了唐朝末年统治者的腐朽残暴和唐末农民战争前后的社会现实。

江西诗派

以黄庭坚为中心的诗歌流派。北宋后期,黄庭坚在诗坛上影响很大,追随和效法黄庭坚的诗人很多,渐渐形成了这一流派。北宋徽宗时,吕本中作《江西诗社宗派图》,尊黄庭坚为诗派之祖,下列陈师道、潘大临、谢逸、江端本、洪刍、扬符、谢薖、夏倪、徐俯、林敏功、饶节、僧祖可、洪朋、林敏修、潘大观、洪炎、汪革、李錞、韩驹、李彭、晁冲之、何颛、高荷、僧善权、王直方二十五人。这些诗人被认为与黄庭坚一脉相承。在这些人之后,吕本中、曾几、陈与义、曾纮、曾思等也被补入江西诗派。

诗派成员多数学杜甫,宋末方回又把杜甫和黄庭坚、陈师道、陈与义称为江西诗派的一祖三宗。江西诗派最主要的特征是在语言技巧方面"以故为新",强调"点铁成金""脱胎换骨",追求奇险硬涩的风格。即或师承前人之辞,或师承前人之意,崇尚瘦硬奇拗的诗风,字字要求有出处。由于江西诗派的风格迥异,自成一家,成为宋代以来最有影响的诗歌流派,其影响遍及整个南宋诗坛,余波一直延及近代。在江西诗派中,起重要影响作用的是黄庭坚,他的诗歌理论涉及的范围很广，如诗歌本体论、创作论、鉴赏论、诗人论以及诗的境界、风格等都有涉及。他特别主张多读前人作品，从中汲取养分，以熟练地掌握炼字、造句、谋篇布局等技巧。他十分推崇杜甫，将他的诗作为参照的范本。他曾说："自作语最难，老杜作诗，退之作文，无一字无来处。盖后人读书少，故谓韩、杜自作此语耳。古之能为文章者，真能陶冶万物，虽取古人之陈言入于翰墨，如灵丹一粒，点铁成金也。"他自己按照这样的方法实践，取得不俗的成绩，但却给一些缺乏创新精神的诗人提供了所谓"捷径"，他们片面追求"无一字无来处"，在创新作品时典故连篇，拾人牙慧，内涵日益枯竭，成了江西诗派中的末流。江西诗派亦因此颇受诟病。

台阁体

从明朝永乐至成化年间的文学流派。代表人物号称"三杨"，即杨士奇、杨荣、杨溥。他们都是当时的"台阁重臣"，深受皇帝宠信。他们的作品（以诗作为主，散文也包含在内）多为粉饰太平、歌功颂德或诗酒酬谢之作，由于缺少社会深意，虽雍容典雅，然实际意义不大。由于"三杨"官位显赫，加之作品流露出的富贵气度，故追随模仿者甚多，竟形成流派，称"台阁体"。台阁体因缺乏生气，少有创新，被认为是诗歌创作上的一种倒退，甚至比宋代的"西昆体"更加不如。

后人分析台阁体的形成时，认为有这样几种因素：一是受程朱理学影响，故表现出的情感"雅正平和"，有浓厚的道学气；二是由于作者属上层官僚，因此作品以应制、唱和之作居多；三则与当时（特别是永乐之后）平静的政治环境相关，官员们心态悠然、志得意满，因此他们文起要求有"施政教，适性情"的功能，内容上要"歌颂圣德，施之诏诰典册以申命行事"，在表达感情时，要"适性情之正"，抒写"爱亲忠君之念，咎己自悼之怀"。总之，作为一种文学形式，它立意平庸，既缺乏艺术创造、对自我情感的剖析，也缺乏对社会生活的关怀。台阁体文人大多追慕宋人的文学风范，董其昌曾说："自杨文贞而下，皆以欧、曾为范。"但这种追慕，更多是以程朱理学为前提，距宋人的文学成就相距甚远。因此，以台阁体主导文人的社会影响而论，如果按照这一方向走下去，无疑会将文学引向绝境。因此台阁体在统治明前期文坛几十年后，终因流弊日益突出，饱受抨击而逐渐退出文坛。

唐诗派

明清时期的宗唐诗派。中国古典诗歌在唐代达到极盛，唐诗在读者心中有着崇高的地位。南宋的严羽在《沧浪诗话》中非常推尊唐诗，对有宋以来的"以文字为诗，以议论为诗，以才学为诗"的论调不以为然。元时，唐诗仍相当有影响。到了明代，唐诗一跃被诗坛奉为典范，以何景明、李梦阳、王世贞、李攀龙为首的前后七子，认为"诗自中唐以后，皆不足观"，倡导"诗必盛唐"，将唐诗（尤其是盛唐诗作）尊为诗的极则。由于倡导者是当时的诗坛领袖，其影响可想而知。到了清代，像王士禛、沈德潜这样的大家亦以唐诗为典则。宗唐诗派追求的是唐诗非凡的气象和情韵，他们的作为扩大了唐诗的影响，由于他们的推介、解读，唐诗在中国家喻户晓。

宋诗派

清代的宗宋诗派。诗坛在宋代，有了新的气象。宋诗和唐诗各领风骚，形成了迥然不同的风格。宋人作诗喜欢议论，严羽概括道："本朝人尚理，唐人尚意兴。"和唐诗相比，宋诗缺少气象、情韵，多的是学养、理趣。钱钟书说："唐诗多以丰神情韵擅长，宋诗多以筋骨思理见胜。"相比唐代诗歌的雄浑大气、气象万千，考究、理性的宋诗很难在广大读者心中引起共鸣，清人沈德潜甚至认为，"宋诗近腐"，但也是在清代，宋诗迎来了复兴。乾隆、嘉庆时期，崇尚博学，诗坛受其影响，宋诗开始赢得好口碑，翁方纲曾评道："宋诗妙境在实处。"这里的"实处"即指学问义理。直至近代，宋诗仍在诗坛占有一席之地。

诗界革命

"诗界革命"是资产阶级维新运动在文学领域的延伸，是一个进步的文学思潮。大约兴起于1896年至1897年间。至于"诗界革命"的口号，则是梁启超于1899年12月在《清议报》发表《夏威夷游记》（旧题《汗漫录》）一文时，最早提出的。"诗界革命"发起最初是源于维新派诗人们对宋诗派和同光体的拟古主义、形式主义的不满，他们主张在诗歌创作的内容和方法上实行改革，要求"能以旧风格含新意境"，表现新思想、新事物，容纳新词汇，从而使诗歌为维新运动服务。"诗界革命"的思想提出以后，迅速形成了一个颇具声势的新诗潮流，涌现出一批新派诗人。黄遵宪、谭嗣同、夏曾佑、康有为、梁启超、丘逢甲、蒋智由等是其中的代表人物。

黄遵宪是"诗界革命"的一面旗帜。他的诗作题材广泛，内容丰富，于政治风云、民族战争、异乡情趣、声光化电等，无不涉猎，生动地展现了中国近代社会的历史变迁。如《台湾行》，以十分沉痛的心情描写了台湾人民失去祖国的痛苦，歌颂他们高昂的爱国热情。作为维新派的领袖，康有为的诗作也充满了激情，表现出非凡的理想抱负。其《东事败，联十八省举人三千人上书》一诗，表达了对统治者卖国行为的无比愤怒和不畏艰难推进维新变法的决心。同是维新志士的谭嗣同在《狱中题壁》诗中则充分显示了自我牺牲的精神和崇高的人格："望门投止思张俭，忍死须臾待杜根。我自横刀向天笑，去留肝胆两昆仑。"维新派的"诗界革命"还没有完全突破旧诗形式的束缚，实现诗体的真正解放，但它在创作方向和内容等方面对中国旧的诗歌传统进行了改革，对当时的诗歌创作产生了很大影响。此后，资产阶级革命派的诗人，如秋瑾、章太炎、柳亚子、马君武等继承了这些成果，继续借诗歌反映现实，使之成为宣传共和革命的有力工具。他们的创作实践，为五四时期的诗歌革命开辟了先路。

诗界革命冲击了长期统治诗坛的拟古主义、形式主义倾向，要求作家努力反映新的时代和新的思想，部分新体诗语言趋于通俗，不受旧体格律束缚，这些在当时都起了解放诗歌表现力的作用。然而，随着改良派在政治上的堕落，诗界革命的浪潮渐渐平复。资产阶级革命派和改良派于政治上对立，他们中部分人虽受到诗界革命影响，但是不愿意明确地以诗界革命相号召，有的人则企图"别创一宗"，于是，诗界革命就逐渐销声匿迹了。

花间派

中国晚唐五代词派，也是我国第一个词派。晚唐五代时期，后蜀宫廷文人赵崇祚选录了以温庭筠、韦庄为代表，集合了皇甫松、欧阳炯、顾夐、魏承班、孙光宪、牛峤、毛文锡、薛昭蕴等十八家的五百首词作入《花间集》，后人遂称他们为"花间词派"。花间派的出现与当时的社会现状密切相关：五代十国时，中原动荡不安，蜀中地区则相对稳定，经济十分繁荣。由此文人荟萃，济济一堂，偏安西蜀的小朝廷终日沉湎于歌舞升平之中，花间词由此流行开来。词作被收入《花间集》的十八人中，除温庭筠、皇甫松为晚唐人，和凝为北汉宰相，张泌可能属南唐外，其他人均为蜀中宫廷文人或文学侍臣。这些人大多生活优裕，在政治上没有什么显赫的地位，因而在郁闷空虚之中吟风唱月成了他们的特长。花间词人歌咏的主题大都是男女情事、离愁别恨，风格柔靡婉约，类似南朝齐、梁年间的"艳诗"，故有人将其称之为"艳词"。花间派以温庭筠、韦庄为代表作家，二人虽都侧重写艳情离愁，但风格不同，温词秾艳华美，韦词淡明疏秀。如温词《更漏子》："玉炉香，红蜡泪，偏照画堂秋思。眉翠薄，鬓云残，夜长衾枕寒。梧桐树，三更雨，不道离情正苦。一叶叶，一声声，空阶滴到明。"南宋胡仔曾评此词曰："庭筠工于造语，极为绮靡，此词犹佳。"再以韦词《思帝乡》为例："春日游，杏花吹满头。陌上谁家年少足风流？妾拟将身嫁与一生休。纵被无情弃，不能羞。"篇幅短小，朗直的气质表露无遗。这些词作仍相对含蓄，更有写情非常直白者，被后代正统文人斥为"桑间濮上之音"（黄色歌曲）。事实上，花间诗作虽不符合儒家正统，却亦是文人心态的自然流露，后世文坛大家也不乏借诗言志，而以诗余（即词）言情者。温、韦之后的词人多蹈二人余风，内容亦多咏旅愁闺怨、合欢离恨等，格调不高。相对来说，花间词在思想上无甚可取，但其文字富艳精工，艺术成就较高，对后世词作影响较大，尤其是对婉约派的形成，可以说起了决定性的作用。

婉约派

宋词风格流派之一。婉约，是婉转含蓄之意。最早见于《国语·吴语》："故婉约其辞，以从逸王志。"意谓卑顺其辞。到了魏晋六朝时，人们已用它形容文学辞章，如陈琳《为袁绍与公孙瓒书》云："得足下书，辞意婉约。"陆机《文赋》云："或清虚以婉约。"《玉台新咏》序云："阅诗敦礼，岂东邻之自媒；婉约风流，异西施之被教。"而明确提出词分婉约、豪放两派的，一般认为是明人张綖。清人王士禛《花草蒙拾》云："张南湖论词派有二：一曰婉约，一曰豪放。"可见，"婉约"一词在不同的时代有着不同的含义。在词史上，婉转柔美的风调相沿成习，由来已久。词，本是为合乐演唱而作的，起初演唱的目的多为娱宾遣兴，演唱的场所也多为宫廷贵家、秦楼楚馆，因此词的内容不外乎离思别愁、闺情绮怨、儿女情长，这就形成了以晚唐五代《花间集》为代表的"香软"词风。到了北宋，词家诸如晏殊、欧阳修、柳永、秦观、周邦彦、李清照等人承其余绪，运笔更为精妙，风韵各具，然而大体上仍未脱离婉转柔美的风格。后人因此多用"婉美""软媚""绸缪宛转""曲折委婉"等语来形容他们作品的风格。以李清照的《醉花阴》为例，"薄雾浓云愁永昼，瑞脑销金兽，佳节又重阳，玉枕纱橱，半夜凉初透。东篱把酒黄昏后，有暗香盈袖。莫道不销魂，帘卷西风，人比黄花瘦。"在这首李清照早期的词作里，细腻地表达了对远游的丈夫深切的思念，情感真切缠绵，为历代词论家所赞赏。婉约词风长期支配着词坛，南宋时，姜夔、吴文英、张炎等大批词家，无不受其影响。到了明代，人们遂以"婉约派"来概括此类型的词风。虽然在唐宋时，豪放词也已出现，但长久以来，词多趋于婉转柔美，人们还是形成了以婉约为正宗的观念。如《弇州山人词评》就以李后主、柳永、周邦彦等词家为"词之正宗"。

豪放派

宋词风格流派之一。由于词坛上长久以来都以"婉约"为正宗，因此"豪放派"被正统的词论家称为"异军""别宗""别派"等。其词作的题材、风格、用调及创作手法等都与婉约派大不相同。代表词人有苏轼、辛弃疾等；代表作有《念奴娇》（苏轼），《西江月》《永遇乐》（辛弃疾），《六州歌头》（张孝祥）等。豪放派的形成与发展大致可分为四个阶段，首先是范仲淹《渔家傲》的问世，发豪放词之先声。其次是苏轼大力提倡写壮词，与柳永、曹元宠二家分庭抗礼的阶段。当时，学苏词的人只有十之一二，学曹柳者有十之七八。豪放词派肇始于此。苏轼之后，北宋逐渐走向没落。靖康之变后，宋室南渡。随着国破家亡，豪放词派获得了迅猛发展，宋词的发展达到了巅峰。优秀的词人、词作层出不穷。除了辛弃疾外，李纲、陈与义、叶梦得、朱敦儒、张元干、张孝祥、陆游、陈亮、刘过等都有佳作流传。最后一阶段为延续阶段，代表词人有刘克庄、黄

机、戴复古、刘辰翁等。他们赋词依然豪迈，但由于国事衰微，恢复无望，这种风气渐波及词坛及豪放词人，一种无奈的悲灰之气渐渐笼罩了当时所有的豪放词人。

豪放派的词作，大都视野广阔，气象恢弘雄放，不仅描写花间月下、男女欢爱，更喜摄取军情国事那样的重大题材入词。格律不拘，行文汪洋恣意，"无言不可入，无事不可入"。豪放派内部的分派亦较少，仅苏派、辛派、叫嚣派三个阶段性的细支，彼此之间稍有差异。豪放派的出现有一定的政治背景，其不足也显而易见：嗜用典故、议论过多，导致一些词作韵味不浓，艰深晦涩，格律亦欠缺等。但无论怎样，豪放词派确实震动并统治了整个宋代词坛，广泛地影响着词林后学。从宋、金直到清代，历来都有高举着豪放旗帜，大力学习苏、辛的词人。

古文运动

中国唐代中叶及北宋时期以提倡古文、反对骈文为特点的文体改革运动（涉及文学，亦兼有思想运动和社会运动的性质）。这一运动发起于中唐，成于北宋。唐代的倡导者为韩愈、柳宗元，而欧阳修、王安石、曾巩、苏洵、苏轼、苏辙则是北宋时人。

古文运动公认的领袖是韩愈，他最先提出了古文的概念。视六朝以来讲究声律、辞藻、排偶的骈文为俗下文字，认为自己的散文继承了先秦两汉文章的传统，称之为"古文"。韩愈提倡古文，还进一步强调要文以明道。道，即儒道，文道合一，以道为主，这是韩愈倡导的古文运动的基本观点。他还积极实践自己的主张，写了许多优秀的作品，大大提高了古文的水平。古文运动中

的另一位大家柳宗元也取得了相当的成就。由于韩愈、柳宗元的大力倡导和创作，唐后期古文写作极盛，质朴流畅的散体终于取代骈体，成为文坛的主要风尚。值得一提的是，韩愈的古文，本有"文从字顺"和"怪怪奇奇"两种风格，后追随者们片面发展了韩文奇崛艰深的一面，古文运动开始走向衰落，骈文重又占据了主导地位。

到了北宋，王禹偁开始提倡"韩柳文章李杜诗"，同时还把"传道而明心"和"句易通、义易晓"作为古文写作的标准，纠正了唐后期古文风的流弊。王禹偁之后，为古文运动作出较大贡献的是欧阳修等人。欧阳修进一步开创了平易实用、骈散结合的古文新体制，使之成为宋代古文的基本特色。嘉祐二年（1057年），是古文运动史上极为重要的一年。这一年，欧阳修主持礼部考试，苏轼、苏辙和曾巩都被录取为进士。再加上苏洵、王安石等人，欧阳修周围集结了一大批优秀的古文家。他们的政见和文学主张各有不同，但都写出了为后世典范的古文名篇，如欧阳修的《五代史·伶官传序》《醉翁亭记》《秋声赋》，苏洵的《六国论》，苏轼的《石钟山记》《赤壁赋》，王安石的《答司马谏议书》《读孟尝君传》《游褒禅山记》等，平易流畅，文采飞扬，为后世所传诵。嘉祐二年科举改革后，古文更是日益兴盛，并从此取代骈文占据了文坛的主导地位，支配文坛一千余年，五四新文化运动以后，才被白话文所取代。

公安派

明代后期的一个文学派别，该派以提倡"性灵"著称，领袖是荆州公安县的袁宗道、袁宏道、袁中道，史称"公安三袁"。

袁宗道（1560年—1600年），字伯修，明万历十四年中进士，历任翰林院编修、春坊右庶子等职；袁宏道（1568年—1610年），字中郎，万历二十年中进士，历任吴县知县、吏部验封司主事等职；袁中道（1570年—1626年），字小修，万历四十四年中进士，历任徽州教授、南京吏部郎中等职。三人为同胞兄弟，都是著名的文学家。其中，袁宏道成就最大，名声最著。

明代自弘治到万历中期，前后"七子"（"前七子"以李梦阳、何景明为首；到万历期间，以王世贞、李攀龙为首的"后七子"步其后尘，有加无已。风气所及，一时有所谓"前五子""后五子""广五子""续五子""末五子"之类层出不穷）相继统治文坛长达百年之久。他们"文必秦汉""诗必盛唐"，摹拟之风盛行。许多文人学者对"七子"的文学主张颇有微词。当时，正值"后七子"领袖王世贞、李攀龙之学盛行，袁氏兄弟极力反对，袁宗道在翰林院，与同僚黄辉力排其说；万历二十三年到二十四年，袁宏道在吴县知县任内，荟集江南进步文人学士，吟诗撰文，抨击"七子"，提出了"独抒性灵、不拘格套""从真情实境中流出"的文学主张，这就是"公安派"的旗帜。后来，"三袁"兄弟发起，在北京城西崇国寺组织"蒲桃社"，继续进行反复古运动。对于"公安派"，钱谦益曾评道："中郎（袁宏道）之论出，王、李之云雾一扫，天下之文人才士，始知疏瀹心灵，搜剔慧性，以荡涤摹拟涂泽之病，其功伟矣。"

袁宗道、袁宏道去世后，袁中道继承并完成"公安派"的学说。除了巩固兄长的理论成果外，在各方面也都有新的创见，还被认为是"下启竟陵派第一人"。"三袁"的文学主张和清新婉丽的作品，对当时文坛的发展起了推动作用，对以后几百年的历史乃至五四新文化运动都产生了积极的影响。

桐城派

清代文坛最大的散文流派。桐城文派源远流长，可上溯到明末清初。桐城人方以智、钱澄之、戴名世等在古文理论和创作实践上，已初步体现桐城文派的特征，被认为是桐城文派的前驱。桐城派文论体系和古文运动的形成，始于方苞。方氏之后的继承者中，影响最大的是刘大櫆和姚鼐。因方、刘、姚三人都是安徽桐城人，故称桐城派。方、刘、姚被尊为"桐城派三祖"。桐城派的文论，以义、法为中心，后经充实发展，逐渐成为一个体系。方苞谓为"义"，即言有物，指文章的内容；"法"，即言有序，指文章的形式。其义经法纬之说，则是要求文章内容和形式统一。在为文上，方苞倡导"雅洁"，反对俚俗和繁杂。方苞之后，刘大櫆发展了有关"法"的理论，进一步探求散文的艺术性，提出了"因声求气"说。姚鼐是桐城派的集大成者，强调将"义理""考证""文章"三者合一（即言之有理、言之有据、言之有文）。桐城派的文章在思想上多为"阐道翼教"而作；行文则求简明达意，条理清晰，清真雅正，颇具特色。方苞的《狱中杂记》《左忠毅公逸事》，姚鼐的《登泰山记》等，都为桐城派的代表作品。该流派对清代文坛影响极大，无论是其持续时间之长，作家人数之多，还是流行、熏染区域之广，在文学史上都是罕见的。"天下文章，其出于桐城乎"便是清乾隆年间人对桐城文章的赞誉。客观上，桐城派对矫正明末清初的文风，促进散文的发展起了一定的作用。桐城派的影响一直延续到五四新文化运动前夕，北京大学国文系就曾是桐城派的堡垒。

讲史小说

明清小说流派。宋元时期，说书艺人把历代的历史都编成了故事，有的故事较长，还要分几次才能讲完，这些讲史的故事很受时人欢迎。从流传下来的《武王伐纣平话》《东周列国志》《隋唐演义》《三国志平话》《五代史平话》等看，随着讲史形式的发展，"讲史"小说已经开始有了后世章回体的雏形。到了明代，"讲史"小说分成了两支，一是"历史演义"，如《东周列国志》《三国演义》等；一为"英雄传奇"，如《水浒传》《说岳全传》等。"历史演义"多以正史为蓝本，以忠于史实相号召，这在仍是讲史的当时，颇有广告效应，因为人们喜欢听"真实"的故事。"英雄传奇"也写历史人物，但多取材民间传说和野史，以虚构的成分居多。讲史小说对于传播历史知识有着积极的意义，也出过一些凤毛麟角的作品，像我们熟知的《三国演义》《隋唐演义》等，都是讲史作品中的经典之作。

神魔小说

明代后期在通俗小说领域中兴起的一类小说。"神魔小说"之名来自鲁迅先生，在《中国小说史略·明之神魔小说》中，他首次称一批表现神魔"斗法"故事的作品为"神魔小说"。这类小说受宗教思想引导，加上古代神话、六朝志怪以及唐代传奇、宋元话本的影响，得以成型。神魔小说与讲究相对正统的历史演义、英雄传奇等不同，它的主要特征是"奇幻"，以神魔怪异为主题，参照现实生活中政治、伦理、宗教等方面的矛盾和斗争，比附性地编织了种种情节。这类作品中，以出现最早的《西游记》为代表，其他如《三遂平妖传》《东游记》《南游记》《北游记》《封神演义》《三宝太监下西洋通俗演义》等。这些小说很多是以凡人为主人公，作者往往通过凡人的活动，如西天取经、兴兵伐纣、远航西洋等为展开情节的线索，然后突出神魔间的较量。发展到后来，一些以神魔为主人公，以斗法为主要情节的小说也被列入此类，如《飞剑记》《铁树记》《咒枣记》《韩湘子全传》《绿野仙踪》《女仙外史》等。由此，"神魔小说"正式成为明清小说中一种重要类型。神魔小说受宗教尤其是佛、道教的影响很大，但始终没有脱离中国古代小说的志怪传统。

世情小说

所谓世情小说，就是以"极摹人情世态之歧，备写悲欢离合之致"为主要特点的一类小说。小说涉及世情，可追溯到魏晋以前，但从晚明批评界开始流行的"世情书"的概念来看，主要是指宋元以后内容世俗化、语言通俗化的一类小说。从鲁迅《中国小说史略》起，学术界一般又用世情小说（或人情小说）专指描写世俗人情的长篇。于是，鲁迅称之为"最有名"的《金瓶梅》，就常常被看作是世情小说的开山之作。

《金瓶梅》，我国小说史上第一部由文人独立创作的长篇白话小说，共一百回，近一百万字，写了七百多人物。小说开头几回，借《水浒传》中武松杀潘金莲一段故事作引子，展开故事情节，虽写的是宋代，但实际上影射的是明朝的生活。小说成功地塑造了西门庆、潘金莲、李瓶儿、宋惠莲、应伯爵等形象。西门庆一生，由破落到暴发到升官。他

奸占潘金莲，侵吞寡妇孟玉楼的财产，骗娶李瓶儿，勾结官府，强取豪夺。他与朝臣杨戬的党羽陈洪结亲。杨、陈被参问罪后，他又拉上太师蔡京的关系，攀附上更为强硬的靠山，当上了理刑副千户。除了行贿受贿，西门庆还放高利贷，开当铺、绸缎铺、绒线铺，向官府制取盐引，贩盐谋利。西门庆是一个具有复杂思想感情的活生生的富商、官吏的形象。小说的另一个主人公潘金莲原是裁缝潘裁的女儿，从小被卖到王招宣府当奴婢，后又被转卖到张大户家做妾。在张大户家被赶出后，嫁与武大为妻。后被西门庆勾引霸占为妾，开始走上堕落的道路，是没落的封建制度的产物。《金瓶梅》着力描写西门庆家内部妻妾间的争宠斗妍，但这种描写不是孤立的，它不但直接涉及了朝廷内部的斗争，而且把西门之家和官府、朝廷的彼此勾结连缀描写，暴露了明代官场的黑暗，政治的腐朽。

《金瓶梅》之后，明清两代的世情小说或写情爱婚姻，或写家庭纠纷，或广阔地描绘社会生活，或专注于讥刺儒林、官场、青楼，内容丰富，色彩斑斓。其中，明末清初的《好逑传》《玉娇梨》《平山冷燕》等作品，将婚姻爱情故事与社会生活相联系，是《金瓶梅》与《红楼梦》之间的桥梁。《红楼梦》的出现，标志着世情小说创作的顶峰，它全景式地再现了一个贵族家族的末世景象。鲁迅曾说："自有《红楼梦》出来以后，传统的思想和写法都打破了。"此外，《醒世姻缘传》《歧路灯》也是展现世态人情的风俗画卷。在纷纭的世情小说中，写世态人情的占大部分，但也有很多世情小说中充斥着大量露骨的性描写。小说的本意也并非诲淫，而仅仅是一种艺术表现手法，表达了对现实的讽喻，当然也不排除有些世情小说以此为主

要刻画内容来迎合淫邪媚俗之徒，这就是世情小说之下品了。

才子佳人小说

明末清初的小说流派，也被认为是世情小说的一种。明末清初之际，"历史演义"、"神魔小说"的浪潮过后，迎来了"才子佳人小说"的繁荣时代，《平山冷燕》《好逑传》《玉娇梨》等作品相继问世。以歌颂爱情为题材的故事本来可以写得美好动人，但因作者多为下层穷困不得志的知识分子，结果作品千人一面，千部一腔，充斥着大量的俗滥之作。小说的主人公往往是贵族出身的青年男女，一个郎有定邦之才，一个女有骄人之貌。二人一见钟情，定下终身。这时，出现豪门权贵或阴险小人，千方百计地挑拨，从中作梗。经过曲折的斗争，小人的阴谋被粉碎，才子克服种种困难，金榜题名，有情人终成眷属。在小说中，出于艺术结构的需要，才子佳人都是奇才奇情；才子先是英雄失路，佳人则慧眼识珠；二人因都饱有才学，时常以诗文传情。才子佳人小说的作者多本身不得志，其毕生追求的洞房花烛夜、金榜题名时的愿望不能实现，因此才借小说宣泄，满足自己对功名和情欲的渴望。小说的篇幅一般在十六到二十回之间。非常有趣的是，这样被国人批为酸腐十足、庸俗不已的小说，到了国外文人的眼中，却成了绝好的上品。德国大诗人歌德，在读了这些小说的德译本后，对遥远的东方古国神往不已。据《歌德谈话录》记载，歌德曾动情地说："故事里穿插着无数的典故，援引起来很像格言，如说一个姑娘步履轻盈，站在一朵莲花上，花竟没有损伤；还有一个颇具才干的年轻人三十岁就荣幸地和皇帝谈了话；又有

一对相互钟情的男女在长期相识中十分纯洁自爱，有一次，二人不得不在一间房间里过夜，就说了一夜的话，谁也不招惹谁……"据后人考证，歌德提到的就是《好逑传》。

公案小说

中国古典小说的一种，由公案类话本演绎而来，盛行于明清。但凡案件，必有故事性或传奇色彩，这在古今都基本相同。让衙门案件进小说，曾一度十分流行，在宋代时，就有民间说书艺人"说公案"的记载。其内容多为社会上发生的各类案件，包括斗殴、冤情、奸情、凶杀、打家劫舍等，很能吸引公众的眼球，是人们日常乐于谈论的话题。这和我们今天的侦破小说、法制文学很有相似之处。公案小说最初都比较短，像《错斩崔宁》《三现身包龙图断冤》等。到明代后，公案小说极为繁荣，开始出现长篇，像《包公案》《施公案》《海公案》《龙公案》等。它们的行文构思简明，缺少文学技巧，无外乎案发、告状、论判，最后清官结案，真相大白。这类小说贴合民众心理，因此很受欢迎。清代嘉庆、道光年间后，公案小说有了新发展，主人公多了新的形象，比如行侠仗义的侠客等，也很受百姓喜爱。这类人物的出现让公案小说多了曲折的情节，内容也愈发丰富。比较有代表性的小说有《七侠五义》《彭公案》等。

谴责小说

晚清的一个小说流派。戊戌变法被镇压后，清廷内政反动腐朽，外交软弱无能，国势衰微到了极点。在这样的时势下，小说界出现了大量抨击时政、揭露官场阴暗与丑恶的作品。鲁迅概括这类小说的特点是"揭

发伏藏，显其弊恶，而于时政，严加纠弹，或更扩充，并及风俗"（《中国小说史略》），故称之为"谴责小说"。谴责小说的题材和内容，涉及社会生活的各个领域，如官场、商界、华工、女界、战争等各方面，以写官场最为普遍。这类小说的风格很尖锐，但其出现的最初，为了适应报纸连载，往往缺乏完整的构思和充裕的写作时间，因此小说的结构不够严密，多属联缀短篇成长篇的性质，缺乏贯穿始终的中心人物。在表现手法上，"辞气浮露，笔无藏锋"，缺乏含蓄，描写夸大失实，不足是显而易见的。因此，鲁迅称其为谴责小说，就是说它还称不上是"讽刺小说"。

谴责小说的代表作有李伯元的《官场现形记》、吴沃尧的《二十年目睹之怪现状》、刘鹗的《老残游记》、曾朴的《孽海花》等。除了这四人的作品，可以提及的还有黄世仲的《廿载繁华梦》和无名氏的《官场维新记》《苦社会》等。在这些代表作品中，有不足也有突破，如《二十年目睹之怪现状》里的九死一生，《老残游记》里的老残，《孽海花》里的金雯青、傅彩云，虽是贯穿全书的人物，但更多起着联缀情节的作用，缺少完整的典型塑造。但鲁迅又认为，《老残游记》"叙景状物，时有可观"，《孽海花》"文采斐然"。个别小说如《九命奇冤》还受西方翻译小说的影响，以倒叙手法交代事情的前因后果，突破了传统的写作藩篱。总而言之，谴责小说和现实政治、大众需求关系较紧密，顺应时势而生，意义不言自明；在艺术上，它没有什么特出的成就，与明代及清代中期的小说相比，其实际上是衰退了。

诗言志

中国诗歌理论的"开山纲领"（朱自清语）。《尚书·尧典》云："诗言志，歌永言。"上古时代，"诗"即歌词，歌词能表达一定的意义，这就是"诗言志"的本义。上古时代的乐歌后来被汇编为《诗经》，孔子曾以它作为教材，认为"不学诗，无以言"，"《诗》三百，一言以蔽之，曰：'思无邪'"，将《诗经》的内涵简单化、纯净化。到了汉代，经学家赋予《诗经》诸多特定的含义，他们认为，古诗有三千篇，孔子删繁就简，取"可施于礼义"者定为三百篇，即《诗经》。汉儒认为："诗者，志之所之也，在心为志，发言为诗"，"《诗》三百篇，大抵贤圣发愤之所为作也"，"先王以是经夫妇，成孝敬，厚人伦，美教化，移风俗。"《诗经》从此由最初的简单、纯净变得具有特定的政治和伦理内涵，崇高万分。"诗言志"从以歌词传达意韵变成了有着深刻内涵的命题。一言以蔽之，"诗言志"必充满了道德情怀和政治理想。这个观点被历代文人追捧，拥趸无数。西晋陆机后来提出了"诗缘情"，认为诗歌源自内心的情感。此观点一出，无异于在向传统宣战："言志"，表达的是修齐治平的志向抱负；"缘情"，却强调人的七情六欲。二者一度成了对立面。陆机的理论虽也有众多应者，但终难撼动"诗言志"的正统地位，因为在传统社会，很多诗歌的作者，或出将入相或晴耕雨读或候补待命，他们多会将诗歌作为抒发抱负、理想的一种工具，如陶渊明的《饮酒二十首》、柳宗元的《早梅》、林逋的《山园小梅》、李纲的《病牛》等等，咏物言志的心意再明显不过。

诗缘情

中国诗歌理论之一，西晋陆机提出。陆机在《文赋》中谈不同文体的不同风格时认为，"诗缘情而绮靡，赋体物而浏亮。"意即，诗因情而生，故绮靡华丽；赋是铺写其事，因此要清楚明确。"缘情"即抒情，诗的特点是抒情，这比"诗言志"的提法更贴近诗歌的实质，由此很快成为文坛共识。实际上，主情为诗的作品早在战国时期即已产生，只是不被正统文学认可。到了西晋陆机，"诗缘情"才被正式提出。这一理论诞生后，对历来视"言志""美刺"为正统的儒家文学观形成了一定的冲击（"缘情""言志"有时并不真的泾渭分明，如八大家之首欧阳修，有诸多名著传世，像《新唐书》《新五代史》，气势恢宏，但欧阳修私下亦作诗余无数，其中不乏香艳之作。此类例子不胜枚举）。除了"诗缘情"这一具有开创意义的观点外，陆机还对诗歌所反映的"情"作了规范，要求它必须是真情实感，他说"信情貌之不差，故每变而在颜"，即要求"情"是真情。按陆机的观点，外在的所有表现，均源自真情外化。

诗无达诂

古代诗论的一种释诗观念。出自西汉董仲舒《春秋繁露·精华》："《诗》无达诂，《易》无达占，《春秋》无达辞。"达诂，指确切的训诂或解释。诗无达诂，即对《诗经》的正确阐释不止一种，可能有多种。其最初是一种释诗观念，后来发展为对诗歌及文艺的一种欣赏原则。春秋战国时代，赋《诗经》断章取义成风。由于《诗经》本身是通过形象的方式，如"比兴"来传达意图的，

因此内文究竟要表述什么，就给读者留下了广阔的思索空间。以《诗经·关雎》为例："关关雎鸠，在河之洲。窈窕淑女，君子好逑。"有解为"刺（讽刺）康王晏（晚）起"者，有解为"单相思"者，也有解释为"后妃之德"（关雎有别，故后妃方德；尸鸠贞一，故夫人象义）者。又如《诗经·伐檀》本是一首愤怒批评不劳而获的剥削者的"刺"诗，但董仲舒根据"《诗》无达诂"之说，化"刺"为"美"，认为"彼君子兮，不素餐兮"这样嘲讽的话，歌颂的是统治阶级的君子，他们"先其事，后其食"。汉武帝曾设经学博士，阐释诗经，博士们观点各异，自成派系，如齐、鲁、韩三家，三家各说各话。班固即指出，三家者释《诗》"咸非其本义"。学者们各取所需，纷纷借古语以说"我"之情。到了宋代，大儒朱熹更是明确指出，历代说《诗》者，说的只是"解《诗》人"自己的意思，并非圣人本意。同理，在其他的作品赏鉴中，又由于作品的含义常常并不显露，甚至于"兴发于此，而义归于彼"（白居易《与元九书》），加上鉴赏者的心态、所怀情感的不同，面对同一作品，自然也会有不同的解释。如后人分析屈原的《离骚》、曹雪芹的《红楼梦》等，也是各种看法、理解层出不穷，少有唯一正确的理解和阐释。法国诗人瓦勒利曾说，"诗中章句并无正解真旨。作者本人亦无权定夺"，可谓对我国古老的释诗观念的一种概括和认同。

美刺

汉代关于诗歌功能的一种观念。清人程廷祚云："汉儒言诗，不过美刺二端。"（《诗论十三再论刺诗》）"美"即歌颂，"刺"即讽刺。美，《毛诗序》在论述《诗经》中的《颂》

篇时曾云："美盛德之形容，以其成功告于神明者也"；刺，《毛诗序》在论述《国风》时曾云"下以讽刺上"。由于《诗经》风格的温柔敦厚，因此其主题被概括为"美刺"。早在先秦时期，人们就已经认识到诗歌美刺的功能。如在《国语》中，召公曾谏厉王道："天子听政，使公卿至于列士献诗……而后王斟酌焉。是以事行而不悖。"此处，供天子"斟酌"的诗，就包含着美刺的内容。《左传》中也有这样的记载。《诗经》中这样的篇章更为多见，如《卫风·木瓜》："美齐桓公也。"《大雅·云汉》："美周宣王也。"《邶风·雄雉》："刺卫宣公也。"汉儒给《诗经》增添了浓重的美刺主题，这与汉儒参政有着密切的关联，由于统治者在提倡美诗的同时，也认识到刺诗有一定的用处，可"观风俗，知得失"，因此鼓励这种文学作品出现（统治者从维护自身尊严和维护封建礼治出发，又对刺诗作了种种限制，如强调"主文而谲谏""止乎礼义"等），"诗三百"于是理所当然地披上了美刺的外衣，成了一部"谏书"。在此后相当长的一段时间里，"美刺"被视为诗歌创作的正统原则，经久不衰。

温柔敦厚

儒家的传统诗教，即以《诗经》教化人民。孔子曾说："入其国，其教可知也；其为人也，温柔敦厚，《诗》教也。"（《礼记·经解》）大意是说：进入一个国家，就会知道该国所施行的教化，如果百姓温柔敦厚，那么就是《诗经》教化的结果。汉代，儒学家认为，《诗经》的语言"发乎情，止乎礼义"，"哀而不伤，怨而不怒"，即使对君主抱怨，也不失忠厚之心。这种"怨而不怒"的情怀后被引入文学作品中，被定义为一种诗歌原则。如唐代著名诗人白居易写有很多新乐府诗，像《卖炭翁》《杜陵叟》《红线毯》等，关注民生，对人民抱有无限的同情，按说很多言论会触怒权贵，但恰恰因为诗人抱"温柔敦厚""上以补察时政，下以泄导人情"的初衷，故虽言辞尖刻，却仍居高位，被视为忠臣。南宋大儒朱熹注释《楚辞》，为屈原翻案，言其并没有骂楚怀王，认为屈原对故国有着无限的依恋，"何尝有一句是骂怀王"，这也是在塑造一个"温柔敦厚"的诗人形象。

知人论世

古代文学批评的一种模式。《孟子·万章下》："颂其诗，读其书，不知其人，可乎？是以论其世也。"指读古人的诗，读古人的书，也应该知道这位古人是谁。论其世，指评论世事。最初，"颂其诗""读其书""知其人"被并列看待。到了后世，"知人论世"被放大，成为了几者中重要的前提，并逐渐成为文学批评的一种观念，再说"知人论世"，意思变为，只有了解了作者所处的时代，才能理解作者，理解作品的内涵。近代鲁迅《且介亭杂文·序言》："倘要知人论世，是非要看编年的文集不可的。""知人论世"在日常口语中还可概括为了解人物，评论世事，如清代袁枚《再答稚存》云："足下引仗马不鸣相诮，于知人论世之道，尤为疏谬。"

文以载道

传统文学的观念之一。宋代周敦颐在《通书·文辞》中云："文所以载道也，轮辕饰而人弗庸，徒饰也，况虚车乎？"这里的

"道"，指儒家思想。意为将文章作为载道的工具。以文章载道的说法，早在宋代前就有，到了周敦颐，此四字方被拿来进行精确表述。由于理学在宋代一度被奉为官学，因此以文载道被视为正统文学的最高境界（所谓"正统文学"指写诗作文，由此，"文以载道"与"诗言志"便构成了"正统文学"的两大基本观念），文，是一种方式；道，为最终目的。"文以载道"在今天，意义已十分宽泛，道，不再专限儒家学说，而是泛指各种思想、道理。

风骨

属传统文论的范畴。"风骨"最初用来品评人物，指人的气概、品格，如说一个人"风骨奇特""风骨清举"等，指的都是人的气度不凡。南朝时，"风骨"被引入文学批评范畴，指诗文书画雄健，风力骨劲。刘勰在评论专著《文心雕龙》中特设《风骨》篇，讨论"风骨"的内涵。刘勰认为，"风骨"就是雄健有力，风格清峻，气韵生动。分开来说，"风"指作品所传达的意旨，其气韵鲜活，具有感人的力量；"骨"指作品中的文辞，要求富有神采，铿锵精练。后世对"风骨"的定义一直多种多样，但达成共识的是，作品必不能浮靡、香软、颓废，与之对立才能称为"风骨"。

伦理

仁

传统社会的价值范畴，"五常"之一。这一概念在春秋时即已出现，但最早却可以追溯至商周时代。《尚书·商书》中说：

"民罔常怀，怀于有仁。"认为百姓归心仁者。《尚书·金滕》中说："予仁若考。"意谓我仁爱且敬顺祖考。强调的都是仁之美德。到了春秋时，孔子以这个被普遍认同的范畴来表达自己的一种人生境界。关于仁的内涵，孔子认为有两层：一是克己复礼；二是仁者爱人。《论语》记载："樊迟问仁，子曰：'爱人。'"颜渊也曾问仁，孔子曰"克己复礼为仁。"孔子又曾对子贡说："夫仁者，己欲立而立人，己欲达而达人。"究竟何者为"仁"？在孔子看来，"仁者爱人"也好，"克己复礼"也罢，甚至恭、宽、信、敏、惠、智、勇、忠、孝、悌等传统美德，都包含在这一字之中。这样一来，"仁"成了一种道德的极致，成"仁"、成"圣"成为了孔门的终极关怀。孔子论仁，在孔子之后，孟子在仁说的基础上，提出了著名的仁政说，强调以仁政统一天下，进而治理天下。孟子曾对梁惠王说："地方百里而可以王。王如施仁政于民，省刑罚，薄税敛，深耕易耨。壮者以暇日修其孝悌忠信，入以事其父兄，出以事其长上，可使制梃以挞秦楚之坚甲利兵矣"，"五亩之宅，树之以桑，五十者可以衣帛矣；鸡豚狗彘之畜，无失其时，七十者可以食肉矣；百亩之田，勿夺其时，数口之家可以无饥矣；谨庠序之教，申之以孝悌之义，颁白者不负戴于道路矣。七十者衣帛食肉，黎民不饥不寒，然而不王者，未之有也。"王，指称王。孟子力倡当政者施仁政，实行以德服人的"王道"政治，与法家的"霸政"相对。将仁的学说施之于政治，在中国政治思想发展史上产生了深远的影响。

义

传统社会的价值范畴，"五常"之一。"义"并没有一个权威的定义，甚至说只能意会，不可言传，究竟什么是"义"，人们心中自有公认的尺度。孔子将"义"作为个人去就取舍的标准，提倡"见得思义""义然后取""不义而富且贵，于我如浮云"，这一观念深为后世儒家赞赏，继而被发扬光大，成为了伦理"五常"之一。此后，"忠孝""仁义""侠义"等随之派生而出。《三国演义》中的关羽就是"义"之典型，他对刘备忠心不二，擒获曹操后能念及旧恩网开一面。再如诸葛亮，刘备逝后，诸葛亮尽心辅佐幼主刘禅，鞠躬尽瘁，死而后已。在《水浒传》中，梁山群雄，侠义之士比比皆是，不管是帝王子孙还是富豪将吏，他们所做出的除暴安良、扶弱济贫、仗义疏财等义举，在国人看来就是对"义"的最好诠释。"义"诞生于封建王朝，但它的内涵已经远远超越了时代的局限。

礼

传统社会的价值范畴，"五常"之一。其最初是祭神的仪式，后来内涵扩展，指等级社会中体现尊卑贵贱的行为规范和仪式制度等。"礼"的范围甚广，所谓"礼仪三百，威仪三千"，举凡祭神、宫寝、服饰、车马、仪仗及婚丧嫁娶，乃至举手投足间，都有具体的规定，以体现贵贱有别、尊卑有序。根据传统的说法，周公制礼乐，奠定了以礼为治的教化传统，而孔子将这一传统发扬光大，除了倡导以礼治国，更加注重修身外，"不学礼，无以立""克己复礼为仁"都是孔子的名言，有其特定的道德内涵。作为封建"五常"之一，"礼"对人的视、听、言、动都有着严格的规定，像"非礼勿视，非礼勿听，非礼勿言，非礼勿动"等，颇受今人诟病，被认为是对人性的扼杀、摧残，而"吃人的礼教"也因而成了著名的文学比喻，在近代作品中比比皆是。"五常"之礼，未免有矫枉过正之嫌，然而事实上，人在社会中，必定不能事事我行我素。随着时代的发展，"礼"的内涵也在与时俱进，比如人们开始讲究接人待物的礼节，上下级之间的礼节及社交场合的礼仪等等，少的是曾经的枷锁，多的是文明的气息。

智

传统社会的价值范畴，"五常"之一。这里的"智"，不是佛家之顿悟，也不是科学智慧，而是道德智慧，即辨别是非、善恶的能力。儒家学者认为，具备了这种道德智慧，才能成为君子。如孟子认为，"智"为"是非之心"，人只要尽心，进一步充实自己的道德智慧，就能知性、知天，继而达到超凡脱俗的境界。孔子则将智、仁、勇三者并提："智者不惑，仁者不忧，勇者不惧。"将其视作君子的美德。《礼记·中庸》对孔子的概括给予高度评价，称其为"天下之达德"。

信

传统社会的价值范畴，"五常"之一。"信"，即诚实、不欺。被儒家视为人与人之间交往的起码准则。孔子教授弟子，"忠信"并提，他说：如果人没有"信"，就如同马车没有车轮，不能远行。曾子每日三省其身，其一就是"与朋友交而不信乎？"意思是，你和朋友交往守信了吗？"信"还被孔子推及到治理国家的层面上，他认为，在"足食""足兵"与"取信于民"三者间，首先要"取信于民"。他说："没有粮食，不过死亡，但人生自古谁都免不了一死，而国家一旦不能取得国民的信任，就无法立足。"这种以诚信立国的观念，除了儒家，法家等学派也有主张。如著名的商鞅变法，其树立的就是"言必信，行必果"的威信。当然，相对于法家"南面立木，下设黄金"，儒家的"信"更侧重于君子品德的修为。到了汉代，武帝罢黜百家，独尊儒术，"信"被列入"五常"。"诚实""不欺"作为一种社会公德，从此便被普遍认同了。

孝

指子女对父母应尽的义务，包括尊敬、扶养、顺从、送终、守灵等。中国人重孝道，将其视为一种传统美德。孝的观念在中国源远流长，可以追溯至商周时期（其时的甲骨文中已出现了"孝"字）。到了西周，随着宗法制度建立，孝的观念被不断加强。实际上，国人奉行孝道，还有更深刻的人性根源，那就是信仰。古人信奉"灵魂"，认为先祖的在天之灵能保佑或降祸于子孙，所以孔子曾这样解释"孝"的具体内容："生，事之以礼；死，葬之以礼，祭之以礼。"孔子亦始终将"孝"作为其人生哲学的基点，其门下也以"孝"为仁之本。到了汉代，统治者也力倡孝道，主张"以孝治天下"，连官员的选拔也要"孝"字当头。像我们熟知的"孝廉"就是选拔官吏的科目之一。此后历朝历代都制订各种制度，来保证这一道德规范的实行。例如，至亲亡故，要奔丧、守丧，如果不孝，重者会被定罪，给以极严厉的处罚。古代流传下来的关于孝行的文本像《孝经》、正史中

的《孝义传》及《二十四孝》等，记载的都是如何实行孝道，在今天看来，有些内容不仅迂腐，而且不近人情，像"卖身葬父""卧冰求鱼"乃至寻死等，这些在古代青史留名的事，在今天看来并不足取。尽管如此，"孝"作为华夏民族的传统道德，已深入人心，虽然到了现代，有所淡化，但像祭祖、奔丧、守灵、戴孝及对团圆的讲求等，仍是不可动摇的。

忠

传统社会的道德标准。在先秦时期，"忠"泛指人与人之间的一种关系，如孔门弟子曾参每日三省其身，第一省即"为人谋而不忠乎？"意思是，为人做事，尽心尽力了吗？"忠"，就是"尽己之心"。到了汉代以后，逐渐演变为臣民对君王的绝对关系。最早把"忠"解释为对君主绝对服从的是法家人物韩非子，他说："人臣不要称赞尧舜禅让的贤德，不要赞誉汤武弑君的功绩，尽力守法，专心事主，这才是忠臣。"天下一统之后，"君臣之义，无所逃于天地之间"，出现了"君为臣纲"，王权的至高无上，君主的受命于天开始深植人心，下对上的绝对关系逐步确立。具体来说，就是臣民要对君王尊敬、崇拜、服从、献身、忠贞不二等等。随着时代的变化，"忠"的含义也在不断扩展，对君王诚惶诚恐的时代已经一去不复返了。

五伦

又称"人伦"，是人与人之间基本的道德关系。具体有五种：君臣、父子、夫妇、兄弟、朋友，即所谓"五伦"。在儒家看来，

人类社会就是一张覆盖的网，由这五种关系编织而成，人就置于网下，应按部就班地生活，出了这五种关系就是大逆不道，与禽兽无异。孟子这样解释"五伦"："父子有亲，君臣有义，夫妇有别，长幼有序，朋友有信。"在《礼记·礼运》中则有"十义"的说法："父慈、子孝、兄良、弟恭、夫义、妇听、长惠、幼顺、君仁、臣忠。"这是对孟子五伦说的进一步细化。"五伦"是儒家提倡的基本行为准则，对后世产生了深远影响。

礼义廉耻

传统社会的道德标准。是治国的四大纲纪，又称"四维"，语出《管子·牧民》："何谓'四维'？一曰礼，二曰义，三曰廉，四曰耻。"即"礼义廉耻"。又说："国有四维，一维绝则倾，二维绝则危，三维绝则覆，四维绝则灭。""四维不张，国乃灭亡。"欧阳修曾对管子的"四维不张，国乃灭亡"之语倍加赞赏，还在《新五代史》中阐释说："礼义是治人的大法，廉耻是立人的大节。不廉就会无所不取，无耻就会无所不为。人若寡廉丧耻，贪得无厌，灾祸就会接踵而来；若国家大臣寡廉丧耻，恣意妄为，那么国家必定会灭亡。"可以说，管子对"礼义廉耻"的认识不输以德治著称的儒家，与孔孟之道并没有本质差别。

三纲五常

"三纲"是指"君为臣纲，父为子纲，夫为妻纲"，要求为臣、为子、为妻的必须绝对服从于君、父、夫，同时也要求君、父、夫为臣、子、妻作出表率。它反映了封建社会中君臣、父子、夫妇之间的一种特殊的道德关系。

"五常"即仁、义、礼、智、信，是用以调整、规范君臣、父子、兄弟、夫妇、朋友等人伦关系的行为准则。三纲五常是中国封建社会的基本道德原则和规范。名教（儒家思想的组成部分。该词出现是于魏晋时期，是以孔子的"正名"思想为主要内容的封建礼教。名，指名分；教，指教化）即通过上述名分来教化天下，以维护封建社会的伦理纲常、等级制度。

三纲、五常二词最初来源于西汉董仲舒的《春秋繁露》，但是作为一种道德规范，它始于先秦时代的孔子。孔子先是提出了君君臣臣、父父子子及仁义礼智等道德观念，继而孟子又提出了"五伦"规范，"使契为司徒，教以人伦：父子有亲，君臣有义，夫妇有别，长幼有序，朋友有信"。董仲舒按照他的"贵阳而贱阴"的理论，在孟子观念基础上，提出了三纲原理和五常之道。这位大儒认为，君臣、父子、夫妻三种关系最为重要，它们的主从关系永恒不变：君为主，臣为从；父为主，子为从；夫为主，妻为从。概括来说，就是"君为臣纲，父为子纲，夫为妻纲"三纲。按照阴阳之道，君、父、夫为"阳"，臣、子、妻为"阴"。"阳"为主宰，地位尊贵，"阴"意味着服从，地位卑贱。董仲舒以此确立了君权、父权、夫权的统治地位，把封建等级制度、政治秩序神圣化为宇宙的根本法则。除此之外，董仲舒还认为，仁、义、礼、智、信五常之道是处理君臣、父子、夫妻、上下尊卑关系的基本法则，统治者应给予足够的重视。在他看来，人类之所以不同于其他物种，即在于人类拥有作为道德规范的五常之道。坚守五常之道，就会保持社会的稳定与和谐。从宋代朱熹始，三纲五常联用。从上述可知，三纲五常的观念，源自先秦，经孟子发展，成为五伦；到了汉代，孟子的五伦思想转型成为三纲五常，成为了汉代礼教文明的纲纪准则，这一思想影响了中国两千多年的文明历史与政教制度。

孔门三戒

出自《论语·季氏》："君子有三戒：少之时，血气未定，戒之在色；及其壮也，血气方刚，戒之在斗；及其老也，血气既衰，戒之在得。"这是孔子倡导的人生修养要诀：少年戒色，壮年戒斗，老年戒贪。意思是，人随着年纪的增长，血气也在不断变化，年少心性未定，血气方刚；到了一定年龄，养其志气，已不为血气所动。道德也随之越发完美。

寡欲

"欲"是人一种本能的需求。由于人的欲求永无止境，由此催生了诸多邪恶与痛苦。因此从古至今，就不断有人围绕着"欲"做文章。很多宗教，都因此而提倡禁欲。由于欲望是人之本能，一味制约并不合常理。儒家对此即有着温和的看法，孔子主张"从心所欲不逾矩"；孟子认为"养心莫善于寡欲"，"寡欲"最好。即承认人类原始的欲望，认为"饮食男女，人之大欲存焉"（《礼记·礼运》），但要用礼对之进行约束，反对放纵。这相比"去欲""禁欲"，已经颇合中庸之道。南宋理学家朱熹对先儒的主张十分赞同，他虽讲"存天理、灭人欲"，但反对的也是过分追求美味美色。他认为，饮食男女，天经地义，本无罪过，奢求食色乃"人欲"，才是万恶之始。因此力倡"清心寡欲"。从先秦孔孟到理学朱熹，限欲也好，少欲也罢，都是要求人不要有进一步的欲望，

这毕竟不合常情。人在满足基本的温饱后，有更向上的追求是必然的。这也使得无论是"禁欲"还是"寡欲"，都只能是少数圣贤的至高追求。

知耻

是个人对道德的反省，属儒家的修身范畴。用我们通俗的话讲，就是有羞耻感。孟子云："人不可以无耻。无耻之耻，无耻矣。"言人若能以无耻为可耻，终身就不会再有耻辱之累。后代儒家则以"知耻"为处世立身的大节，甚至视之为做人的基本准则。发展至明清时，"知耻"的范畴也不断扩充。思想家顾炎武说："士大夫之无耻，是谓国耻。""知耻"从最初的修身要则，转而与国家荣辱密切相连，内涵被进一步升华。

慎独

指在独处时，能谨慎不苟，是儒家倡导的一种修养方式。《礼记·中庸》曾这样提及慎独："道也者，不可须臾离也，可离，非道也。是故君子戒慎乎其所不睹，恐惧乎其所不闻。莫见乎隐，莫显乎微，故君子慎其独也。"在《礼记·大学》中，也有"君子必慎其独也"的强调。到了宋代，理学家也格外注重君子慎独的修为。通俗地理解慎独，它其实是一种做人的境界。"独"就是"人所不知而己所独知之地"，没有人监督，只有你自己。此时，面对欲望、诱惑，人若仍能谨慎戒惧，遵道自律，不自欺，那么就达到了一种极高的人格境界。

三纲领

《礼记·大学》云："大学之道，在明明德，在亲民，在止于至善。"这几句话出现在大学的开篇，南宋朱熹云："此三者，大学之纲领。""三纲领"由此而来。其意思是说：大学的宗旨在于弘扬人的品德，在于使人弃旧图新，在于使人达到最完善的境界。明明德，前一个"明"为使动词，是发扬、弘扬的意思；后一个"明"为形容词，明德也就是光明正大的品德。"亲民"，"亲"读作"新"，即革新、弃旧图新。《大学》属秦汉旧文，在儒学盛行的年代并没有引起足够的重视，直至理学家朱熹将其概括为"三纲领"后，才成为人人皆知的"金科玉律"及道德修养的基本原则。

忠恕

儒家倡导的为人之道。"忠"与"恕"为两个概念，朱熹云："尽己之谓忠，推己之谓恕。"也就是说，尽心尽力地做事，为"忠"；能够推己及人，宽容他人，为"恕"。相对而言，"恕"比"忠"要基本；"忠"作为一种充满仁爱的精神，则比"恕"要难于施行。孔子云："己所不欲，勿施于人。"在传道授业中，孔子就是将"恕"作为弟子应要奉行的基本准则。儒家的"忠恕"之道，影响深远，不但在国人心中根深蒂固，也对其他国家的思想家产生了一定的影响，如法国的罗伯斯庇尔、伏尔泰等，都把孔子的言论作为自己终身奉行的信条。

中庸

也称"中道""中行"，是儒家为人处世的标准。孔子提倡的"中庸"，是不偏不倚，不保守，也不激进。他在述及弟子的"过"与"不及"时认为，"过犹不及"。意谓激进与保守都不是最好的做事尺度。更认为"君子中庸，小人反中庸"，那么何谓君子呢？"质胜文则野，文胜质则史；文质彬彬，然后君子"，从孔子的部分言论中，我们可以看出其对中庸的倾向与界定。《中庸》相传是孔子之孙子思所作，北宋理学家程颐对其很是推崇，曾这样解释道："不偏之谓中，不易之谓庸。中者，天下之正道；庸者，天下之定理。"后世的朱熹也这样认为。程朱的阐释与先贤的初衷多少有些背离，但这并不影响国人对中庸的理解。在国人心中，儒家的中庸之道，就是一种折中主义的处世态度与人生观。至于一个人是否真的中庸，那就因人而异了。

三不朽

出自《春秋左氏传》："太上有立德，其次有立功，其次有立言。虽久不废，此之谓不朽。"立德、立功、立言就是儒家所推崇的三种人生，即"三不朽"。具体来说，立德，指"创制垂法，博施济众，德立于上代，惠泽被于无穷"；立功，指救危除难，建立功勋；立言，通俗来讲即著书立说，言足可传记。三不朽，是三种至圣的境界，其中，立德为上圣，如尧、舜、周公、孔子；立功为次圣，如大禹、后稷；立言为大贤，如老子、庄子、荀子、孟子、管子、孙子及史家司马迁、班固等。"三不朽"之所以有不朽之称，是因为圣人要受后代子孙的祭祀膜拜，即使是名以文传的先贤，也不是常人所能及。故而，"三不朽"只能是传统士大夫心中最期冀达到的人生境界，与平民的生活相距遥远。

孔颜气象

"孔颜气象"是儒家倡导的一种精神。它不是以天下为己任的磅礴抱负，也不是"知其不可为而为之"的哲学，而仅仅是孔子和颜渊所代表的一种人格境界。颜渊，孔子的学生。他生活极其清苦，"一箪食，一瓢饮，在陋巷，人不堪其忧，回也不改其乐"说的就是他。他是孔子最喜欢的学生。孔子还曾请几个学生言说志向，有的学生说要当高官，有的说要治国平天下，到了曾点，他说，我的愿望就是，在沂水中游泳，在舞雩台沐风乘凉，然后哼着歌儿惬意地回家。孔子深表赞同。在他看来，"饭疏食，饮水，曲肱而枕之，乐亦在其中矣。不义而富且贵，于我如浮云"，如果能够选择，有什么能比拥有轻松简约的生活更好的呢？由此可知，为后世儒家所津津乐道的"孔颜气象"，其实所指的就是一种胸怀：旷达、安贫乐道。

杀身成仁

最早出自《论语·卫灵公》："子曰：'志士仁人，无求生以害仁，有杀身以成仁。'"意思是说，仁人志士，不会为了苟且偷生损害仁德，而是以牺牲生命来成全仁德。"仁"，是人生各种美德的概括，为最高的道德境界。但凡一切美好的德行，都可以用"仁"来表达，与"为真理而献身"的内涵很是相似。"杀身成仁"是孔子的殉道观，它对门下弟子的影响颇大。曾子说："士不可以不弘毅，任重而道远。仁以为己任，不亦重乎？死而后已，不亦远乎？"意思是，读书人不可没有远大的志向，坚强的意志，因为他任务艰巨且路途遥远。以实行仁德为己任，不是很艰巨吗？直到死才罢休，不是很遥远吗？所说的就是取义成仁的必要性。

舍生取义

儒家的伦理价值观。孔子曾说："君子义以为上。"《孟子·告子上》云："鱼，我所欲也；熊掌，亦我所欲也。二者不可得兼，舍鱼而取熊掌者也。生亦我所欲也；义亦我所欲也。二者不可得兼，舍生而取义者也。"后者就是"熊掌和鱼"的著名比喻。这里的所谓"义"是做人的基本原则，也就是仁义、道义、正义等"人之正路"。孔孟关于"义"的阐述有很多。在以他们为代表的儒家看来，"义"是超乎一切的道德原则和价值取向。

独善兼济

出自《孟子·尽心上》："穷则独善其身，达则兼济天下。"穷，指在仕途上不得志；达，指在朝廷居于高位。意思是说，一个人若有幸参与朝政，就应以天下为己任，让民众受惠，这是积极的人生；若不能实现治国平天下的抱负，那么退而修身，洁壁自好，也不失为一种积极的人生观。儒家入世的主要方式是参政，称"学而优则仕""治国平天下"，但即使是学富五车的孔子、孟子，从政也不是一帆风顺的。孔子周游列国，碰壁无数；孟子则以布衣终老。人生阅历的丰富，让这些先哲们对人生有了更透彻的了解。孔子云：不在其位，不谋其政。又云：天下有道则见，无道则隐。孟子提出"独善其身"与"兼济天下"，是对孔子人生观的补充。"兼济"是进，"独善"属退，进退有据，人生设计虽不同，然均不离儒家圣贤之道。

气节

儒家所倡导的一种道德操守。"气"是一种精神状态，可以理解为志气、浩然之气。"气"是抽象的，但从名家言论中，我们不会觉得陌生，如"三军可夺帅，匹夫不可夺志"；"贫贱不能移，威武不能屈"；"士可杀，不可辱"，所说的都是一个"气"字。"节"指节操，是一种道德境界。《论语·泰伯》有云："临大节而不可夺。"孟子有"舍生取义"，所说的都是"节"。通俗来说，它是对信仰的坚守以及为此而献身的牺牲精神。在中国古代，忠君爱国是"节"的最高体现，为了保卫家国，仁人志士"殉节""死难""牺牲"，前赴后继。"气""节"最初为两个概念，合二为一，则成了一个伦理范畴，通常指人处于危难之间所表现出来的正气与操守，如伯夷、叔齐的不食周粟，西汉苏武的百折不挠，南宋文天祥的视死如归，明代史可法的忠烈，近代抗日英模的坚贞不屈等等，均是"气节"的表现。我们可以理解，"气节"实际上就是一种自尊自强、不随波逐流的独立精神与人格。

七出

"七出"是对妇女而设的惩罚性规条。出，指驱逐、遗弃。"七出"即七条休妻的理由。七条分别是，不顺父母、无子、淫、恶疾、嫉妒、多口舌、盗窃。"不顺父母"被放在首位与尊崇孝德的时代背景有关，在"四德"中，几乎每条都与侍奉孝顺公婆的修养有关。不顺公婆的媳妇，扰乱家庭尊卑秩序，有违孝德妇道，这在尊崇孝德的时代是十分严重的错误，因此被放在了"七出"的首位。例如东汉人姜诗的妻子在婆婆面前骂一条狗，即被丈夫认为不孝，因此被休，姜诗则被誉为孝子。无子，在"七出"之条中，对被休的妇人而言，最是无辜。在父权制家庭中，婚姻的目的是"上以事宗庙，下以继后世"，所谓"不孝有三，无后为大"。按照父系传承的原则，只有儿子才是延续香火的后代。因此，妇女不得不担起"无子"的"罪名"。淫，指妇女有放纵淫乱的行为，被认为是妇女道德品行最大恶德。按照儒家的道德标准，妻子对丈夫保守贞操，不得与家族内外的男子有染。历代对犯淫妇女的处罚都很严厉，如清代江西临川孔氏支族家规写道："妇与人私，断令改嫁；其妇不嫁，革饼逐出，生子不得名登团拜；凡族中婚姻喜庆之类，俱不得与；不得派行称呼。"在湖南一些地方，妇人犯淫要被绑在竹木板上沉塘底淹死。恶疾，古人认为妇人恶疾，不能事宗庙，因此出之。恶疾是何种疾病，有不同的说法，东汉何休认为，喑、聋、盲、疠、秃、跛、伛为恶疾；许慎在《说文解字》中认为是烈性传染病"疠"，即麻疯病。后来精神方面的疾病也被视为恶疾。嫉妒，针对的是那些对丈夫纳妾不满、敢于表现在语言和行动上的正妻。因为有背"妇德"中的柔顺之德、贤惠之道，所以也要出之。多口舌，是"四德"对"妇言"的要求。父权制家庭忌讳妇人多言，主要是怕会离间家庭内部人际关系，导致家庭不和。盗窃，不是指在外盗窃他人财物，而是"私假（借）""私与（给）"财物给外人。古时候的妇女没有独立的财产权，积攒财物，存私房钱都是不允许的，即使娘家的馈赠也要交给婆婆。这一条的设置是为了更大程度地维护夫权家族的财产利益。从今天的眼光看，"七出"的用意不言自明：巩固父权、夫权家族秩序，维护父权、夫权家族的利益。为此，不惜压制、惩罚妇女乃至使其屈从牺牲。

人物

三皇五帝

中国在很早的时候就有三皇五帝的说法。何谓"三皇五帝"，历来有颇多解释。通常来说，他们是远古三个帝王和上古五个帝王的合称。无论是按照神话传说，还是史书的记载，三皇的出现都要早于五帝。具体来讲，三皇有五说，五帝也有五说。

三皇，《史记·秦始皇本纪》认为是"天皇、地皇、泰皇为三皇"；《尚书大传》和《白虎通义》等典籍则主张三皇应为燧人、伏羲、神农；在《运斗枢》《元命苞》等纬书中，除了认同伏羲、神农外，又加上了创造人类的女娲；在《帝王世纪》中，以伏羲、神农、黄帝为三皇；在《通鉴外纪》中，以伏羲、神农、共工为三皇。说法纷纭，在几种判定中，伏羲、神农被认同的比例较大，第三位是争议的焦点。对于五帝，说法也很多。"五"在华夏文化的传承中，有着特殊的意义。早在春秋战国时期，就有五味、五色、五声、五行等观念。天地分东、南、西、北、中五方，音乐分宫、商、角、徵、羽五音，动物分鳞、羽、倮、毛、介五虫，植物分稷、黍、麦、菽、麻五谷，颜色分青、赤、黄、白、黑五色，味道则分酸、苦、甘、辛、咸五味等，与金、木、水、火、土五行相对应。根据这一宇宙图式，天帝也有五位，并且有先天五帝和后天五帝之分。先天五帝为统治五个方位之天神，按照儒家说法，分别是东方青帝灵威仰、南方赤帝赤熛弩、中央黄帝含枢纽、西方白帝白招拒和北方黑帝汁光纪。先天五帝掌管着天上人间，东方青帝掌管春季，

南方赤帝掌管夏季，中央黄帝掌管季夏，西方白帝掌管秋季，北方黑帝掌管冬季。五帝的名称十分怪异，故有专家学者认为，这先天五帝的名称来源于梵文。后天五帝的说法很多，《史记·五帝本纪》《大戴记》列黄帝、颛顼、帝喾、唐尧、虞舜为五帝；《尚书序》《帝王世纪》认为少暤、颛顼、高辛（帝喾）、唐尧、虞舜为五帝；《九章·惜诵》（东汉王逸注）中的"五帝"则为五方神，即东方太暤、南方炎帝、西方少昊、北方颛顼和中央黄帝。我们通常说的三皇五帝中的"五帝"指的是后天五帝。对于说法众多的（后天）五帝，一般以《史记·五帝本纪》的说法为准，至于三皇，则已经很难考定了。

尧

传说中的古代圣王。《史记》说他名放勋，后世言其号陶唐，姓伊祁氏，因此又称唐尧。相传尧父为黄帝曾孙，在位七十年，"日月所照，风雨所至，莫不从服"。尧父死后，尧的异母兄弟挚继位。挚在位九年，为政不善，禅让于尧。

尧才智卓绝，"其仁如天，共知如神。就之如日，望之如云。富而不骄，贵而不舒"。他在位时，举荐本族德才兼备的贤者，令族人能紧密团结；他考察为官者的政绩，奖惩分明；注意协调各部族间的关系，使百姓相处和睦。尧在位时，世风祥和，政治清明。

由于年代久远，关于尧的传说众多。相传尧时，首次制定了历法（见《尚书·尧典》），使农业生产可以按时节进行。书中说，尧派羲仲、羲叔、和仲、和叔到各地去观察天象，辨别星宿的准确方位，以此来划定四季，如派羲仲观察日出，确定了春分节气，以鸟星的位置作校正参考等。尧还确定了

一年的周期，每三年置一闰月，以调整历法和四季的关系，尽可能让农时准确。在记载中，尧又是一个文武兼具的人，如治理肆虐的水患，"战于丹水之浦，以服南蛮"，派后羿射猛兽、落日等。这些记载都说明尧在位时，文治昌明，武功卓著。

关于尧的记载，最令人称道的是，作为部族首领，尧传贤不传子，开禅让制之先河。为了考察舜，尧花费了三年的时间，他先是将两个女儿娥皇、女英嫁给舜，考验他的德行和治家的能力；派舜负责推行德教，教化臣民，考察他累积威望的能力；让舜总管百官，并在明堂的四门接待来朝的各部诸侯，考察他处事及接人待物的能力；再让舜独自去山林中求生，考察他的生存能力等等。在确认舜的各方面都很出众后，尧才让位于舜。在太庙举行典礼后，尧退隐，二十八年后去世。百姓闻讯万分悲痛，如丧考妣，多年以后，仍旧对尧思念不已。诸子百家兴起后，以儒、墨两家为代表的"显学"派，都以尧舜为号召，从那时起，尧就成为古代的圣王：他有着伦理道德方面的理想人格，又是治国平天下的君主楷模。在整个封建时代里，尧的存在和业绩从来没有被怀疑过。

舜

传说中的古代圣王。《史记》说舜名重华，晋代皇甫谧认为其字都君。舜又称虞舜，据说是国号有虞，按先秦时以国为氏的习惯，故称有虞氏。相传，舜的家境寒微，舜从事过各种体力劳动、耕种、捕鱼、烧制陶器、经营小本生意，为了糊口而颠沛流离。舜以孝行闻名，在他三十岁的时候，尧向四岳（四方诸侯之长）征询继任人选，四岳就推荐了舜。为了考察舜，尧将两个女儿嫁给了他，考验其品行和管理的能力。结果舜表现出了卓越的才干和高尚的人格。舜的父亲瞽叟是个盲人，母亲早逝，继母生了弟弟象。父母、弟弟不喜欢舜，便串通一气，多次加害舜。瞽叟让舜修补仓房的屋顶，自己却在下面纵火。舜以两只斗笠作翼跳下，幸免于难。瞽叟又让舜掘井，井挖得很深了，瞽叟则和象在上面填土，想把井堵死。舜事先有所察觉，在井道旁挖了条通道，从通道逃出，躲了起来。瞽叟和象以为舜死了，分了舜的财产。象住进了舜的房子，还要尧的两个女儿给他做妻子。舜对这些并不放在心上，他一如既往地孝顺父母，爱护兄弟，而且比以前做得更好。舜不但与全家和睦共处，还以自己的人格影响百姓，"舜耕历山，历山之人皆让畔；渔雷泽，雷泽上人皆让居"，只要是他劳作的地方，便兴起礼让、积极的风尚，人们都愿意追随他。

经过多方考验，舜终于得到尧的认可。于是尧禅位于舜（有说法认为舜代替尧摄行天子之政，并没有天子之号；另一说认为，舜将尧囚禁了起来，以类似政变的方式即位）。舜执政后，相传有一系列的政治改革，很有励精图治的气象（如针对过去职责不明确的现象，任命禹任司空，治理水土；命皋陶担任"士"，执掌刑法；命益担任"虞"，掌管山林）。舜在位二十八年后，尧去世，舜在三年的丧事完毕后，让位给尧的儿子丹朱，自己退隐。然而天下诸侯都去朝见舜，并不理会丹朱。民间的许多歌谣都在颂扬舜，不把丹朱放在眼里。舜见人心所向，无法推却，遂回到都城登上了王位。在舜的统治时期里，"四海之内咸戴帝舜之功"，百姓安居乐业，社会清平。舜年老的时候，让有威望的禹来摄政，以禅让的方式让禹接替了自己。

禹

传说中的古代圣王。又称夏禹、大禹、戎禹、帝禹等。姓姒，名文命。因是夏后氏部落的首领，按照以国为氏的习惯，一般称作夏禹。在传说中，禹的家境非常显赫，是"黄帝之玄孙而帝颛顼之孙也"。禹的父亲是鲧，母亲为脩己。鲧在尧时治水无功，到了舜时，禹被任命为司空，治理水土，接替鲧没有完成的事业。

在尧时，洪水已经泛滥成灾，人们的生活极其艰难，荆榛遍野，满目荒芜。禹受命治水后，经过实地勘察，决定采取疏导的办法治理。他辞别家人，开始了奔波忙碌。"陆行乘车，水行乘船，泥行乘橇，山行乘撵"，经过十三年（一说为八年）的努力，最终制伏了洪水。在这期间，禹躬亲劳苦，与百姓一起栉风沐雨，三过家门而不入，这种因公而忘私的精神，成为了千古美谈。

由于治水的精神与功绩，禹成了时人敬仰的英雄。他被推选为炎黄部落联盟领袖的继承人。舜死后，禹继承了王位。在位时期的禹，注意农时，发展生产，十分节俭，他所在的部落联盟日益强盛。为了扩大统治疆域，禹对聚居在长江流域的三苗部落发动了一次大规模的战争。三苗战败，禹的势力从黄河扩大到了长江流域。由于文治武功，禹的个人威信空前高涨。在大约公元前21世纪，禹举行了建国典礼，国号夏。禹从联盟部落首领，转变成了君主。夏国建立后，禹开始实行分封制，如封尧的儿子丹朱于唐，封舜的儿子商均于虞。为了彰显威仪，他还到各处巡视，并召开诸侯大会，铸九鼎，划分九州。晚年时，禹来到了稽山，在举行祭

祀仪式时，部落首领防风氏迟到，态度傲慢，禹杀防风氏，再次显示了君主的威严。禹曾选择皋陶为继承人，然而皋陶早逝。在会稽山大会后不久，禹病死。掌握政权的益让天下于禹子启，启遂登上了天子之位（另有一说是禹传位于启，"益干启位"，被杀）。至此，中国进入了"家天下"的时代。

汤

传说中部族首领帝喾之子契的十四世孙。又名天乙、唐、太乙等。是夏朝末年商族的首领，统治中心在亳地（今商丘）。汤施行仁政，很得百姓拥戴，经常有周围的小国慕名前来归附。随着势力的日益壮大，商由夏的属国变成了足以与之抗衡的对手。当时，夏的统治风雨飘摇。统治者夏桀骄奢淫逸，对百姓进行残酷的盘剥和压榨。民间怨声载道。商汤的崛起成了必然。

汤先是以停止向朝廷纳贡进行试探，当夏桀调动九夷之师，准备讨伐成汤时，汤马上"谢罪请服，复入职贡"，稳住夏桀，继续积蓄力量，等待时机。不久，夏桀诛杀重臣、众叛亲离的消息传来，汤再次停止纳贡。这次，九夷之师不起，夏桀的指挥失灵了。汤见时机成熟，果断下令起兵。他先是灭掉了商附近的下属国葛国，接着又发动战争，剪除了夏的三个重要同盟国豕韦、顾、昆吾，使夏陷入孤立无援的境地。接着，汤率领战车七十辆、敢死队六千人，联合各方的军队，以迂回之术绕道至夏都以西，突袭夏都。夏桀仓促应战，同商的军队在鸣条一带展开决战。商汤军队奋勇作战，击败了夏桀的主力部队。夏桀败退，率残部仓皇逃奔南巢（今安徽寿县南），不久病死。夏朝灭亡。汤回师商都，召开了盛大的诸侯集会，在三千诸侯

的拥护下，成为了商代的第一位君王。就这样，在夏王朝的废墟之上，一个新的奴隶制王朝——商建立了起来。商朝开国，以宽治民，国力日益强大。《诗经》颂篇中有"自彼氐羌，莫敢不来享，莫敢不来王"的诗句，即反映了商汤时的盛况。商汤在位三十年，死后谥称成汤，其子孙中的一支以谥号命氏，成为汤氏。

管仲

管仲（？—前645年），名夷吾，又名敬仲，春秋时齐国著名的政治家、军事家。管仲是姬姓之后，与周王室同宗。其父管庄曾是齐国的大夫，后来家道中落。到管仲时，已经十分贫困。为了生计，他曾从军，也做过商人。由于东奔西走，积累了丰富的社会经验。而管仲真正的崛起，和他的好友鲍叔牙密不可分。

管鲍二人曾一起做生意，赚到钱后，管仲总是多分给自己，少部分给鲍叔牙。别人议论管仲贪财，不讲情谊。鲍叔牙就解释说，管仲这样做是因为他家里贫困。后来管仲从军，三次上战场，三次都逃跑回来。人们讥笑他贪生怕死，鲍叔牙就解释说，管仲并非怕死，他逃跑是因为家里有年迈的老母。管鲍二人的交情非常真挚。管仲在晚年时曾感慨地说，生我者父母，知我者鲍叔牙也。

公元前674年，齐僖公驾崩，太子即位，即齐襄公。齐僖公的另两个儿子公子纠和小白分别由鲍叔牙和管仲辅佐。不久，齐襄公与妹妹（鲁桓公的夫人）合谋杀死了鲁桓公。此事发生后，管仲和鲍叔牙都预感到齐国将会发生大乱，于是带着公子纠、公子小白逃亡避祸。管仲和召忽护卫公子纠逃到了鲁国，鲍叔牙则带着小白就近跑到了莒国。

在国外，他们静观其变，相机而动。公元前686年，齐国内乱，公孙无知杀死齐襄王自立。仅一年后，公孙无知又被杀，齐国一时无君。逃亡在外的公子纠和小白，都想尽快赶回国内夺取君位。管仲为了使纠能继位，在小白的必经之路上设伏，举箭射杀。小白中箭后装死，在鲍叔牙的协助下，先一步回到了齐国登基，即齐桓公。桓公即位，设法杀死了公子纠，也要杀死射了自己一箭的管仲。鲍叔牙极力劝阻，说管仲乃天下奇才，应当重用。桓公接受了建议，接管仲回国，不久即拜为相，让其主持政事。此后，管仲的才华得以显露。

春秋时期，征战频繁，为了使齐国尽快富强起来，管仲进行了一系列改革。在经济上，他废除公田制，重定赋税，设盐铁官员，发展渔业，鼓励商民与境外的贸易。在政治上，他把国都划分为二十一个乡；国都以外的地域划为邑、卒、乡、县，十县为一属，设大夫管理。在军事上，他认为兵在精不在多，让保甲制度同军队组织相结合。全国设三军，国君领一军，另两军由上卿率领，每年通过狩猎的形式训练，以提高战斗力。为了能让齐桓公称霸中原，管仲又提出了"尊王攘夷"的策略（拥护周王室，领头伐夷）。这样一来，很多饱受戎、狄侵扰的国家都解除了威胁。齐国的威望大增。

公元前652年，周惠王去世。齐桓公与各国诸侯国拥立太子郑为天子，即周襄王。周襄王即位后，派人送祭肉、弓矢等给桓公以示嘉奖。桓公召集各路诸侯，在蔡丘举行盛大的受赐典礼，并依据管仲的建议，订立了盟约（即历史上有名的"蔡丘之盟"）。至此，在管仲的辅佐下，齐桓公已先后主持会盟九次，辅助王室一次，史称"九合诸侯，一匡天下"，成为公认的春秋霸主。管仲因功勋卓著,被桓公尊为仲父。

孔子

孔子(前551—前479年),名丘,字仲尼。春秋后期鲁国陬邑(今山东曲阜东南)人。祖辈为宋国贵族,在孔子出生前几世时没落。孔子一生的大部分时间都在从事教育,是影响深远的思想家、教育家及儒学学派的创始人。

孔子3岁时,父亲叔梁纥亡故,母亲颜征在携其移居曲阜阙里。孔子15岁时立志做学问。再年长一些时,做过管理仓库和牛羊的工作。他虚心好学,有过无数位老师,相传他曾向老子问礼,向苌弘学乐,向师襄学弹琴。由于勤奋好学,孔子30多岁的时候,已经博学多才,成为有名的学者,开始在阙里收徒授业,开私人办学的先河。孔子的思想核心是"仁","仁"即"爱人",主张"己所不欲,勿施于人""己欲立而立人,己欲达而达人",认为推行"仁政"应以"礼"为规范。除了"仁"和"礼",孔子还注重"学"与"思"的结合,讲求"因材施教""有教无类",强调"君子学道则爱人,小人学道则易使也"。

孔子35岁时,鲁国发生内乱,鲁昭公逃

附: 孔子去世后, 历代帝王为彰显对孔子的尊崇, 不断对孔子进行追封追谥。

朝代	年代	帝王	封谥
东周	周敬王四十一年(前479年)	鲁哀公	尼父
西汉	元始元年(公元元年)	汉平帝	褒成宣尼公
北魏	太和十六年(492年)	北魏孝文帝	文圣尼父
北周	大象二年(580年)	北周静帝	邹国公
隋朝	开皇元年(581年)	隋文帝	先师尼父
唐朝	贞观二年(628年)	唐太宗	先圣
唐朝	贞观十一年(637年)	唐太宗	宣父
唐朝	乾封元年(666年)	唐高宗	太师
武周	天绶元年(690年)	武则天	隆道公
唐朝	开元二十七年(739年)	唐玄宗	文宣王
宋朝	大中祥符元年(1008年)	宋真宗	玄圣文宣王
宋朝	大中祥符五年(1012年)	宋真宗	至圣文宣王
元朝	大德十一年(1307年)	元成宗	大成至圣文宣王
明朝	嘉靖九年(1530年)	明世宗	至圣先师
清朝	顺治二年(1645年)	清世祖	大成至圣文宣先师
清朝	顺治十四年(1657年)	清世祖	至圣先师
中华民国	民国二十四年(1935年)	中央政府	大成至圣先师

往齐国,孔子也来到了齐国。在齐国,他做了贵族高昭子的家臣。到齐国的第二年,齐景公向孔子询问政事,孔子提出了"君君,臣臣,父父,子子(君要像君,臣要像臣,父要像父,子要像子)"的主张,得到了齐景公的赞赏,他准备重用孔子,结果因齐相晏婴阻挠,最终作罢。孔子随后回到鲁国,继续授徒讲学。51岁时,被任命为中都宰,由于为政有方,被提为司空、大司寇,辅佐国事。为了提高国君的威望,孔子提出削弱三桓(鲁桓公的三个孙子),结果遭到三家大夫的反对,矛盾激化。不久,齐国送来名马美女,鲁国君臣欣然接受,终日沉迷不已。孔子失望之余,带领弟子离开鲁国,开始了周游列国的生涯。这一年,孔子55岁。

孔子遍游诸国,只为了寻找施展才能的机会,然而终无所遇。其间,他曾被卫国国君质疑;遭遇过贵族叛乱;出陈国时被楚人围困,绝粮七日。在游历十余年后,鲁国季康子听从孔子弟子冉有的劝说,把孔子从卫国接了回来。孔子回到鲁国后,被尊为"国老",然而在政治上仍不被重用。孔子不再求仕,潜心整理古籍文献,培养弟子。他先后删《诗》《书》,订《礼》《乐》,修《春秋》,尤其喜《易》,达到"韦编三绝"的程度。孔子69岁时,独子孔鲤去世。71岁时,得意门生颜回病卒。这一年,鲁国郊区出现麒麟,结果被村人打死,孔子认为是不祥之兆,停止了对《春秋》的修撰,悲痛不已。72岁时,门生仲由在卫国被杀害,孔子悲伤难抑。翌年,寝疾七日,不愈而卒。

孟子

孟子(约前372—前289),名轲,字子舆、子车、子居。战国时期邹国人。著名的思想家,也是儒家学派的代表人物。孟子师承子思(孔子之孙。另一说是师从子思的学生),继承并发扬了孔子的思想,影响深远,有"亚圣"之称。

孟子生活在百家争鸣的时代,其远祖为鲁国贵族,后来家道中落,从鲁国迁居到邹国。3岁丧父,母亲将其抚养成人。孟母的管教十分严格,其"迁地教子""三断机杼"等教子故事,已成为千古美谈。孟子师从孔门,十分推崇孔子,认为"自生民以来,未有盛于孔子也"。他和孔子一样,也有周游列国的经历,在齐、晋、宋、薛、鲁、滕、梁等国宣扬"仁政"和"王道"的思想。当时,各诸侯国都致力于富国强兵,力图以战争实现统一。孟子的学说被认为"迂远而阔于事情",没有被采纳。在六十多岁的时候,孟子退居讲学,与学生一起,序《诗》《书》,"述仲尼之意",作《孟子》7篇(另有观点认为,《孟子》的编定者可能是孟子的弟子,成书约在战国中期)。

孟子的地位在宋代以前并不是很高。尤其在秦时,因焚书坑儒,其门徒殆尽,几乎一蹶不振。到西汉时,扬雄首先肯定了孟子对儒学的贡献。东汉时,赵岐对其很是推崇。唐玄宗时,曾封"孔门十哲"之一的颜渊为"亚圣",并没有封孟子。中唐时,韩愈首倡儒教"道统"之说,将孟子列为先秦儒家中唯一继承孔子的人物,这之后孟子的地位开始升迁。五代时,后蜀主孟昶刻石十一经,增入《孟子》,自此《孟子》被列入经书。北宋神宗时,《孟子》首次被列为科举考试的科目之一,升格为儒家经典。到了南宋时,理学家朱熹将其与《论语》《大学》《中庸》合在一起,称为"四书",孟子的地位进一步提高。元仁宗时,封孟子父亲为"邾国公",母亲为"邾国宣献夫人"。元明宗至顺元年，加赠孟子为"邹国亚圣公"。至此，"亚圣"之称流传下来，封建统治者对孟子的封赐亦达到了极致。

老子

关于老子（约前600—前500）其人，历来有多种说法。《辞海》云："相传为春秋时思想家，道家的创始人。"一说老子姓李名耳，字伯阳，楚国苦县（今河南鹿邑东）厉乡曲仁里人，做过周朝"守藏室之史"（管理藏书的史官），后退隐，著《老子》。一说老子即太史儋，或老莱子。另一说认为老子是魏国将军李宗的父亲李耳。史书上关于老子的记载很有限，司马迁在《史记》中为老子立传，也只有四百余字。虽然说法众多，但通常认为老子即老聃。根据《史记》及一些现代学者的考证，老子生活在周的时间较久，大约五十多岁的时候，由于周日渐衰微，便出走赴秦隐居。西行途中，在经过函谷关（一说为大散关）时，关令尹喜强求其著书。老子于是写下讲述道德的五千言，取名为《道德经》。老子写成出关后，西去入秦境，从此隐居，不为世人所知。传说他的寿命很长。司马迁说："盖老子百有六十余岁，或言二百余岁。"

老子是公认的道家学说创始人（道家思想的起源很早，传说黄帝就有天人合一的思想）。其核心思想是"道"，"道生一，一生二，二生三，三生万物"，认为"道"是化生宇宙万物的本源，是一切运动的法则。老子的思想蕴藏着大量的朴素辩证法观点，如一切事物都有正反对立的两面，纷纭万物均为"有"与"无"的统一等。可以说，老子的学说、老子创立的道家学派对我国两千多年来思想文化的发展，产生了深远的影响。在

老子之后，庄周、列御寇、惠施等承袭了老子的思想，成为道家的代表人物。黄帝与老子被后世并尊称为"黄老"。

庄子

庄子（约前369年—前286年），名周，战国时期宋国蒙（今属河南）人。做过蒙地漆园的小吏，后南游各国，探访古风。其时，七雄争霸天下，争战此起彼伏，社会动荡，百姓生活困苦。庄子痛恨非正义的战争，同情陷入水深火热中的人民，因此不愿与统治者为伍。楚威王曾以厚礼聘他为相，被他拒绝。庄子后来归隐，以编草鞋为生，过着清贫的生活。

庄子寓言传道，著书十余万言。作为老子的后学，他"学无不所窥，然其要本归于老子之言"。其不仅继承、发展了老子的学说，而且成了先秦道家思想的集大成者。其作品现存《庄子》33篇，分内篇、外篇、杂篇。内篇为庄子所作，其他篇章可能掺杂了庄子门人和后学者的作品。在庄子的哲学中，"道"是客观真实的存在，是宇宙万物的本源。在政治上，庄子主张无为而治，不赞同"法治"。他抨击世俗社会的礼、法、权、势，认为"窃钩者诛，窃国者为诸侯"，"圣人不死，大盗不止"。庄子向往自然，崇尚"天地与我并生，万物与我为一"的精神境界。庄子认为，人生的至高境界是逍遥自得，是精神的自由。庄子的思想和主张，对后世影响深远。在魏晋时期，《庄子》和《周易》《老子》一起并称"三玄"；唐玄宗天宝元年，庄子被封为"南华真人"，《庄子》被尊为《南华真经》，正式成为道家经典之一；宋徽宗时，庄子被封为"微妙元通真君"。随着老庄学说成为道家思想的核心内容，庄

子日益被神化。

庄子对后世的影响，除了独特的哲学思想外，更多表现在文学上。他的主张、思想不是晦涩的说教，而是通过一个个生动、幽默、形象的寓言故事，通过汪洋恣肆、诗情画意的语言文字，引人入胜地表达出来。鲁迅曾评庄子散文说："汪洋辟阖，仪态万方，晚周诸子之作，莫能先也。"郭沫若则说："以思想家而兼文章家的人，在中国古代哲人中，实在是绝无仅有。"

荀子

荀子（前313年—前238年），名况，字卿，后避汉宣帝讳，改称孙卿。战国末期赵国人。约生于公元前313年，死于公元前238年。著名思想家、教育家。按照《史记·荀卿列传》记载，荀子在五十多岁的时候到齐国游学，在稷下（今山东临淄北）学宫与各个学派的学者进行交流和讨论。由于学问渊博，其地位一度十分尊贵，三次官至祭酒。后因有人进谗言，荀子离齐到了楚国，被春申君任为兰陵令。时隔不久，又有人认为荀子会给楚国带来危险，荀子只好再次离开转而奔赴赵国。在赵国，荀子被拜为上卿。后来，春申君又派人接荀子回楚国。荀子回楚后，再任兰陵令。公元前238年，春申君被杀，荀子被罢官。住在兰陵期间，他曾先后去过秦国、赵国，最后终老于楚国。荀子一生博学慎思，通过著书立说、传道授业传播自己的思想。其学说以儒家为本，兼采道、法、名、墨诸家之长。强调人定胜天，"行贵于知"，由于提倡性恶论，常被拿来与孟子的性善论进行比较。荀子一直以孔子、仲弓的继承者自居，维护儒家传统，痛斥子夏氏、子游氏、子张氏为"贱儒"，对子思、孟子一派的批评

尤甚。荀子有不少门生，其中著名的有韩非、李斯。二人后来都成为了法家的代表人物。因为弟子的学派，荀子在历史上一直很有争议，有学者不认同荀子为儒家学者，也有学者对其进行抨击。荀子留下的著作，在汉时有300篇，经刘向编订，定著32篇，其中《大略》以下6篇，被认为是后人托作。

韩非子

韩非（约前280—前233），战国末期韩国（在今河南新郑）贵族。著名的哲学家、散文家、法家学说的集大成者。相传其口吃，后世称他为韩非子。韩非是荀子的学生，"喜刑名法术之学"，很有才能。当时，他所在的韩国非常弱，常受到邻国的欺凌。为了富国强兵，他多次向韩王上疏变法，但都未被采纳。之后，韩非写下《孤愤》《五蠹》《内储说》《外储说》《说林》《说难》等文章，发表自己的见解，但仍然没能引起重视。这些极具价值的政治论文后来流传到了秦国，秦王看后十分欣赏。公元前234年，韩非出使秦国。在秦国，他上书秦王先伐赵而缓征韩。秦王留下韩非，准备重用。当时的秦相李斯是韩非的同学，他深知韩非的才能，于是与姚贾一道进谗言陷害韩非。秦王听信谗言，将韩非下狱，并将其毒杀。

韩非是法家学说的集大成者，他不善言辞却善著书，他的很多文章被收录进《韩非子》。该书现存五十五篇，有十余万字，大部分为韩非自己的作品。当时的思想界以儒、墨两家为代表，崇尚"法先王"和"复古"。对此，韩非坚决反对，他主张"不期修古，不法常可"，认为"世异则事异"，"事异则备变"，历史是向前发展的，既不能倒退复古，也不应因循守旧，如果今时今日还赞美

"尧、舜、汤、武之道","必为新圣笑矣"。而对于儒家倡导的"仁爱"说,韩非也发起抨击,他认为应实行"法治",以重赏、重罚、重农、重战应对现实的状况。君权神授也是韩非力倡的观点。

在诸子百家当中,法家是对律法最为重视的一派。他们力倡依法治国,有自己的完整理论和方法。法家对法律的起源、作用及社会经济、国家政权、伦理道德、自然环境等基本问题都有探讨,为法理学的发展做出了贡献。然而,法家的意义虽然重大,却也有不足的地方。比如他们夸大法律的作用,以重典治理国家,以刑去刑,对小错亦实行重罚;比如认为人的本性在于逐利,因此以战功行赏,激励士兵作战,这虽有积极的一面,却往往忽略了道德的标准。但无论怎样,法家学说的创立为统一专制的中央集权制国家的诞生提供了理论依据,这个意义是显而易见的。

屈原

屈原(约前340年—前278年),名平,字原。在《离骚》中有名正则,字灵均一说。战国时期楚国人。著名的诗人、政治家、"楚辞体"的创立者。屈原的远祖是颛顼高阳氏,据《史记·楚世家》载,高阳氏六代孙名季连。周成王时,季氏曾孙熊绎受封于楚,传至熊通,即为楚武王。武王之子封采邑于屈,子孙就以屈为氏,屈姓成为楚的国姓之一。自春秋以来,楚国的很多高官显位都由屈氏担任。

屈原一生的活动与当时的历史变革密切相关。随着周王朝的统治日趋没落,各诸侯国各自为政,竞相争霸,楚国在动荡当中成为了新兴的大国。在七国并立的时代,秦、楚的实力最为强大。屈原辅佐楚怀王

时,七雄间的征战已经如火如荼。屈原最初很受怀王重用,负责国家政令的起草,推行变法,并作为使者两度出使齐国。在怀王之前,已有吴起变法在先,怀王也想有一番作为,因而支持变法更新。然而变法必然会触及到贵族重臣的利益,因此一些大权在握的官员极力反对变法。当时,在朝中与屈原同列的上官大夫向怀王进言说:"王使屈平为令,众莫不知。每一令出,平伐其功,曰以为非我莫能为也。"言其目中无人、居功自傲。怀王听信谗言,开始疏远屈原。与守旧贵族的斗争,除了利益纷争外,还表现在对外政策上。屈原认为应联合齐国,抗击秦国。怀王一度采纳了屈原的主张。在屈原被疏远之后,秦派张仪游说楚国,以土地诱惑其与齐国断交。怀王垂涎秦国的土地,果然绝齐亲秦。然而断交后,秦没有兑现诺言。怀王恼羞成怒,出兵伐秦,结果因孤军作战被打得大败。受形势所迫,怀王再派屈原出使齐国,希望修复邦交。不久,秦昭王提议两国联姻,要求与楚王会面,屈原力谏不能赴会,说:"秦,虎狼之国,不可信,不如无行。"怀王听从儿子子兰的话终于去了秦国,结果被扣留,最后客死他乡。屈原则被逐出朝廷,流放到了汉北地区。怀王死后,顷襄王继位,任弟弟子兰为令尹。当时国人都怪罪子兰劝怀王入楚,同情屈原。子兰于是唆使上官大夫向顷襄王进言诽谤屈原。顷襄王盛怒之下,把屈原流放到了更远的江南地区。屈原辗转在沅、湘一带漂流了近十年。最后自沉汨罗江,以死明志。

秦始皇

秦始皇(前259—前210年),嬴姓,名政,秦庄襄王之子,杰出的政治家、军事家。

于秦昭王四十八年正月生于赵国邯郸。公元前247年，庄襄王死，13岁的嬴政即位，相国吕不韦摄政。公元前238年，嬴政加冕亲政。这一年，宦官、长信侯嫪毐发动政变，秦始皇派昌平君、昌文君率兵围剿，平复叛乱。翌年，嬴政借嫪毐事件免去了"仲父"吕不韦的职务，执掌朝政大权。此后，采纳李斯的建议，重用客卿，派谋士携金帛财物游说、离间列国，以金钱利诱与武力相结合的方略，加快了吞并六国的步伐。

公元前236年，秦乘赵攻燕之机，遣军攻赵，夺得大片土地。此后秦赵战争不断。前228年，秦派王翦、羌瘣攻破邯郸，俘虏赵王。赵名存实亡。秦在赵地设邯郸郡。两年后，王贲率军攻灭燕赵残余势力后，赵彻底灭亡。前227年，燕太子丹使荆轲刺秦王，秦王杀荆轲，派王翦、辛胜攻燕。燕王杀太子丹求和，秦鉴于燕、赵的残部已不足为患，于是暂停进攻。前225年，秦王遣王贲攻魏，引黄河、鸿沟之水灌城。三个月后，魏王出降，魏亡。前223年，秦军攻破楚都寿春，俘虏楚王，楚亡。秦在楚地设立楚郡，不久，又分为九江郡、长河郡和会稽郡。同年，王贲率军进攻辽东，燕王喜被俘，燕亡。秦在燕地设渔阳、辽东等郡。前221年，王贲率秦军由原燕国南部南下进攻齐都临淄，俘齐王建，齐亡。秦在齐设齐郡和琅琊郡。

经过十余年的征战，秦王政扫灭六国，统一了天下，建立了中国历史上第一个高度中央集权的封建国家。秦王自称始皇帝，追庄襄王为太上皇。秦始皇称帝后，仍旧频繁征战，五年间，三攻岭南，北击匈奴，为了防止匈奴的侵扰，还修缮、连接了昔日秦、赵、燕所筑的长城，使其成为屏障。又南征百越，设置了闽中、南海、桂林、象郡四郡，建立起一个以汉族为主体的中央集权的大帝国。为了进一步加强中央集权，设郡县制，三公九卿；收缴天下兵器，迁徙六国贵族和豪富至咸阳附近和四川等地（以便控制）。而为了加强思想领域的控制，他采纳了李斯的主张，下令除了医药、卜筮、种植等书外，其它书籍一律烧毁。翌年，因方士侯生、卢生叛逃，秦始皇下令追究方士、儒生的罪行，坑杀了四百余名儒生。由于国土已经统一，秦始皇开始大兴土木，兴建宫室、陵墓。但因为工程浩大，劳民伤财，激起了人民的反抗，为秦的日后灭亡埋下祸根。前210年，秦始皇在第五次巡游途中病死。不久，即爆发了大规模的农民起义战争。前206年，秦朝灭亡。

商鞅

商鞅（约前390年—前338年），战国时期卫国国君的后裔，公孙氏，故又称为卫鞅、公孙鞅。著名的政治家、法家代表人物。因实行变法，大治秦国而声名显赫。

商鞅受李悝、吴起等人的影响很大，喜好刑名之学，专研以法治国。商鞅曾是魏国宰相公叔痤的家臣，公叔痤知其才能，病重时对魏惠王说："公孙鞅年少有奇才，可任用为相。"又说，"王既不用公孙鞅，必杀之，勿令出境。"魏惠王不以为然。公叔痤死后，商鞅听说秦孝公雄才大略，便带了李悝的《法经》奔赴秦国。见到秦孝公后，商鞅畅谈变法治国之策，秦孝公大喜过望。公元前359年，任商鞅为左庶长，开始变法，后擢升大良造。公元前356年和公元前350年，秦国两次变法，颁行了废井田，开阡陌，实行郡县制，奖励耕织、战斗及实行连坐等措施。为了树立威信，即使太子犯法，亦立即追究太傅和老师的责任。太子太傅公子虔曾一再犯法，被商鞅施以割鼻之刑，昭示天下。由于法令严格，秦国山无盗贼，百姓路不拾遗，日渐强盛。公元前340年，商鞅率秦赵联军攻魏，骗杀魏帅，魏割西河之地与秦，并将国都迁到了大梁。梁惠王不无懊悔地说："寡人恨不用公叔痤之言也。"商鞅因战功被封于商，商鞅之名由此而来。

虽然商鞅变法，让秦国走向了强盛，但由于商君之法太过严酷，无论贵族还是平民都颇多怨恨。赵良曾忧虑地对商鞅说，应"归十五都，灌园於鄙""不贪商于之富，不宠秦国之教"，商鞅不以为然。公元前338年，秦孝公驾崩，太子驷即位，公子虔告商鞅谋反，商鞅于是逃亡至边关，到客舍投宿时，因未出示证件，店家怕遭"连坐"，不敢收留。于是准备逃往魏国，魏人却因商鞅曾背信弃义，不愿收留。商鞅无奈，回到封邑商，发兵北袭郑国。秦随即出兵征讨，杀商鞅于郑国黾池。商鞅死后被处"车裂之刑"示众，商君家族覆灭。

李斯

李斯（？—前208年）字通右，楚国上蔡（今河南上蔡西南）人。著名的政治家、书法家。早年做过郡小吏，后成为荀子的门生。战国末期入秦，为吕不韦舍人，后来当上了秦王政（即秦始皇）的近侍，由于能够经常接近秦王，李斯给秦王上了《论统一书》，劝说秦王灭六国，一统天下。秦王接受了李斯的建议，先任命他为长史，后又拜为客卿，命其制定吞并六国、统一天下的策略和部署。公元前237年，韩国水工郑国利用修水利工程消弱秦国国力，宗室贵族于是借此事件要求秦王逐六国客卿，李斯亦在被逐之列。在被驱逐的途中，他写下《谏逐客书》以期劝阻秦王。在谏书中，他力陈逐客之失，言自孝公、惠王、昭王以来，秦国之所以能富强，蚕食诸侯，无不仰仗客卿之力。如一并驱逐，无异于资助敌国，"损民以益雠"，为了成就大业，应"地无四方，民无异国"，秦王看后深受触动，于是取消了逐客令，并让李斯恢复原职，随后擢升为廷尉。

在得到秦王重用后，李斯以其卓越的政治才能辅佐秦王建立统一大业。仅用了十余年的时间，便相继吞并了六国，建立了统一的秦王朝。李斯被升为丞相。之后，为了巩固秦朝政权，李斯又实行了一系列措施，如废除分封制，实行郡县制，设三公、九卿等。这一整套封建中央集权制度，从根本上铲除了诸侯分裂割据的源头，对巩固国家统一、促进社会发展起了积极作用。此外，李斯还参与制定了法律以及统一文字、度量衡和车轨。在统一文字时，李斯曾亲自以小篆书写了一部《仓颉篇》，当做范本，推行全国。此外，众所周知的"焚书坑儒"，也是李斯为巩固秦政权所提出的建议。

公元前210年，秦始皇病死。李斯追随赵高，合谋伪造了遗诏，逼秦始皇长子扶苏自杀，立少子胡亥为帝。赵高篡权后，李斯以"谋反"罪被杀，夷三族。

汉高祖

汉高祖（前256年—前195年），名刘邦。沛郡丰邑（今属江苏）人，字季（一说小名刘季）。刘邦生性豪爽，不喜欢读书劳作，好酒及色，放荡不羁，被父亲斥为游手好闲的"无赖"。长大后，刘邦做了沛县泗水亭长，在当地小有名气。一次，他送本县刑徒前往骊山（今西安临潼东南）。途中，刑徒陆续逃亡，他干脆释放了其他的刑徒，自己藏隐于芒、砀山泽间。公元前209年，陈胜、吴广起义，在陈（现在河南淮阳）建立了"张楚"政权。同年九月，沛县百姓杀县令，推刘邦为沛公，在萧何、曹参等人的拥戴下，刘邦聚兵三千揭竿反秦。翌年四月，刘邦投奔项梁（项羽的叔叔，为楚国贵族后代），与项羽协同作战。陈胜被杀后，项梁拥立楚怀王的孙子做了楚王，定都盱眙（今属江苏）。后来，项梁战死，刘邦被封为武安侯、砀郡长，并收集陈胜、项梁的残兵西向攻秦，转战半年多，率先进入关中，挺进灞上。秦王子婴见大势已去，献城投降，秦朝灭亡。刘邦进入咸阳后，废秦苛法，与关中父老约法三章："杀人者死，伤人及盗抵罪。"分兵把守关中，很受到百姓拥戴。项羽击溃秦军主力后，也引兵入关。听说刘邦已平定关中，伐灭秦朝，大怒之余，进驻鸿门，准备攻打刘邦。十二月，刘邦见项羽引兵四十万入关，乃委曲求全，听从张良的意见，亲赴鸿门（今西安临潼东北）向项羽谢罪。项羽设宴款待刘邦，其谋士范增在宴席上刺杀刘邦未成，刘邦逃脱。此后，项羽自封西楚霸王，尊楚王为义帝，分封各路将军，共封了十九个诸侯王。刘邦被封为汉王，统领巴、蜀和汉中共四十一县，建都南郑（今属陕西）。分封完毕，刘邦奔赴南郑，烧毁栈道（以示不再返还，也为了避免其他诸侯的袭击）。当时，汉中地荒位偏，人稀物罕，项羽想以此困死刘邦。到达南郑后，汉军将士水土不服，军心涣散。不久，被封在齐国的田荣嫌项羽分封不公，起兵反叛。刘邦见状，与谋士张良商议，决定返回中原。公元前206年，刘邦封萧何为丞相，负责管理后方巴蜀地区，自己和韩信领兵从陈仓（今属陕西）偷渡，迅速东进，先后拿下了河南、洛阳、彭城，正式发动了楚汉战争。项羽听说刘邦攻克了彭城，领

兵驰援，将刘邦打败。此后，刘邦退守荥阳（今属河南），与项羽对峙达十个多月。由于有关中和蜀地的支援，刘邦在相峙中渐占据上风。项羽迫于兵源、粮草困乏，和刘邦讲和，以鸿沟为界，双方东西分治。项羽领兵东返。刘邦听取张良的"敌疲我打"的策略，下令追击项羽。公元前202年冬，两军于固陵（现在河南太康西）交战，汉军被击溃。随后，刘邦大将韩信和彭越进兵，会合各路援军三十万，和项羽决战垓下（今河南鹿邑东，一说安徽灵璧东南）。夜里，围困项羽的汉军唱起了楚国苍凉的歌，使项羽以为汉军已占有全部楚地。项羽突围后被汉军追击，最后自刎而死，楚汉战争结束。刘邦即皇帝位于定陶（今山东定陶西北），建立汉朝。

刘邦在位十二年（从公元前206年计），屡次亲征，陆续平定了燕王臧荼、楚将利几、齐王韩信、阳夏侯陈豨、燕王卢绾、淮南王英布等反叛。他还采纳娄敬"强干弱枝"的建议，把关东六国的强宗大族和豪杰名家十余万人迁至关中定居，剪除隐患。在对外政策上，他休兵养民，以和亲之策结好匈奴，对南越割据政权实行安抚，缓和彼此的关系。公元前195年，刘邦讨伐英布叛乱时中流矢，乃称天命而不治，后病重去世，终年62岁。葬于长陵，谥号高皇帝，庙号高祖。

汉武帝

汉武帝（前156年—前87年），名刘彻，汉景帝刘启第十子，是西汉第五代皇帝。刘彻自小机敏聪慧，胆识过人，深得汉景帝的喜爱。4岁时，被封为胶东王。7岁时，汉景帝改立刘彻为太子。公元前140年，景帝驾崩，刘彻登基，史称汉武帝。刘彻在位之初，大权一直由窦太后掌控。公元前135年，窦太后

死，汉武帝亲政，随即进行了一场大刀阔斧的改革。他接受了董仲舒的治国思想，"罢黜百家，独尊儒术"，所举贤良，皆为儒家，以"天人合一"和"大一统"的思想为依据，制定一系列变通政治、军事的措施。

汉武帝首先对用人制度进行了改革，建立了文官选拔制度，将汉初的军功政府转变成文官政府；公元前127年，颁布"推恩令"，缩小诸侯的封地，削弱相权，打击藩国，结束了千余年的立藩制；公元前114年，杨可主持推行"算缗法""告缗法""均输法"，没收中产以上商人的资产；采纳桑弘羊的建议，将冶铁、煮盐、酿酒和铸钱等归由官营；推广代田法和耧车，兴水利，固黄河，大造人工渠；公元前105年，在全国设置十三部刺史，以加强对地方的统治；改革监察制度，任用酷吏严惩违法官员，加强政府对内、对外的镇压力量等。汉武帝的一系列革新政策，使得经济、文化有了空前的大发展。这一时期，人才辈出，如司马迁、董仲舒、公孙弘、卫青、霍去病、张骞、桑弘羊等，他们都书写过辉煌的篇章。

国内政治、经济安定后，汉武帝便着手反击匈奴，他曾先后十五次出兵讨伐匈奴。公元前127年，与匈奴交战河南，夺取河南地；公元前121年，霍去病与匈奴在河西交战，大败匈奴，将其赶出河西走廊；两年后，再次出击，与匈奴在漠北进行了一次大规模的较量，一举歼灭了匈奴主力。汉朝疆域扩充至西域葱岭。随后，武帝先后两次派张骞出使西域，开辟了举世闻名的"丝绸之路"；又派大将唐蒙开西夷，并两越，疆域拓展至海南，大展汉家雄风。

晚年时期的汉武帝，曾一度奢侈挥霍，求仙信鬼。据史料载，一天夜里，汉武帝梦见上千个木头人冲开房门要打他，第二天醒来，武帝就病了。他不传御医，却怀疑有人以巫蛊之术加害他，于是派江充去调查，结果江充肆意捏造，害死了朝廷内外贤臣良将、无辜百姓达数万人，其中还包括汉武帝的两个公主，及丞相公孙贺。但汉武帝病情并未好转，于是江充又诬陷太子。公元前99年，太子刘据被逼起兵长安，发动政变，欲捕杀江充。长安城内顿时血流成河，死者数万人。太子兵败后，含恨自杀。江充仍不罢休，又指控将军李广利以巫蛊诅咒皇帝，李广利气愤之余，带领七万汉军投奔匈奴。接连的打击让汉武帝幡然醒悟，当即下令诛江充全家，为太子昭雪，并在太子自杀处建思子宫与归来望思之台，纪念太子。"巫蛊之祸"让年近古稀的汉武帝悔恨不已。公元前89年，他东巡至泰山明堂时，对天地神灵、文武百官乃至天下黎民深切忏悔。同年，汉武帝下"罪己诏"，说："增赋税、驻军轮台实乃'扰劳天下'之举，朕废苛政，减赋税，与民休息。"封丞相田千秋为富民侯，与民休息。其时，由于赋役繁重，用民过度，致使齐、楚、燕、赵等很多地区都爆发了农民起义，汉武帝及时醒悟转运危局，让自己的一生有了一个圆满的结局。公元前87年，汉武帝逝世，终年70岁。汉武帝在位54年，其文治武功造就了西汉盛世，使大汉扬威万里。

董仲舒

董仲舒（？年—前104年）（历经惠帝、文帝、景帝、武帝四朝，享年应在80岁以上），广川人（今德州）。著名哲学家，儒家文化的推广和传播者。

董仲舒出生在一个十分富足的地主家庭。自幼学习十分专心刻苦。《汉书·董仲舒传》载："盖三年不窥园，其精如此。"桓谭则说："董仲舒专精于述古，年至六十余不窥园中菜。"由于学业专精，学识渊博，在还不到40岁的时候，董仲舒就有了"汉代孔子"的美誉。做学问的同时，董仲舒也招收了大批学生。他讲学很有特点，在课堂上挂一副帷幔，他在帷幔里面讲，学生在外面听。这样，很多人跟他学了多年，却都没有见过"庐山真面目"。由于广招门生，宣扬儒家经典，董仲舒的声誉也日益扩大，在汉景帝时当了博士，掌管经学讲授。汉武帝即位后，让各地推荐贤良文学之士，董仲舒也被举参加了策问。在对策中，他阐述了天人感应说，论述了神权与君权的关系，并提出了"罢黜百家，独尊儒术"的建议。之后，董仲舒被派到江都易王刘非（汉武帝的哥哥）那里当国相。刘非一直有称霸的野心，想让董仲舒辅助。但是董仲舒借古喻今地对他进行了规劝，指出"仁人者，正其义不谋其利；明其道不计其功。是以仲尼之门，五尺之童，羞称五伯（霸）"，暗示其不要称霸。在江都期间，董仲舒遭遇了一生最大的变故：公元前135年，皇家祭祖的长陵高园殿、辽东高庙发生了火灾，董仲舒认为是宣扬天人感应的好机会，于是带病写就了一份奏章，想以火灾警示汉武帝上天已发怒。结果奏章还没呈上，主父偃到了董家做客，看见奏章，因妒董仲舒之才，就把奏章草稿偷走，交给了汉武帝。武帝看后大怒，决定处死董仲舒。后怜其才，赦免了死罪，仅罢其国相之职。从此，董仲舒不敢再说灾异之事，又开始讲学授徒，教了十年《公羊春秋》。公元前125年，公孙弘推荐董仲舒做胶西王刘瑞的国相。刘瑞也是汉武帝的哥哥，性情凶残蛮横，曾经做过他国相的人很多都死于非命。由于董仲舒是大儒，刘瑞对其很是敬重。但董仲舒一直提心吊胆，小心谨慎，唯恐遭到不测。公元前121年，他以老病为由，辞归故里。仕禄生涯从此划上了句号。公元前104年，董仲舒在家中病卒，葬于京师长安西郊。董仲舒的著作很多，但大部分已经失传，只有《春秋繁露》一书流传了下来。而根据考证，《春秋繁露》也是后人辑录董仲舒的遗作而成，大概成于隋唐时期。

司马迁

司马迁（约前145年—？年），字子长。西汉史学家、文学家。左冯翊夏阳（今陕西韩城西南）人。生于汉景帝中元五年（前145年），一说生于汉武帝建元六年（前135年），卒年不可考。司马迁十岁开始学习古文书传。约在汉武帝元光、元朔年间，向今文家董仲舒学《公羊春秋》，又向古文家孔安国学《古文尚书》。20岁时，从京师长安南下漫游，足迹遍及江淮流域和中原地区，所到之处考察风俗，采集传说。不久官拜郎中，成为汉武帝的侍卫和扈从，多次随驾西巡。曾出使巴蜀。元封三年（前108年），司马迁继承父亲司马谈之职，任太史令，掌管天文历法及皇家图籍，因而得读史官所藏图书。太初元年（前104年），与唐都、落下闳等共订《太初历》，代替了由秦沿袭下来的《颛顼历》。此后，司马迁开始撰写《史记》。天汉二年（前99年），李陵出击匈奴兵败投降，司马迁为李陵辩护，触怒汉武帝，获罪下狱。第二年，受腐刑。太始元年（前96年），汉武帝改元大赦天下。司马迁出狱后任中书令，发愤著书。征和二年（前91年），全书完成，共130篇，52万余言。《史记》是中国第一部纪传体通史，对后世史学影响深远。其语言生动，形象鲜明，不但是史学著作，也是优秀的文学作品。值得一提的是，司马迁撰写的《报任安书》也为历代传颂。《报任安书》记述了他下狱的始末和著书的抱负。在讲述受腐刑时，情感痛心疾首，"人固有一死，死有重于泰山，或轻于鸿毛，用之所趋异也。太上不辱先，其次不辱身，其次不辱理色，其次不辱辞令，其次诎体受辱，其次易服受辱，其次关木索、被箠楚受辱，其次剔毛发、婴金铁受辱，其次毁肌肤、断支体受辱，最下腐刑极矣。"讲狱中遭遇的种种，"今交手足，受木索，暴肌肤，受榜箠，幽于圜墙之中，当此之时，见狱吏则头抢地，视徒隶则心惕息。何者？积威约之势也。"讲忍辱偷生的万般无奈，"所以隐忍苟活，幽于粪土之中而不辞者，恨私心有所不尽，鄙陋没世，而文采不表于后也。"所谓"私心"，即《史记》尚未完成。因此忍辱负重，以期得到转机。透过《报任安书》，人们能够了解到一个真实的司马迁。

司马相如

司马相如（前179年—前117年），字长卿，蜀郡成都（今四川成都）人。西汉文学家，初名犬子，因慕战国时人蔺相如，改名司马相如。他年少时好读书舞剑，曾任景帝武骑常侍。做武骑常侍并非相如的爱好，而且汉景帝并不喜欢辞赋。这时，梁孝王来京朝见景帝，跟他一起来的有齐郡人邹阳、淮阴人枚乘、吴县人庄忌先生等，这些人都很善于游说。相如与这些人非常投契，遂以生病为由辞掉官职，旅居梁国。在梁国，相如与读书人、游说之士共处了几年，写出了华美的《子虚赋》。梁孝王死后，相如返归蜀地。回蜀时，路过临邛，通过知县好友结识了富商卓王孙的寡女卓文君。卓文君通晓音律，仰慕相如，在相如以琴心相挑之后，二人连夜私奔。他们先是到了相如的成都老家。因相如家徒四壁，遂又返回临邛，以卖酒为生。由于文君当垆卖酒，卓王孙无奈之下给了文君夫妇钱百万，奴仆百人，二人于是又回到成都，过起了富足的生活。两人的姻缘就此成了一段佳话，为后世文学、艺术创作所取材。汉景帝之后，汉武帝即位。他见到相如的《子虚赋》后大为赞赏。经杨得意推荐，他召见了相如。相如再为武帝作《上林赋》。由于赋的内容别出心裁，词藻华美，武帝欣喜不已，先拜相如为郎，再拜为中郎将。任职期间，相如奉命出使西南，对沟通汉族与西南少数民族的关系起了积极的作用。其间，写下《喻巴蜀檄》《难蜀父老》等文。后被指控出使受贿，免官。临死写下《封禅书》遗留后世。

司马相如的文学成就主要是辞赋。武帝时文人，文莫若司马迁，赋莫若司马相如。《汉书·艺文志》著录"司马相如赋二十九篇"。今存《子虚赋》《上林赋》《大人赋》《长门赋》《美人赋》《哀秦二世赋》等6篇。其代表作《子虚赋》《上林赋》虽非一时一地之作，但内容前后衔接，故司马迁在《史记》中将它们看做一篇，统称《天子游猎赋》，概括其主旨为讽谏。相如赋重铺排、修饰，极富文采美与韵律美，为汉代散体大赋确立了较成熟的形式，汉赋亦因此成了一代鸿文。明代张溥辑有《司马文园集》，收入《汉魏六朝百三家集》。

诸葛亮

诸葛亮（181年—234年），字孔明，号卧龙，卒谥"忠武侯"。三国时期杰出的政治家、军事家、外交家。出生于琅琊郡阳都县（今山东沂南县）的一个官吏之家。诸葛氏为琅琊的望族，先祖诸葛丰，曾在西汉元帝时做过司隶校尉（卫戍京师的长官）。诸葛亮父亲诸葛珪，在东汉末年做过泰山郡丞。诸葛亮3岁时丧母，8岁时丧父，与弟弟诸葛均一起跟随由袁术任命为豫章太守的叔父诸葛玄到豫章赴任。后来，朝廷改派朱皓为豫章太守，诸葛玄于是投奔好友荆州牧刘表。

建安二年（197年），诸葛玄病逝。诸葛亮和弟弟失去了生活依靠，便移居南阳（一说为河南南阳卧龙岗；一说是地处湖北襄阳之西二十里的隆中）隐居乡间耕种。建安四年（199年），诸葛亮与友人徐庶等从师于水镜先生司马徽。建安十二年（207年），诸葛亮27岁时，刘备"三顾茅庐"，会见诸葛亮，问以统一天下大计。诸葛亮精辟地分析了当时的形势，提出了先夺取荆、益作为根据地，然后对内改革政治，对外联合孙权，南抚夷越，西和诸戎，等待时机，再兴兵北伐，从而统一全国的战略思想。此番谈话即著名的《隆中对》。刘备听后豁然开朗，觉得诸葛亮是难得的人才，于是恳请诸葛亮出山，帮他完成兴复汉室的大业。诸葛亮遂出山辅佐刘备。建安十三年（208年），诸葛亮说服孙权与刘备结盟，联合抗曹，大败曹军于赤壁，形成三国鼎足之势，夺占荆州。建安十六年，诸葛亮与关羽、张飞、赵云镇守荆州，又取益州，继而又败曹军，夺得汉中。建安十九年（214年），诸葛亮留关羽守荆州，与张飞、赵云率兵与刘备会师。刘备进成都，掌管巴蜀。诸葛亮任军师将军，署左将军，兼任大司马府事。蜀章武元年（221年），刘备在成都建立蜀汉政权，诸葛亮被任命为丞相，主持朝政。蜀建兴元年（223年），刘备病危，在白帝城托孤诸葛亮。刘备死后，刘禅继位。诸葛亮封武乡侯，领益州牧。他更

加勤勉谨慎，大小政事必亲自处理，赏罚严明。其间，与东吴联盟，改善和西南各族的关系，实行屯田，加强战备。建兴五年（227年），上疏《出师表》，率军出驻汉中，先后六次北伐中原，多因粮尽退军。十二年，诸葛亮再次北伐，因积劳成疾，于八月病故于五丈原军中。

诸葛亮曾上表后主曰："成都有桑八百株，薄田十五顷，子弟衣食，自有余饶。至于臣在外任，无别调度，随身衣食，悉仰于官，不别治生，以长尺寸。若臣死之日，不使内有余帛，外有赢财，以负陛下。"死后，皆如其所言。景耀六年（263年）春，后主为诸葛亮立庙于沔阳。诸葛亮的主要著述有：《前出师表》《后出师表》（有认为该篇系后人伪作）《隆中对》。在《三国志》中载有《诸葛氏集目录》24篇，十万余字。后人著述，以清人张澍辑本《诸葛忠武侯文集》较为完备。

曹操

曹操（155年—220年），字孟德，小名阿瞒，沛国谯郡（今安徽省亳州市谯城）人。东汉末年杰出的政治家、军事家和诗人。在政治上，他消灭了诸多割据势力，统一了北方。在文化方面，有以他和两个儿子（曹丕、曹植）为代表的建安文学，史称"建安风骨"，在文学史上留下了光辉的一页。

曹操出生于一个显赫的宦官家庭。曹操的祖父曹腾，是东汉末年宦官集团十常侍中的一员，汉相国曹参的后人。父亲曹嵩，为曹腾的养子。曾先后任司隶校尉、大司农、太尉等官。灵帝熹平三年（174年），曹操被举为孝廉，入洛阳为郎。不久，任洛阳北部尉。曹操一到职，即申明禁令、严肃法纪，"京师敛迹，无敢犯者"。灵帝中平元年（184年），

黄巾起义爆发，曹操被拜为骑都尉，与卢植等人合军进攻颍川黄巾军，大破之，斩首数万级。随即迁为济南相。在济南相任上，因不愿迎合权贵，托病回归乡里，过起了隐居的生活。中平五年（188年），汉灵帝为巩固统治，设置西园八校尉，曹操因其家世被任命为典军校尉。翌年，董卓进洛阳，废少帝，立献帝刘协，后又杀太后及少帝，自称相国。曹操见董卓倒行逆施，遂改易姓名逃出京师。至陈留后，组织军队，准备讨伐董卓。献帝初平元年（190年）正月，关东州郡牧守起兵讨董，推袁绍为盟主。曹操亦参加。初平三年（192年），司徒王允与吕布设计杀死董卓。董卓部将李傕、郭汜等攻陷长安，关中顿时陷入混乱。是时，州郡牧守各据一方，形成了诸侯割据的局面。

兴平二年（195年），曹操于巨野大破吕布。建安元年七月，被董卓劫持的汉献帝回到洛阳。八月，曹操到洛阳朝见献帝，将其挟持至许昌，从此取得了"挟天子以令诸侯"的优势。此后东征西讨，开始了剿灭群雄、统一北方的战争。

当时，曹操的北侧有实力雄厚的袁绍；南边，为袁术；东南，为吕布；正南，为刘表；西边，则是关中诸将。建安三年（198年）九月，曹操东征吕布。十二月，吕布投降。同年十二月，曹操屯兵官渡，准备迎击袁绍。建安五年二月，袁绍派大将颜良等人进兵白马，自率大军进屯黎阳，向曹操发动进攻。四月，曹操亲自北上解白马之围。他采纳谋士荀攸之计，以声东击西之法大败袁军。八月，袁绍进逼官渡。曹操分兵坚守营垒，伺机而动。两军一攻一守，相持近两个月。十月，袁绍屯粮草于乌巢。这时，袁绍谋士许攸投奔曹操，献计偷袭乌巢。曹操于是亲率精锐步骑，夜袭乌巢，尽焚袁绍粮草。袁军遂溃

散。官渡一战，曹操力挫袁绍，统一北方大势所趋。

建安七年，袁绍病死。曹操陆续出兵，清扫袁氏残余势力。至建安十三年六月，袁绍余势被肃清，与袁氏交好的三郡乌桓也被攻破。在基本平定北方后，曹操兵锋转而南向。建安十三年七月，南征荆州刘表。九月，刘琮（刘表之子）投降曹操。这时，官渡之战后投奔刘表的刘备屯驻于樊城，听说刘琮投降后，便率军向江陵撤退。曹操怕江陵落入刘备之手，亲率五千骑兵疾驰追赶，在当阳长坂将刘备军队击溃，进占江陵。

由于曹操的进军对孙权构成了威胁，孙权于是与刘备联军共抗曹操。曹操自江陵东下，至赤壁与孙、刘联军接战不利，暂驻军于乌林与对方隔江相峙。不久，两军在赤壁交战，周瑜以诈降之计火烧曹军。曹操大败，撤军北还。建安十六年，曹操平定关中。建安十八年，曹操发兵四十万，亲征孙权。两军相持月余，各无所获。曹操再次北还。五月，汉献帝封曹操为魏公，加九锡，割冀州的河东、魏郡等十郡以为魏国封地。七月，曹操建魏国社稷宗庙，在魏国内设置尚书、侍中。建安二十年十一月，汉中又为曹操所有。建安二十四年七月，刘备大将关羽从荆州袭击曹操的东南防线襄、樊一带。曹操派于禁往救樊城。八月，关羽水淹于禁七军，乘势包围樊城。此时，孙权主动联合曹操以偷袭江陵解襄、樊之围。不久，江陵被克。关羽撤兵。曹操在取得荆州后，表孙权为骠骑将军、荆州牧。孙权遣使入贡，向曹操称臣。建安二十五年正月（220年），曹操还军洛阳。当月，病死洛阳。同年十月，曹丕代汉称帝，国号魏，追尊曹操为太祖武皇帝。

曹植

曹植（192年—232年），字子建，沛国谯县（今安徽亳州市）人。三国时魏国诗人。曹操第三子，母亲卞氏。曹植自幼颖慧，十余岁即能诵读诗、文、辞赋数十万言，出言为论，下笔成章，深受曹操宠爱。曹操曾经认为曹植在诸子中"最可定大事"，几次想要立他为太子。然而曹植行为放任，屡犯法禁，这让曹操十分不满，而他的兄长曹丕则颇能矫情自饰，最后在立储斗争中渐占上风，于建安二十二年（217年）被立为太子。建安二十五年（220年），曹操病逝，曹丕继魏王位，不久称帝。曹植的生活从此发生了巨变，从最初优游宴乐的贵公子，变成了处处受限制和打击的对象。黄初二年（222年），贬爵安乡侯，后改封鄄城侯；三年，徙封东阿。四年，徙封雍丘王。黄初七年（226年），曹丕病逝，曹叡继位，即魏明帝。曹叡对曹植仍十分戒备。曹植曾几次上疏，希望能够得到任用，都未能如愿。在文帝（曹丕）、明帝执政的二十几年中，曹植颇不得志，屡遭贬爵和改换封地。太和六年（232年），曹植卒，终年41岁，谥"思"。曹植最后的封地在陈郡，后人又称他为"陈王"或"陈思王"。

诗歌是曹植文学活动的主要领域。这里还有必要提到文学史上的建安时期，是指汉献帝建安时至魏初的一段时间。这时的文学，以诗歌的成就最为显著。后人遂以"建安风骨"称誉这一时期的文学作品。其代表作家即有"三曹"：曹操、曹丕、曹植。曹植的生活和创作，以曹丕继位为界，分前后两期。前期颇多豪情壮志之作，如《白马篇》《名都篇》等；亦有少数关涉社会、反映动乱残破现实的作品，如《送应氏》等；有关游乐、宴饮的作品也有很多。后期的作品中，诗如《赠白马王彪》《野田黄雀行》《七步诗》《泰山梁甫行》；文如《求自试表》《求通亲亲表》；赋如《洛神赋》等。这些作品或诉说骨肉相残、屡遭疑忌之苦痛；或抒发有志不能施逞之悲愤；或申述己志；或悯惜世乱，多忧患慷慨之音，风格渐趋沉郁内敛，多比兴寄托手法，十分婉曲。曹植的诗、传、文、赋俱佳，而诗作尤为出众。钟嵘《诗品》谓其"骨气奇高，词采华茂，情兼雅怨，体被文质，集溢今古，卓尔不群"，推之为"建安之杰"。原有集，已佚。今存南宋嘉定六年刻本《曹子建集》10卷，辑录诗、赋、文共206篇。明代郭云鹏、汪士贤、张溥诸人各刻有《陈思王集》。清代有丁晏的《曹集铨评》，朱绪曾的《曹集考异》，对各篇细加校订，并增补了不少佚失的文字，为较好的两个本子。近人黄节有《曹子建诗注》，古直的《曹植诗笺》等。

嵇康

嵇康（223年—262年），字叔夜，谯郡铚县（今安徽宿州）人。祖先姓奚，会稽上虞人。"竹林七贤"（另六人为阮籍、向秀、山涛、刘伶、阮咸、王戎）的领袖人物。三国时魏末著名的诗人、音乐家，玄学的代表人物之一。嵇康幼年丧父，有奇才，卓尔不群。后娶曹操曾孙女为妻，在曹氏当权时，曾做过中散大夫。后来家道清贫，常与向秀在树下打铁谋生。有一次，司马氏的宠臣钟会率众前来拜访，嵇康只顾低头打铁，并不说话。钟会尴尬不已，正要离去时，嵇康问道："何所闻而来？何所见而去？"钟会极富辩才，立即应道："闻所闻而来，见所见而去"，说完拂袖而去。嵇康从此与权臣结下了怨仇。

嵇康"性烈而才隽"，为人耿直。好友王

戎和他交往二十年，不曾见他怒色相向，但嵇康得知山涛推举自己代他为官后，竟愤而修书与其绝交，言辞犀利，锋芒毕露。嵇康博学多才，熟知音律。他在《琴赋》序中说："余少好音声，长而习之，以为物有盛衰而此无变。滋味有厌，而此不倦。"据刘籍《琴议》载：嵇康曾从杜夔之子杜猛处学得《广陵散》。嵇康酷爱此曲，经常弹奏。有很多人慕名前来求教，嵇康概不传授。前一恨与此一爱，可见嵇康的愤世嫉俗、桀骜不驯。由于性情刚烈，嵇氏与当权者司马氏结仇，招来杀身之祸。临刑前，有三千太学生为其求情，终不得免。嵇康死前索琴弹奏了一曲《广陵散》，慨然长叹道："《广陵散》如今绝矣。"死时年仅40岁。

嵇康的文学创作，主要集中在诗歌和散文上。今存诗50余首，以四言诗居多。《隋书·经籍志》录其著作13卷（亦有15卷本），宋代时原集部分散失，仅剩10卷。明代诸本卷数与宋本同，但篇数减少。明本常见的有汪士贤刻《嵇中散集》，张溥刻《嵇中散集》等。1924年，鲁迅辑校《嵇康集》，后收入《鲁迅全集》中。

阮籍

阮籍（210年—263年），三国魏诗人。字嗣宗。陈留尉氏（今属河南开封市）人。是建安七子之一阮瑀的儿子。曾任步兵校尉，世称阮步兵。崇奉老庄之学，政治上则采取谨慎避祸的态度。与嵇康、刘伶等七人为友，常集于竹林之下肆意酣畅，世称"竹林七贤"。其作品今存赋6篇、散文较完整的有9篇、诗90余首。诗歌代表了阮籍的主要文学成就。

阮籍曾随叔父到东郡，兖州刺史王昶对阮籍很仰慕，见面后，阮籍终日不说一句话，愈发让人觉得深不可测。太尉蒋济听闻阮籍有隽才，便盛邀其入幕。阮籍写下一篇记曰："伏惟明公以含一之德，据上台之位，英豪翘首，俊贤抗足。开府之日，人人自以为掾属；辟书始下，而下走为首。昔子夏在于西河之上，而文侯拥篲；邹子处于黍谷之阴，而昭王陪乘。夫布衣韦带之士，孤居特立，王公大人所以礼下之者，为道存也。今籍无邹、卜之道，而有其陋，猥见采择，无以称当。方将耕于东皋之阳，输黍稷之余税。负薪疲病，足力不强，补吏之召，非所克堪。乞回谬恩，以光清举。"蒋济最初以为阮籍一定不会来，得到阮籍的手记后欣慰不已，立即派人去迎，结果阮籍早已经走了，蒋济大怒。乡亲见太尉动怒了，都来劝阮籍，阮籍这才赴请。后以疾病为由辞去官职。不久，再做尚书郎。可是没多久，又以生病为由离去。曹爽辅政时，召阮籍为参军。阮籍称疾，回归田里。仅仅一年之后，曹爽就被司马懿所杀。时人无不佩服阮籍远识。此后，阮籍还担任过从事中郎。高贵乡公即位，阮籍封关内侯，徙散骑常侍。关于阮籍的故事有很多，从中我们能对阮籍的生平、秉性有多一些的了解。

阮籍所在的时代，正值魏、晋纷乱之际，名士少有能保全者。阮籍见状，便不理世事，经常喝得酩酊大醉。司马昭很想和阮籍结亲，阮籍知道后，竟大醉六十日。司马昭只得作罢。钟会曾多次问他时事，想找机会治他的罪，他都因烂醉而得免。阮籍曾从容地对司马昭说："籍平生曾游东平，乐其风土。"司马昭听后非常高兴，拜他为东平相。阮籍骑驴赴任，到了之后就把府舍的围墙统统推倒，路人能一目了然地看到里面。如此一来，办公通透，法令清简。不多久，阮籍回京，任从事中郎。有官员说有儿子杀害了母亲，阮籍听后说："嘻！杀父亲可以，更何况杀母亲！"闻者无不怪其失言。司马昭召他问道："杀父，天下罪大恶极之事，你认为可以吗？"阮籍回答说："禽兽知母而不知父，杀父，是禽兽的作为。杀母，禽兽不如啊！"众人这才明白。阮籍曾听说步兵厨营会酿酒，贮有美酒三百斛，于是主动求做步兵校尉。司马昭自封晋公、备九锡时，很多人都写"劝进文"，阮籍因大醉忘了写，使者已经进门，他还在据案大睡。使者叫醒他，他挥笔立就，辞甚清壮。阮籍还有个著名的本事，就是翻白眼。见到不喜欢的人，他就以白眼对待。比如母亲过世时，嵇喜来吊丧，他翻白眼不理人。嵇喜回去后不久，嵇康（嵇喜的弟弟）拿着酒带着琴来了，阮籍一看大悦，立即以青眼示人。由此，阮籍得罪了不少礼法之士，却因司马氏的庇护而每每得以保全。景元四年（263年）冬，阮籍去世，时年54岁。

陶渊明

陶渊明（？—427年），东晋人，字元亮，名潜，世称靖节先生，自称五柳先生。出身于落魄仕宦家庭。曾祖父陶侃，为东晋开国元勋，军功卓著，官至大司马，都督八州军事，荆、江二州刺史，封长沙郡公。祖父陶茂、父亲陶逸都做过太守。至陶渊明时，陶家已开始衰败。陶渊明8岁时丧父，他和母妹三人多在外祖父孟嘉家里生活。孟嘉是当时名士，据《晋故征西大将军长史孟府君传》载，他"行不苟合，年无夸称，未尝有喜愠之容。好酣酒，逾多不乱；至于忘怀得意，融然远寄，旁若无人"。外祖父的言行对陶渊明影响很大，其后来的个性、修养，无不具有外祖父的遗风。孟家藏书丰富，在寄住的

日子里，陶渊明阅读了大量的历史典籍，在学者以《老》《庄》为宗而黜《六经》的两晋时代，他除了学习《老子》《庄子》，还学习了儒家的《六经》和文、史以及神话一类的"异书"，为自己奠定了良好的文学修养。

陶渊明少有大志。孝武帝太元十八年（393年），他出仕任江州祭酒。由于当时门阀制度森严，陶渊明出身庶族，很不被重视，不久即辞官离去。安帝隆安四年（400年），陶渊明到荆州，投入桓玄门下做属吏。这时的桓玄，野心勃勃，一直伺机篡夺东晋政权。陶渊明入幕后很是后悔，他在诗中写道："如何舍此去，遥遥至西荆。"（《辛丑岁七月赴假还江陵夜行涂口》）"久游恋所生，如何淹在兹？"（《庚子岁五月中从都还阻风于规林其二》）对宦途的无常，发出了深长的叹息。第二年冬天，陶渊明辞官回家。元兴二年（403年），桓玄在建康篡位，改国为楚，把安帝幽禁在浔阳。躬耕在家的陶渊明对此愤懑不已。元兴三年，建军武将军、下邳太守刘裕，联合刘毅、何无忌等官吏，自京口（今江苏镇江）起兵讨伐桓玄，桓玄兵败西走，陶渊明投入到刘裕的幕下任职。

刘裕进入建康后，整顿吏治，"内外百官，皆肃然奉职，风俗顿改"。他的雄才大略，让陶渊明一度对他抱有好感。但是不久，刘裕即开始大肆剪除异己，凭私情任用官吏，这让陶渊明倍感失望，于是再次辞职。义熙元年（405年），他短暂地在建威将军、江州刺史刘敬宣幕下任职，不久亦离去。同年秋，叔父陶逵介绍他任彭泽县令。在任81天，浔阳郡派督邮来彭泽县，属史说："应该束带迎接。"陶渊明叹道："我岂能为五斗米向乡里小儿折腰。"当天即解印绶离职，赋《归去来兮辞》。归隐后的陶渊明，与夫人翟氏安贫乐贱，耕种自给。最初生活还

算惬意，"方宅十余亩，草屋八九间，榆柳荫后檐，桃李罗堂前"，宅边还种满了菊花。义熙四年，因住地失火，陶家迁至栗里，生活逐渐困顿，靠朋友接济及借贷过活。义熙年末，有一名老农清晨携酒来访，劝他出仕，被他婉言谢绝。陶渊明好酒，他的老友颜延之，任始安郡太守。经过浔阳时，每天都到陶家饮酒。临走时留下两万钱，被陶渊明全部送到酒家，继续饮酒。元嘉元年（424年），江州刺史檀道济到陶家拜访。这时的陶渊明，病饿交加。檀道济劝道："贤者在世，天下无道则隐，有道则至。今子生文明之世，奈何自苦如此？"陶说："潜也何敢望贤，志不及也。"檀道济送他粱肉，被他挥而去之。固穷守节的志趣，可谓老而弥坚。元嘉四年（427年）九月，陶渊明为自己作了《挽歌诗》三首，不久即离世。其好友颜延之为他写下《陶征士诔》，赠其"靖节"的谥号，褒扬了他一生的名节和品格。陶渊明今存诗125首，文章12篇。陶氏诗作成就最高，有"田园诗人"的美誉。

玄奘

玄奘（约600年—约664年），俗姓陈，名祎，河南洛州缑氏县（今河南省洛阳市偃师区南境）人。玄奘少时因家境困难，随兄长住在洛阳净土寺，学习佛经。13岁时洛阳度僧，破格入选。唐高祖武德五年（622年），在成都受具足戒。贞观元年（627年），玄奘到长安，从道岳、法常、僧辩、玄会诸师钻研《俱舍》《摄论》《涅槃》，很快就穷尽各家学说，誉满京师。玄奘觉得多年来在各地讲筵所闻，异说不一，尤其是当时流行的《摄论》《地论》两家有关法相之说不能统一，很想得到总赅三乘学说的《瑜伽师地论》，以求会通一切，于是决心往印度求法。当时出国之禁很严，他表请赴印，未得许可。贞观三年（629年），北方连遭灾荒，朝廷准许道俗四出就食，玄奘得便西行。

玄奘潜行到达瓜州，得胡人西盘陀导送，夜渡瓠颅河。从此只身冒险，过玉门关外五烽，度莫贺延沙碛，拉开了西行的序幕。在高昌，他受到了高昌王麴文泰的礼遇，二人结为兄弟。离开高昌后，过阿耆尼、屈支等国，越凌山抵达素叶城，和叶护可汗相见。后玄奘凭可汗陪送的使者和致沿途诸国的信件，顺利地越过大雪山，经过西域笯赤建等十国。此后一路向东，进入印度北境。沿途，玄奘不时停留参学。两年后，玄奘到达磔迦国，学《经百论》《广百论》；到那仆底国，学《对法论》《显宗论》；到阇烂达罗国，学《众事分毗婆沙》；到宰禄勤那国，学《经部毗婆沙》；到秣底补罗国，学《辩真论》《随发智论》；到曲女城，学《佛使毗婆沙》《日冑毗婆沙》。贞观五年，抵摩揭陀国的那烂陀寺受学于戒贤。在那烂陀寺，玄奘度过了五年，备受优待，还被选为通晓三藏的十德之一（精通五十部经书的十位高僧之一）。前后听戒贤讲《瑜伽师地论》《顺正理论》及《显扬圣教论》《对法论》《集量论》《中论》《百论》及因明、声明等学。贞观十年，玄奘离开那烂陀寺，先后到伊烂钵伐多国、萨罗国、安达罗国、驮那羯磔迦国、达罗毗荼国、狼揭罗国、钵伐多国，访师参学。他在钵伐多国停留两年，研习《正量部根本阿毗达磨论》及《摄正法论》《成实论》等，然后重返那烂陀寺。回那烂陀寺后，应戒贤三藏之嘱，为寺众讲《摄论》《唯识抉择论》，并沟通了当时大乘学说中"瑜伽""中观"两家的论争，著《会宗论》三千颂，得到戒贤三藏和诸大德的赞许。接着他与戒日王会晤，颇受礼遇。戒日王决定以玄奘为论主，在曲女城召开佛学辩论大会，有五印18个国王、3000个大小乘佛教学者及外道2000人参加。当时玄奘讲论，无一人能诘难，一时名震五印，被大乘尊为"大乘天"，被小乘尊为"解脱天"。戒日王又坚请玄奘参加无遮大会（即各地的僧侣聚集在一起辩论，历时75天，由戒日王主持）。之后，玄奘携带600多部佛经和各种佛像，启程东归。

贞观十九年（645年）正月，玄奘回到长安。史载，当时"道俗奔迎，倾都罢市"，受到了人们热烈的欢迎。不久，唐太宗接见并劝其还俗出仕，玄奘婉言辞谢。之后便留长安弘福寺译经，由朝廷供给所需，并召各地名僧20余人助译。同年九月，译成《大菩萨藏经》20卷。显庆三年（658年），玄奘移居西明寺，因常为琐事所扰，迁往玉华寺。次年始译《大般若经》。龙朔三年（663年）冬，译经完成，多达600卷。在译完《大般若经》后，玄奘深感身心日衰，到麟德元年（664年）译出《咒五首》1卷后，不再事翻译，专精行道。麟德元年（664年）二月五日，玄奘圆寂。从回长安到辞世，在近二十年的时间里，玄奘译佛学经典1335卷。所译之经，世称"新译"。玄奘与鸠摩罗什、真谛并称为中国佛教三大翻译家。

李白

李白（701年—762年），字太白，祖籍陇西成纪（今甘肃省静宁县）。隋朝末年，迁徙到中亚碎叶城（吉尔吉斯斯坦托克马克），李白即诞生于此。5岁时，李家迁入绵州彰明县（今四川江油市）。20岁时，只身出川，开始了广泛漫游，南到洞庭湘江，东至吴、越，寓

居在安陆（今湖北省安陆市）。他到处游历，广交朋友，干谒名流，希望由此得到引荐，从而入仕实现自己的理想和抱负。可惜十年漫游，一事无成。他又继续北上太原、长安，东到齐、鲁各地，并寓居山东任城（今山东济宁）。这时他已结交了不少名流，创作了大量优秀诗篇。

李白在长安期间，结识了卫尉张卿，通过他向玉真公主献了诗。在长安，李白还结识了贺知章。李白与贺知章的结识颇有趣味：一次，李白去紫极宫，意外遇见贺知章。李白早就拜读过贺老的诗，这次邂逅让他欣喜不已，立刻上前拜见，并呈上袖中的诗本。贺知章读后十分欣赏《蜀道难》和《乌栖曲》，竟兴奋地解下衣带上的金龟叫人去换酒与李白共饮。李白诗歌的瑰丽与潇洒出尘的风采令贺知章惊异万分，叹道："子，谪仙人也（你是不是太白金星下凡到了人间）？"由于玉真公主和贺知章的交口称赞，唐玄宗看了李白的诗赋，亦对其十分仰慕。天宝元年（742年），玄宗召李白进宫。李白进宫当天，玄宗降辇步迎，"以七宝床赐食于前，亲手调羹"。玄宗问到一些当世事务，李白对答如流。玄宗大为赞赏，令李白供奉翰林，陪侍左右。然而好景不长，因权贵的谗毁，李白被赐金放还。出京后，他在江、淮一带盘桓。天宝十四年（755年）冬，安禄山叛乱。李白隐居于庐山。永王李璘被赴蜀中避难的玄宗临时任命为江淮兵马都督，率军东下，李白应邀入幕为从事。由于手握重兵，李璘很快谋反，结果兵败被诛。李白受牵连长流（即长期流放）夜郎。乾元二年（759年），李白行至巫山时，遇朝廷大赦，得免。他随即顺长江而下（著名的《早发白帝城》即写于此时）。到了江夏，由于老友良宰正在当地做太守，李白便逗留了一阵。不久，又

回到宣城、金陵旧游之地。随后在差不多两年的时间里，他往来于两地之间。上元二年（761年），已经花甲之年的李白因病返回金陵。在金陵，他的生活十分困顿窘迫，不得已只好投奔了在当涂做县令的族叔李阳冰。上元三年（762年），李白病重，在病榻上把手稿交给了李阳冰，赋《临路歌》后与世长辞（按：李白之死还有其他说法），终年62岁。

杜甫

杜甫（712年—770年），字子美，号少陵野老。唐肃宗时，官左拾遗。后入蜀，友人严武推荐他做剑南节度府参谋，加检校工部员外郎。后世又称他为杜拾遗、杜工部。杜甫是唐代伟大的现实主义诗人，有"诗圣"之誉，和诗仙李白并称"李杜"。

杜甫原籍湖北襄阳，生于河南巩县，为初唐诗人杜审言之孙。7岁始作诗文。9岁习大字。14岁时，即有壮游诗曰："习孥十四五，出游翰墨场，斯文崔魏从，以我似班扬。"此后十余年间，杜甫先后游历了晋、吴越、齐赵。24岁时，从吴越归东都，举进士，不第。此后仍在外游历。33岁时，与李白相遇，二人结下了深厚的友谊，继而又遇高适，三人同游梁、宋。玄宗天宝五年（746年），杜甫35岁。自齐、鲁回归长安。这一时期，杜甫再次应试科举，仍不第。后来向皇帝献赋，向贵人投赠，过着"朝扣富儿门，暮随肥马尘，残杯与冷炙，到处潜悲辛"的生活，最后得到了右卫率府胄曹参军的职位。生活的落拓让杜甫对现实社会深有感触，写下了大量批评时政、讽刺权贵的优秀诗篇。其中，以《自京赴奉先县咏怀五百字》最为著名。

玄宗天宝十五年（756年），安史之乱爆发。唐玄宗奔蜀，肃宗在灵武即位。潼关失守后，杜甫把家安置在鄜州，独自去投奔肃宗。中途被安史叛军俘获，押到长安。后来潜逃至凤翔行宫，拜左拾遗。不久，宰相房琯获罪，杜甫上疏直谏，被贬为华州司功参军。肃宗乾元二年（759年），史思明称燕王。杜甫自东都赴华州，途中眼见长安混乱，民不聊生，心中感愤不已写下"三吏"（《石壕吏》《新安吏》《潼关吏》）、"三别"（《新婚别》《无家别》《垂老别》）等。随着九节度官军在相州大败和关辅饥荒，杜甫弃官，携家随百姓逃难，经秦州、同谷等地，到达成都，在浣花溪寺过了一段比较安定的生活。严武入朝后，蜀中军阀作乱，他漂泊至梓州、阆州，后又返回成都。严武死后，他再度飘泊，在夔州住了两年，继又漂流到湖北、湖南一带。其间，完成了《水槛遣心》《春夜喜雨》《茅屋为秋风所破歌》《病橘》《登楼》《蜀相》《闻官军收河南河北》《又呈吴郎》《登高》《秋兴》《三绝句》《岁晏行》等大量名作。代宗大历五年（770年）冬十一月，杜甫在潭岳间的一条小船上病故，终年59岁。元和中，归葬偃师首阳山，元稹作墓志铭。

韩愈

韩愈（768年—824年），字退之。自称"郡望昌黎"，世称韩昌黎。又因官至吏部侍郎，后人亦称他韩吏部。河南南阳（今孟州市）人。唐代著名的文学家、思想家、教育家。"唐宋八大家"之首。"古文运动"的积极倡导者。

韩愈出生于书香门第。3岁而孤，由伯兄抚养。12岁时，兄韩会病故，寡嫂将其抚养长大。由于寄人篱下、流离困顿的经历，韩愈很有读书经世之志。20岁赴长安考进士，三试不第。25岁时擢进士第，此后三试博学宏词科不成，赴汴州董晋、徐州张建封两节度使幕府任职。35岁授四门博士。36岁迁监察御史，因上书论天旱人饥，请减免赋税，被贬为阳山令。宪宗登基后大赦，迁为江陵法曹参军，39岁后历任国子博士、都员外郎、河南令、职方员外郎、比部郎中、史馆修撰、考功和制诰、中书舍人等官职。元和十二年（817年），因平淮西吴元济之乱有功，升为刑部侍郎。后因谏迎佛骨，被贬为潮州刺史，后又内迁为袁州刺史。穆宗继位后，将其召回任国子祭酒。长庆元年（827年）转为兵部侍郎，后一度任京兆尹兼御史大夫，又为吏部侍郎。长庆四年（824年）病卒，享年57岁。赠礼部尚书，谥号"文"。

韩愈的一生，宦海沉浮，经历过很多人生的大起大落。后人对他的评价颇高，尊他为"唐宋八大家"之首。杜牧把韩文与杜诗并列，称为"杜诗韩笔"；苏轼称他"文起八代之衰"。韩愈、柳宗元倡导的古文运动，开辟了唐以来古文的发展道路，对后世影响深远。其古文名篇有《原毁》《进学解》《送李愿归盘谷序》《送孟东野序》《杂说》《祭十二郎文》《张中丞传后叙》等。诗作如《汴州乱》《八月十五夜赠张功曹》《山石》《左迁至蓝关示侄孙湘》《次潼关先寄张十二阁老使君》《早春呈水部张十八员外》等，都为佳作。反佛兴儒、倡导古文是韩愈积极从事的活动，与此二者相辅相成的是教育教学活动。唐德宗贞元年间，社会上流行"耻学于师"的风气，"师道之不传也久矣"。当时，韩愈在国子监当四门博士，对这种风气深恶痛绝，为恢复师道，作《师说》，对师道作了精辟的论述。当时柳宗元评论说：在师道不存的情况下，唯独韩愈不顾流俗，犯笑侮，收召后学，作

《师说》，因抗颜而为师。《师说》篇幅短小，但有着精湛的思想内涵，是我国古代教育史中珍贵的教育文献。由于注重师道，传道授业，提携后生，韩愈对我国古代教育的发展起了很好的推动作用。

柳宗元

柳宗元（773年—819年），唐代文学家、哲学家，字子厚，河东（今山西永济）人。世称柳河东。因官终柳州刺史，又称柳柳州，与韩愈同为唐代古文运动的倡导者，世称"韩柳"。在北朝时，柳氏是著名的门阀士族，柳、薛、裴被并称为"河东三著姓"。柳宗元曾自豪地说："柳族之分，在北为高。充于史氏，世相重侯。"自北魏以来，柳宗元的祖先世代显宦，到唐朝，河东柳氏作为"关陇集团"的一个有势力的家族，在朝廷中有着显赫的地位。以高宗一朝为例，柳氏家族同时居官尚书省的就多达二十余人。柳宗元的父亲柳镇，在玄宗天宝末曾做过太常博士，安史之乱后又继续为官。柳宗元的母亲卢氏，出身于著名的士族范阳卢姓，但家道早已没落。她生有二女一子，柳宗元最幼。柳宗元出生的时候，"安史之乱"刚刚平定20年。这时的唐王朝早已走过太平盛世，逐渐衰朽。各种社会矛盾急剧发展，中唐以后的各种社会弊端如藩镇割据、宦官专权、朋党相争等正在形成。柳宗元在长安度过幼年，亲眼目睹了朝廷的腐败、社会的危机与动荡。唐德宗建中二年（781年），爆发了继安史之乱后的又一次大规模割据战争。建中四年（783年），柳宗元更是在父亲的任所夏口（今湖北武昌）亲历了藩镇割据的战火。贞元九年（793年），柳宗元中进士。五年后登博学宏词科，授集贤殿正字。一度调为蓝田

县尉，不久回朝任监察御史里行，与韩愈、刘禹锡同朝为官。柳宗元与刘禹锡一起参加了主张革新的王叔文政治集团。贞元二十一年（805年）正月，顺宗即位，王叔文集团当政，柳宗元被擢为礼部员外郎，协同王叔文诸人推行一系列改革措施。由于为宦官、藩镇和保守官僚所反对，同年八月，顺宗被迫让位于太子李纯，即唐宪宗。九月，王叔文集团遭到迫害。柳宗元初贬邵州刺史，十一月加贬永州（今湖南零陵）司马。刘禹锡、韦执谊、韩泰、陈谏、韩晔、凌准、程异亦同时被贬为远州司马，史称"八司马"。永贞元年冬，柳宗元到达永州贬所。在永州九年间，他写下不少诗文名篇，如著名的《捕蛇者说》。元和十年（815年）春，柳宗元被召至京师。三月，又外出为柳州（今属广西）刺史，官虽稍升，而地点更为僻远。在柳州任上的四年里，他兴利除弊，修整州容，发展生产，兴办学校，释放奴婢，政绩卓著，深受百姓爱戴。元和十四年十一月，柳宗元病殁。

柳宗元今存诗歌140多首，都是贬谪以后所作。杂文、寓言、传记、山水游记、骚赋等多有佳作。刘禹锡辑其著作为《河东先生集》。宋代注本较多，其中韩醇《诂训柳先生文集》45卷、外集2卷、新编外集1卷，为现存柳集最早的本子。

白居易

白居易（772年—846年）字乐天，号香山居士、醉吟先生。原籍山西太原，祖上迁下邽（今陕西渭南），后又迁移到新郑（今属河南）。晚年官至太子少傅，谥号"文"，世称白傅、白文公。白居易在文学上积极倡导新乐府运动，主张"文章合为时而著，诗歌合为事而作"，写下了不少感叹时世、反映人民疾苦的诗篇，对后世颇有影响，是我国文学史上重要的诗人。

白居易少年时曾因战乱颠沛流离五六年。后刻苦攻读，于贞元十六年（800年）中进士，先后任秘书省校书郎、盩厔县尉、翰林学士，元和年间任左拾遗。这一时期，白居易写就了大量的讽喻诗，如《秦中吟》十首和《新乐府》五十首等，无不令权贵汗颜。元和六年，白母病死长安，白居易回乡守孝三年，孝期满后回长安任左赞善大夫。元和十年六月，宰相武元衡和御史中丞裴度遭人暗杀，武元衡当场身死，裴度受了重伤。由于统治者处理不力，白居易气愤之余上疏力主缉拿凶手，结果被贬为江州司马。贬官江州对白居易是个沉重的打击，"面上灭除忧喜色，胸中消尽是非心"，早年的佛道思想开始潜滋暗长。三年后，升任忠州刺史。元和十五年，唐宪宗死，唐穆宗继位。穆宗爱惜他的才华，将其召回了长安，先后任司门员外郎、主客郎中知制诰、中书舍人等。但当时朝中很乱，大臣间争权夺利，明争暗斗，白居易于是极力请求外放。穆宗长庆二年（822年），白居易出京为杭州刺史，杭州任满后任苏州刺史。文宗太和元年（827年），拜秘书监，翌年转刑部侍郎。四年，定居洛阳。后又历任太子宾客、河南尹、太子少傅等职。相比贬官江州之前，白居易已经消极了很多。后人因此以其被贬江州为界，将其一生分为前后两个时期：前期是兼济天下，后期是独善其身。

白居易在外任期间上做了不少好事，比如疏浚李泌所凿的六井，解决人民的饮水问题；在西湖上筑长堤（即著名的"白堤"），蓄水灌田，并写了通俗易懂的《钱塘湖石记》，刻在石上，告诉人们如何蓄水泄水。会昌二年（842年）以刑部尚书致仕（即交还官职，退休）。会昌六年（846年）逝世，时年75岁。葬于龙门山香山琵琶峰。白居易去世后，唐宣宗曾写诗悼念："缀玉连珠六十年，谁教冥路作诗仙？浮云不系名居易，造化无为字乐天。童子解吟《长恨》曲，胡儿能唱《琵琶》篇。文章已满行人耳，一度思卿一怆然。"李商隐为白居易作墓志铭。

李商隐

李商隐（约812年—858年），字义山，号玉谿生、樊南生。晚唐著名诗人、骈文体作家。原籍怀州河内（今河南博爱），祖辈迁荥阳（今属河南）。李商隐是唐代皇族的远房宗室。高祖李涉，曾任美原县令；曾祖李叔恒（一作叔洪），曾任安阳县尉；祖父李俌，曾任邢州录事参军；父亲李嗣，曾任殿中侍御史，在李商隐出生时，李嗣任获嘉县（今河南获嘉县）令。在李商隐还未成年时，李嗣在任上去世，母亲遂带着李商隐兄妹回到河南故乡。由于生活困顿，作为长子的李商隐很早便撑门户。也是在这一期间，李商隐接触到了一位隐居的同族叔父，这个叔父曾上过太学，在经学、小学、古文、书法方面均有造诣。受叔父的影响，李商隐"能为古文，不喜偶对"。大约在16岁时，即写出了两篇优秀的文章（《才论》《圣论》，今不存），获得一些士大夫的赞赏。这些士大夫中，就包括时任天平军节度使的令狐楚。文宗太和三年（829年），令狐楚聘李商隐为幕僚，李商隐从此步入仕途。

令狐楚是李商隐官宦生涯中的一位重要人物，他本人是骈体大家，对李商隐的才华非常欣赏，不仅教授他骈体文的写作技巧，还资助他的家庭生活，鼓励他与自己的子弟交游。在令狐楚的帮助下，李商隐的骈

体文写作进步非常迅速。青年时期的他，就已得到了不少高级官员的赏识，然而也恰恰是这段经历，让李商隐被牵进了"牛李党争"的旋涡之中。

"牛李党争"源于唐宪宗元和三年的（808年）一次科举考试。时任宰相的李吉甫对应试举子牛僧孺、李宗闵进行打击，因为他们在试卷中严厉地批评了他。由此，李吉甫与牛僧孺、李宗闵等人结怨，这笔恩怨后来被李吉甫的儿子李德裕继承了下来。以牛僧孺、李宗闵为领袖的"牛党"和以李德裕为领袖的"李党"在数十年中互相攻讦，争斗不休，成为晚唐政坛的一大矛盾。李商隐最初供职令狐楚幕府。令狐楚属"牛党"。唐文宗开成二年（837年），令狐楚之子令狐绹协助李商隐中了进士。同年，令狐楚去世。李商隐入泾原节度使王茂元幕府，王茂元对李商隐的才华欣赏有加，将女儿嫁给了他。王茂元与李德裕交好，被视为"李党"成员。李商隐的这桩婚姻让"牛党"十分不满，令狐绹更是十分厌恶他，认为他忘恩负义。此后，李商隐曾多次尝试补救，包括写诗给令狐绹，希望他顾念旧情，但令狐绹始终不予理睬。由于深陷政治旋涡，李商隐的仕途一直不顺。他曾于唐文宗开成四年（839年）、唐武宗会昌五年（845年）两入秘书省，但只是短期地担任过低级官职。也曾任基层小官，如弘农县尉、盩厔县尉等。其大部分时间都在一些外派官员的幕府中供职。唐宣宗大中十二年（856年），李商隐追随盐铁转使柳仲郢，任盐铁推官。柳调任兵部尚书后，他便失去了工作，不久后，在家乡病故。

李商隐一生在牛李党争的夹缝中求生存，辗转于各藩镇幕府当幕僚，郁郁寡欢，终身潦倒。虽然仕途多舛，但李商隐在文学上却成就斐然：作为晚唐著名的诗人，他将

唐诗的发展推向了一个高峰。其与杜牧齐名，人称"小李杜"；与温庭筠并称"温李"；与段成式、温庭筠风格相近，且都在家族里排行十六，并称"三十六体"。在《唐诗三百首》中，李商隐的诗作有22首，数量仅次于杜甫（38首）、王维（29首）、李白（27首），其在民众中的巨大影响由此可见。后世多有模仿李商隐诗风者，但无一人被认可。

唐太宗

唐太宗（599年—649年），名李世民。唐高祖李渊与窦皇后的次子。是封建社会卓越的政治家、军事家、书法家和诗人。在位23年，国泰民安，经济繁荣，为后来的开元盛世奠定了坚实的基础。

隋炀帝杨广大业末年，农民起义风起云涌。太原留守李渊、李世民父子看到隋朝将亡，遂于大业十三年（617年）在晋阳起兵。李渊以长子李建成为陇西公，左领军大都督，统左三军；李世民为敦煌公，右领军都督，统右三军。南攻霍邑（今山西霍州市），西渡黄河，直攻长安。攻克长安后，李渊立隋炀帝孙代王杨侑为帝，改元义宁，是为恭帝。恭帝封李渊为唐王，以李建成为唐王世子；李世民为京兆尹，改封秦国公；封李元吉为齐国公。义宁二年（618年），李世民徙封赵国公。三月，隋炀帝被杀。五月，李渊即位，改国号唐，建元武德，是为唐高祖。不久，立李建成为皇太子，封李世民为秦王，李元吉为齐王。

为了消灭各地的割据势力，李世民经常出征。自武德元年起，他亲自指挥了三次大战役：先是大破李轨，平定陇西割据势力薛仁杲（薛举之子），铲除来自西北方面的威胁；再败宋金刚、刘武周，收复并、汾失地，

巩固唐王朝的大后方；在虎牢之战中，一举剪灭王世充和窦建德两大割据势力，取得了统一战争决定性的胜利，李世民自此威望日隆。武德四年（621年）十月，封为天策上将、领司徒、陕东道大行台尚书令，食邑增至二万户。高祖又下诏特许天策府自置官属，李世民于是组建了自己的官员集团，俨然一个小政府机构。在此之前，李世民与太子建成、弟弟元吉，及各自的支持势力已经有了长时间的较量，彼此十分戒备。武德九年（626年）阴历六月初三，李世民谎奏说建成和元吉淫乱后宫。唐高祖立即对此事进行按验。次日一早，建成和元吉骑马直奔皇宫，准备向高祖辩解。当来到宫门入口玄武门时，被李世民的伏兵袭击。建成被李世民射死，元吉则被李世民的军官尉迟敬德所杀。玄武门之变后，李渊诏立世民为皇太子，下令军国庶事无论大小悉听皇太子处置。627年，李世民登基，改元贞观，即唐太宗。

唐太宗即位后，居安思危，任用贤良，虚怀纳谏，实行轻徭薄赋、疏缓刑罚的政策，并且进行了一系列政治、军事改革，终于促成了社会安定、生产发展的升平景象，史称"贞观之治"。贞观四年（630年），唐太宗遣李靖平定东突厥，俘虏颉利可汗，解除了北边的威胁；九年，平定吐谷浑，俘其王慕容伏允；十四年，平定高昌氏，于其地置西州，并在交河城（今新疆吐鲁番西）置安西都护府。由于对东突厥降众及依附突厥的各族施行较开明的政策，唐太宗颇受拥戴，被尊为"天可汗"。十五年，送文成公主与吐蕃赞普松赞干布和亲，促进了汉、藏两族间的经济文化交流。虽然功绩卓著，但后来唐太宗频频发动的与高丽的战争却给两国人民带来了灾难，最后均无功而还。贞观二十三年（649年）七月，唐太宗病死于长安含风

殿，终年51岁。葬于昭陵（位于今陕西省礼泉县东北）。谥号"文皇帝"，庙号"太宗"。

武则天

武则天（624年—705年），本名武照，称帝后改为武曌。其生母是武士彟的续妻，陇右大士族、隋朝宰相、遂宁公杨达之女，家世十分显赫。武则天自幼聪慧敏俐，极善表达，胆识超人。父亲深感她是可造人才，于是教她读书识字。这样，武则天在十三四岁时，已是博览群书，博闻强记，诗词歌赋书法，样样出众。贞观十一年（637年），14岁的武则天因长相俊美，被选入宫，封为"才人"。贞观二十三年（649年），太宗死，武则天与所有嫔妃被发送长安感业寺削发为尼。太宗九子李治登基，即唐高宗。因早与武则天相识，遂经常往来于感业寺。几年后，高宗重召武则天入宫，晋封其为"昭仪"。永徽六年（655年）十月，高宗废王皇后，立武则天为后。

当了皇后的武则天逾显机智精明，其"通文史，多权谋"的长处，得到了充分的发挥，高宗更是对她宠爱有加。她则利用皇后的身份及高宗的信任，积极参与朝政，"百司奏事，时时令后决之"。从永徽六年（655年）到显庆四年（659年）的五年时间里，她开始大量清除政敌，清扫障碍：尚书右仆射诸遂良、同中书门下长孙无忌及其支持者纷纷被罢黜。显庆五年（660年），高宗因患风眩，目不能视，于是下诏委托武后协理政事。至此，武则天从参政步入执政，"黜陟生杀，决于其口，天子拱手而已"，开始遥控朝廷实权。后来，高宗感到后悔，想收回大权，密令中书侍郎上官仪拟诏废后。结果被武则天得知，她立即将上官仪处死。随着

大权在握，武则天开始与高宗同临紫宸殿，接受群臣的朝拜。上元元年（674年），高宗号天皇，皇后号天后，天下人谓之"二圣"。自此，高宗形同虚设，大权尽在武则天掌控之中。

从以"天后"之尊执政到天授元年（690年）正式称帝的十余年中，武则天为称帝精心谋划、处心积虑：高宗想禅位于长子李弘，她便将李弘毒死，立次子李贤为太子；李贤颇为精干，她便废其为庶人，立三子李显为太子。弘道元年（683年），高宗驾崩，中宗李显刚刚继位，武则天即以皇太后名义临朝称制。一年后便废李显为庐陵王，立四子李旦为帝，即睿宗。公元690年，武则天认为亲临帝位的时机已经成熟，于是先借佛僧法明之口，广造舆论："武后为弥勒佛转生，当代唐为天子。"接着又有以睿宗为首的六万臣民上表劝进，请改国号。武则天于是登基为帝，改国号为"周"，自号"圣神皇帝"。

武则天称帝后，大开科举，破格用人；奖励农桑，发展经济；知人善任，容人纳谏。尤其是擅长发现、搜罗人才，这使得在她当政的年代里，始终有一批能臣干将维护左右，稳定了武周政权。在抗击外来入侵，保护边境安宁，改善相邻各国的关系方面，武则天也做了很多努力。因此在她掌政的近半个世纪里，社会稳定，经济发展，为后来的"开元盛世"打下了坚实的基础。虽然政绩显著，但是杀害亲子，大封武氏诸王，重用酷吏，严刑峻法，冤狱丛生，也让她遭到了历史的遣斥。中宗神龙元年（705年），宰相张柬之乘武则天年老病危，拥立中宗复位，尊武则天为"则天大圣皇帝"。同年冬，武则天死，终年82岁，遗诏"去帝号，称则天大圣皇后"。

欧阳修

欧阳修（1007年—1072年），字永叔，号醉翁，晚号六一居士。吉州永丰（今属江西）人，自称庐陵人（吉州原属庐陵郡）。北宋时期政治家、文学家。唐宋八大家之一。卒谥"文忠"。有《欧阳文忠公集》传世。

欧阳修幼年丧父，在母亲的教导下读书。仁宗天圣八年（1030年），中进士。次年任西京（今洛阳）留守推官，与梅尧臣、尹洙结为至交。景祐元年（1034年），召试学士院，授任宣德郎，充馆阁校勘。景祐三年（1036年），范仲淹上章批评时政，被贬饶州。欧阳修为范仲淹辩护，被贬为夷陵（今湖北宜昌）县令。康定元年（1040年），欧阳修被召回京，复任馆阁校勘，后知谏院。庆历三年（1043年），范仲淹、韩琦、富弼等人推行"庆历新政"，欧阳修也参与革新，提出了改革吏治、军事、贡举法等主张。庆历五年，范、韩、富等相继被贬，欧阳修也被贬为滁州（今安徽滁州市）太守。此后，又知扬州、颍州（今安徽阜阳）、应天府（今河南商丘）。至和元年（1054年）八月，奉诏入京，与宋祁同修《新唐书》。嘉祐二年（1057年）二月，主持进士考试，提倡平实的文风，录取了苏轼、苏辙、曾巩等人。嘉祐五年（1060年），拜枢密副使。此后相继任参知政事、刑部尚书等职。英宗治平二年（1065年），上表请求外任，未获批准。此后两三年间，多次请辞，都未获准。熙宁三年（1070年），授检校太保宣徽南院使等职，因坚辞不受，改知蔡州（今河南汝南县）。同年，改号"六一居士"（曾有人问："六一，何谓也？"欧阳修答曰："吾家藏书一万卷，集录三代以来金石遗文一千卷，有琴一张，有棋一局，而常置酒一壶。"又问："是为五一尔，奈何？"欧阳修回答："以吾一翁，老于此五物之间，是岂不为六一乎？"）。熙宁四年（1071年）六月，以太子少师致仕。居颍州（今属安徽省）。宋神宗熙宁五年（1072年）闰七月二十三日，在颍州家中辞逝。

欧阳修是北宋诗文革新运动的领袖。他的文学成就以散文最高，影响也最大。其一生共写有500余篇散文，有政论文、史论文、记事文、抒情文和笔记文等，各体兼备。另外，欧阳修的诗歌、赋也都很有特色，但成就均不及散文。著名的作品有：散文《朋党论》《五代史·伶官传序》《与高司谏书》《醉翁亭记》《丰乐亭记》《泷冈阡表》《秋声赋》，诗歌《食糟民》《答杨子静祈雨长句》《奉答子华学士安抚江南见寄之作》等。苏轼评价其文时说："论大道似韩愈，论事似陆贽，记事似司马迁，诗赋似李白。"

王安石

王安石（1021年—1086年），字介甫，号半山，小字獾郎，封荆国公，世人又称王荆公。抚州临川人，北宋杰出的政治家、思想家、文学家、"唐宋八大家"之一。出生在小官吏家庭。父益，字损之，曾为临江军判官，做过几任州县官。王安石少好读书，博闻强记，受到了较好的教育。庆历二年（1042年）中进士，后陆续任淮南判官、鄞县知县、舒州通判、常州知州、提点江东刑狱等。治平四年（1067年），神宗即位，诏王安石为江宁知府，不久召为翰林学士。熙宁二年（1069年）提其为参知政事。从熙宁三年起，王安石两度任同中书门下平章事，实行变法。熙宁九年（1076年）被罢相，之后隐居，病死于江宁（今江苏省南京市）钟山。谥号"文"。

王安石从小随父宦游南北，对北宋中期隐伏的社会危机有所认识。因此他做地方官吏时，能够关心民生疾苦，多次上书建议兴利除弊，减轻人民负担。经过对现实社会长期的接触、了解，他"慨然有矫世变俗之志"。嘉祐三年（1058年），他作《上仁宗皇帝言事书》，系统地提出了变法主张，要求改变北宋"积贫积弱"的局面。在神宗当政期间，他取得了支持。于是以"理财"和"整军"为两大主题，积极推行农田水利、青苗、均输、方田均税、免役、市易、保甲、保马等新法，史称"王安石变法"。新法开始后，遭到了以司马光为代表的守旧派的坚决反对，神宗也开始动摇。不久，革新派内部又产生分裂，新法遂被全部废止。王安石变法，对当时生产力的发展和富国强兵，起到了一定推动作用，也减轻了一些农民的负担，在历史上具有进步意义。列宁还就此称誉王安石是"中国十一世纪的改革家"。

王安石不仅是政治家和思想家，也是一位卓越的文学家。他的散文，雄健简练，奇崛峭拔；他的小品文，脍炙人口，如《鲧说》《读孟尝君传》《书刺客传后》《伤仲永》等，笔力雄健，文风犀利。他的诗歌，以罢相为界，在内容和风格上有着明显的区别。"王荆公少以意气自许，故诗语惟其所向，不复更为涵蓄……后为群牧羊官，从宋次道尽假唐人诗集，博观而约取，晚年始尽深婉不迫之趣"（叶梦得《石林诗话》）。相对而言，王安石前期的诗歌，长于说理，观点鲜明，涉及了许多重大而尖锐的社会问题，如《感事》《兼并》《省兵》《收盐》《河北民》《元日》《歌元丰》《商鞅》《贾生》等。后期，王安石过起了隐居生活，寄情山水田园，作品内容较为狭窄，多抒发一种闲恬的生活情趣，在艺术上日臻圆熟，如《泊船瓜洲》《江上》《梅花》《书湖阴先生壁》等，历来为人们所传诵。

司马光

司马光（1019年—1086年），北宋时期著名政治家、史学家、散文家，儒家三圣之一（另两人为孔子、孟子，此为一说）。北宋陕州夏县涑水乡（今山西运城安邑镇东北）人，字君实，号迂叟，世称涑水先生。司马光生于宋真宗天禧三年（1019年）十一月，当时，他的父亲司马池正担任光州光山县令，于是便给他取名"光"。司马家世代官宦，司马池后来官至兵部郎中、天章阁待制，由于一直清廉仁厚，享有盛誉。司马光深受父亲影响，自幼嗜学，尤喜《春秋左氏传》，常"手不释书，至不知饥渴寒暑"。仁宗宝元元年（1038年），司马光中进士，从此步入仕途。

神宗熙宁三年（1070年），王安石推行变法，司马光因极力反对，出知永兴军。第二年请求外任西京留守御史台，退居洛阳，从此专事研究历史。宋英宗治平元年（1064年），司马光将完成的史书《历年图》25卷呈献给英宗，两年后再呈《通志》8卷本。英宗看后非常满意，让他继续写，并下诏设置书局，供给费用，增补人员，专事编写。司马光深受鼓舞，召集了当时著名的历史学家继续著述。神宗即位后，认为《通志》比其他的史书更便于阅读，也易于借鉴，于是赐书名《资治通鉴》，并亲自为之作序。神宗元丰七年（1084年），《资治通鉴》完稿，前后用去了十九年的时间。

《资治通鉴》完成后，司马光升为资政殿学士。他在洛阳居住了十五年，深受百姓爱戴，人们尊称他为司马相公。神宗逝世时，司马光赴丧，卫士望见他，说："这就是司马相公。"其所到之处，百姓夹道欢迎。等到哲宗即位、太皇太后临政时，司马光已经历经仁宗、英宗、神宗三朝，政绩卓著，颇具威望。哲宗时，司马光已疾病缠身，但做事依然雷厉风行，他废除了保甲团教、市量法；提议废除提举常平司；边地的策略以与西戎讲和为主；又建议设立十科荐士之法。这些建议都被朝廷采纳。在被任命为尚书左仆射兼门下侍郎，主持朝政后，他又开始大力废除新法。两宫太后听任司马光行事。当时，司马光权重无边，连辽国、西夏派来的使者也必要询问司马光的身体起居，其国君甚至对戍守边境的将官说："大宋用司马光做宰相，你们轻易不要惹出事非，使边境出问题。"司马光病重时，带病不分昼夜地工作。有人劝他休息，他却说："人的生死是命中注定的。"元祐元年（1086年），司马光逝世，终年68岁。太皇太后和哲宗听说后，亲自前往吊唁，追赠司马光为太师、温国公，谥号"文正"，赐碑"忠清粹德"，配享孔庙。著作收在《司马文正公集》中。

苏轼

苏轼（1037年—1101年），字子瞻，又字和仲，号"东坡居士"，眉州眉山（今属四川）人，北宋著名的文学家、书画家。他与父亲苏洵、弟弟苏辙皆以文学名世，世称"三苏"。

苏轼的父亲苏洵，即《三字经》中提到的"二十七，始发愤"的主人公。由于家庭影响，苏轼自幼便受到了良好的教育，还未成年即"学通经史，属文日数千言"。嘉祐元年（1056年），苏轼赴京参加科举。翌年，他参加礼部的考试，以一篇《刑赏忠厚之至

论》获得主考官欧阳修的赏识，得中进士。嘉祐六年，苏轼应中制科考试，入第三等，授大理评事、签书凤翔府判官。这一期间，苏洵于汴京病故，苏轼回乡守孝。熙宁二年（1069年）服满还朝，仍授本职。重新回归京城后，政局已经发生了很大变化。苏轼曾经的众多师友，包括欧阳修在内的恩师，皆因反对王安石新法，纷纷离京。苏轼上疏直谏无果，只得自求外放，调任杭州通判。杭州任期满后，又被调往密州、徐州、湖州等地任知州。元丰二年（1079年），在湖州任上的苏轼被诬作诗讽刺新法，以"文字毁谤君相"，被捕下狱（史称"乌台诗案"）。后因北宋太祖年间定下的不杀大臣的国策，苏轼才得以免死罪。出狱后，被降为黄州团练副使，职位十分低微。

经过牢狱之灾后，苏轼变得心灰意冷，于公事之余常带着家人一起开荒种田贴补生计。"东坡居士"的别号便起于这一时期。元丰七年（1084年），苏轼离开黄州，奉诏赴汝州就任。由于长途跋涉，其幼子不幸夭折。汝州路途遥远，由于路费已尽，加上丧子之痛，苏轼遂上书朝廷，请求暂时不去汝州，先到常州居住，后被批准。当他准备南返常州时，神宗驾崩。哲宗即位后，高太后听政，新党势力倒台，司马光重被启用为相。苏轼于同年以礼部郎中被召还朝。在朝半月余，升起居舍人，三个月后又升中书舍人、翰林学士。

回京后的苏轼见新兴势力极力压制王安石集团的人物并尽废新法，认为其与所谓"王党"不过一丘之貉，于是上疏直谏。由于既不容于新党，又不见谅于旧党，苏轼再度自求外调。他以龙图阁学士的身份，回到了阔别十余年的杭州当太守。在杭州任上，苏轼疏浚西湖，以湖泥筑就了一道堤坝，即

著名的"苏堤"。在杭州的日子，苏轼过得很惬意，甚至自比唐代的白居易。元祐六年（1091年），苏轼被召回朝。不久，因政见不合，又外放颍州。元祐八年（1093年），新党再度执政，苏轼以"讥刺先朝"的罪名被贬为惠州安置，再贬为儋州（今海南省儋州市）别驾、昌化军安置。徽宗即位后，调为廉州安置、舒州团练副使、永州安置。元符三年（1101年）逢大赦，复任朝奉郎，北归途中，卒于常州。谥号"文忠"。终年66岁。

苏轼是继欧阳修之后主持北宋文坛的领袖人物，苏轼与欧阳修并称"欧苏"，是"唐宋八大家"之一，在当时享有盛誉。苏诗今存约4000首，诗的内容广阔，风格多样，以豪放为主，笔力纵横，穷极变幻，颇具浪漫色彩，为宋诗发展开辟了新的道路。除了诗外，存词340余首，题材广阔，一扫晚唐五代以来的传统词风，开创了与婉约派并立的豪放词派，对词的革新和发展做出了重大贡献。后人并称其与辛弃疾为"苏辛"。苏轼一生多才多艺，诗词以外，书法也极有成就，与黄庭坚、米芾、蔡襄并称"宋四家"；在绘画上，亦自成一家，存世画作有《古木怪石图卷》《潇湘竹石图卷》等。由于在各个领域都颇有建树，苏轼被认为是中国历史上少有的文学和艺术天才。

李清照

李清照（1084年—1155年），号易安居士。宋代女词人，婉约派的创始人。出生于书香门第，仕宦之家。父亲李格非是当时的著名学者，曾写了几十万字的《礼记说》，因此被朝廷破格录取为进士，后又官至礼部员外郎、京东路提点刑狱。母亲王氏出身名门，知书善文。李清照自幼受父母的熏陶，

有着多方面的艺术才能。还在少女时代的李清照便能诗善画，显露出了不凡的艺术才华。《碧鸡漫志》卷二中曾有记载，说李清照"自少年便有诗名，才力华瞻，逼近前辈。在士大夫中已不多得。"

建中靖国元年（1101年），18岁的李清照与史部侍郎赵挺之之子赵明诚结婚。赵明诚当时是太学生，其对仕途并不感兴趣，只醉心于金石书画。婚后，夫妻二人感情甚笃，常在一起唱和诗词，研究金石拓片，生活非常幸福美满。然而好景不长，结婚第二年，政坛上的风云动荡就波及到了李家。这一年，宋徽宗受权相蔡京的蛊惑，决意继承神宗和哲宗的变法遗愿，推行新法。李清照的父亲李格非因与苏轼等所谓的旧党要好，被打入保守党人之列，并被赶出京城。而赵挺之却因为紧追蔡京有功而升任尚书右丞，却未帮亲家说一句好话。李清照第一次经历了生活的打击，也感受了世态的炎凉及官场的黑暗。1103年，赵明诚结束太学生涯，在父亲的荫庇下出仕为官，但赵明诚的主要精力仍在金石书画的收藏上。日积月累，他们夫妇收集的诗文书画已相当可观。1107年，赵挺之死于京师，赵明诚三兄弟也随之被免官。李清照陪赵明诚回山东青州老家居住。在青州，李清照与赵明诚居住了十年之久。他们将书房称作"归来堂"，把内室名为"易安室"，二人每天穿梭于"堂""室"之间，共同整理、校勘、评品、欣赏金石图书。还时常于茶余饭后，玩一种游戏，即一人说一段史事，另一人要说出此事的出处，还要能说出是在哪一卷第几页第几行，说对者可饮茶。两人时常捧茶大笑，开心不已。

大约在1117年前后，赵明诚再度出仕。1121年，出任莱州郡守。这一时期，两人开始编写《金石录》。1124年，赵明诚又转守淄

州（今属山东淄博）。靖康年间，金兵南侵，北宋陆续失掉了淮河以北的大片土地，人民生活陷入水深火热之中。紧接着，赵明诚的母亲又在金陵逝世，赵明诚南下奔丧。李清照随后携带一小部分文物逃至建康。不久，青州兵变，李清照故宅十余屋的文物付之一炬。两年之后，赵明诚赴任湖州，不幸在途中中暑病故。李清照悲痛欲绝。此时，金兵加紧进逼，李清照派人将从青州运出的一部分文物家产送往洪州（今江西南昌），打算投奔那里的妹夫，但洪州又失陷，大部分文物在战乱中散失。李清照痛惜万分。这时，又有人诬陷赵明诚生前曾献玉壶勾结金人。亡国、丧夫、通敌，种种灾难接连而至，李清照疲于应付。宋高宗南逃后，她一路追随，从越州到四明，再经奉化、台州，又经温州返回到越州。最后，终于在杭州安定了下来。这一时期，李清照孤苦无依，处境十分凄凉，不但承受着国破家亡的悲痛，手中的文物，也时常引来贪婪的觊觎，尽管李清照拼死保护，最后仍散失殆尽。1155年，李清照去世。其一生写有大量的词，影响深远。由于其词作优美婉曲，独树一帜，被后人称为"易安体"，集为《漱玉词》。

王重阳

王重阳（1112年—1170年），道教全真派创始人。原名中孚，字允卿，后改名世雄，字德威。入道之后改名嘉，字知明，号重阳子。生于陕西咸阳大魏村的一个富裕家庭，从小才思敏捷，善属文，又颇喜弓马。20岁时，曾准备参加秀才考试，由于得罪了主考官而未能如愿。随后弃文练武。金熙宗天眷初（1138年）应武举，中甲科，得到了一个级别很低的官职，负责征收本地的酒税。做了

没多久，即辞职到终南山隐居。隐居的日子里，他与酒为伴，时常喝得烂醉，自甘沉沦。相传，他在48岁那一年，于甘河镇（今陕西境内）遇吕洞宾之化身，得授修炼口诀，遂通仙道。仙师曾指东方让王重阳观看，竟有七朵金莲结子。仙师笑曰："岂止如是，将有万朵玉莲房也。"王重阳遂将妻儿托付给岳父，自己离家回终南山修道。金世宗大定元年（1161年），王重阳在隐居修道之处挖了一处墓穴，称"活死人墓"，墓前立一块"王害风灵位"的牌子，然后进入墓中潜心修持。大定三年（1163年）秋，王重阳悟道，于是埋填墓穴，迁居刘蒋村结茅屋为庵居住。大定七年（1167年）四月，王重阳烧掉茅庵，东出潼关，往山东传道。王重阳善于随机施教，尤长于以诗词歌曲劝诱士人，其神奇诡异惊世骇俗。然而传道之初，信奉的人始终不多。同年七月，王重阳来到宁海州（今烟台市牟平区）。宁海州首富马钰夫妇投入王重阳门下，并在自家的庭院为其建茅屋居住，取名"全真庵"。全真道由此得名。马钰夫妇加入全真道后，全真名声大振，入教的人数迅速增加。王重阳门下共有七大高足，即马丹阳（钰）、孙不二（马钰之妻）、丘处机、刘处玄、谭处端、王处一、郝大通七人，应七朵金莲之兆，世称"全真七子"。

大定十年（1170年）正月初四，王重阳召马丹阳、丘处机、谭处端于榻下，嘱咐说："丹阳已得道，长真（谭处端）已知道，吾无虑矣。处机所学，一听丹阳教诲，处玄、长真当管领之。"又注视丘处机说："此子异日地位非常，必大开教门者也。"又对其他弟子说："汝辈前程，皆在马公手。"说罢写《物外亲眷诗》一首，然后辞世。马丹阳等人扶其仙柩，葬于刘蒋村故庵（今陕西西安市鄠邑区祖庵镇）。金章宗赐庵名为灵虚观。元

世祖至元六年（1269年）封"重阳全真开化真君"。元太宗时加封重阳万寿宫，尊全真派为三大祖庭之一。元武宗至大三年（1310年）加封为"重阳全真开化辅极帝君"，尊全真派为北五祖之一。

陆游

陆游（1125年—1210年），字务观，号放翁，越州山阴（今浙江省绍兴市）人。南宋爱国诗人。父亲陆宰为爱国知识分子。受家庭影响，陆游从小就树立了忧国忧民的思想和杀敌报国的壮志。他学剑，钻研兵书，自幼好学不倦，"年十二能诗文"。25岁左右时，曾向具有爱国思想的诗人曾几学诗，受益不浅，从此确定了他的诗歌创作的爱国主义基调。绍兴二十三年（1153年），陆游赴临安应进士试，因"喜论恢复（中原）"，遭到秦桧的忌恨，复试时被除名。秦桧死后三年（1158年），陆游才出任福州宁德县主簿。宋孝宗即位之初，陆游被召见，赐进士出身。历任镇江、夔州通判，入王炎、范成大幕府，提举福建及江南西路常平茶盐公事，权知严州。宋光宗时，为朝议大夫、礼部郎中。后被弹劾去职，回山阴故乡。回到乡间的陆游，"身杂老农间"，为农民送医送药，同农民结下浓厚的情谊。嘉定二年（1210年），陆游抱着"死前恨不见中原"的遗恨，离开人世，终年85岁。

陆游一生创作了大量作品，在中国文学史上占有重要地位。今存诗近万首，词130首和大量的散文。题材广泛，内容丰富。陆游的诸多作品中，诗的成就最为显著。其前期作品多为爱国诗，风格豪迈奔放，气势雄浑。后期多为田园诗，风格清丽自然。陆游的词多飘逸婉丽，充满悲壮的爱国激情。毛晋在《放翁词跋》中说："杨用修（慎）云：'放翁词纤丽处似淮海（秦观），雄慨处似东坡。'予谓超爽处更似稼轩耳。"陆游的散文也取得了很高的成就，被前人推为南宋宗匠。其他的诸如政论、史记、游记、序、跋等，大都语言洗炼，结构整饬。有《渭南文集》《剑南诗稿》《南唐书》《老学庵笔记》等传世。

辛弃疾

辛弃疾（1140年—1207年），南宋词人，与苏轼并称为"苏辛"。字幼安，号稼轩，历城（今山东济南）人。出生时，山东已为金兵所占。1161年，金主完颜亮大举南侵，各族人民的反抗活动风起云涌。22岁的辛弃疾聚众两千人起义抗金。这一年，同是起义军领袖的耿京已攻占郓州。辛弃疾遂率部投归耿京，并力劝耿京归宋，以图大业。绍兴三十二年（1162年）元月，耿京派辛弃疾、贾瑞等渡江赴建康商谈归附事宜。辛弃疾走后不久，叛徒张安国就勾结金人杀害了耿京，率部投金。辛弃疾在返回途中得知消息后，立即率五十余名骑兵，奇袭金营，生擒张安国。此举"壮声英概，懦士为之兴起，圣天子一见三叹息"。此后，辛弃疾投奔南宋，官为江阴签判。

从1162年至1181年间，辛弃疾一直出仕为官。这一时期，他雄心勃勃，壮志凌云，先后上了一系列奏疏，力陈抗金抚国方略。他在《美芹十论》《九议》等奏疏中，具体分析了当时的政治军事形势，对夸大金兵力量、鼓吹妥协投降的谬论，作了有力的驳斥；要求加强作战准备，鼓励士气，以恢复中原。可惜，由于主和派当权，他所提出的抗金建议，均未被采纳。此后，他由签判到知州，由提点刑狱到安抚使，到江西、湖北等各处为官。每到一处，他都采取积极措施，打击贪污豪强，招集流亡，奖励耕战，训练军队，把地方治理得井井有条。如在滁州知州任上，仅半年时间，当地"荒陋之气"即一洗而空。在湖南任上，创置"飞虎军"，"军成，雄镇一方，为江上诸军之冠"。虽宦迹无常，然而政绩卓著。从1182年至1202年，辛弃疾由于一直坚持抗金，颇受主和派打压。这段时间，他除了短暂地在闽中任职外，两次遭弹劾。有十八年的时间闲居江西，颇不得志。在这段归隐时期内，辛弃疾寄情田园，留恋山水，追慕陶渊明，写就了大量田园词、山水词，然而爱国心丝毫未减。嘉泰六年（1203年），64岁的辛弃疾奉令出任，然而还未成行即又遭罢免。开禧元年（1205年）秋，闲居铅山瓢泉的辛弃疾，又屡被封召，还被授予了兵部侍郎、枢密院都城旨等要职，辛弃疾以年老多病为由，力辞不就。开禧三年（1207年），辛弃疾故去，终年68岁。

辛弃疾今存词629首，数量、质量之优，皆雄冠两宋。词评家曰："稼轩者，人中之杰，词中之龙。"佳作有《京口北固亭怀古》（永遇乐）、《登建康赏心亭》（水龙吟）、《为陈同甫赋壮词以寄之》（破阵子）、《书江西造口壁》（菩萨蛮）等。今存诗133首，风格、内容大体如词。今存文17篇，多为奏议启札等应用文字。辛词在宋代已有多种版本，现宋刻本已不存，今有《汲古阁影宋钞》本、《唐宋名贤百家词》本和四印斋刻本。1975年上海人民出版社出版点校本《稼轩长短句》。

成吉思汗

成吉思汗（1162年—1227年），名铁木真，孛儿只斤氏。蒙古族杰出的军事家、政治家。1206年，进位蒙古帝国大汗（后被尊为元朝开国皇帝），统一蒙古各部落。在位期间，多次发动侵略战争，征服地域西达黑海海滨，东括几乎整个东亚，建立了一座世界史上闻名的草原帝国。

铁木真出生于蒙古乞颜部贵族世家：六世祖海都、高祖敦必乃、曾祖葛不律寒及族曾祖俺巴孩等都曾是蒙古部的显赫人物或首领，父也速该则有拔都（勇士）称号。当时，漠北高原有百余部落，互相攻战。铁木真的母亲诃额仑为弘吉剌部贵族，同蔑儿乞人赤列都结亲。1161年秋，也速该（当时为乞颜部首领）在斡难河畔打猎，发现了途经蒙古部驻地的诃额仑。他根据当时"抢亲"的传统，打败了蔑儿乞人，抢走了诃额仑。第二年，也速该活捉了塔塔儿部首领铁木真兀格，他的第一个儿子也在这时降生，为了庆祝战争的胜利，也速该给刚出生的长子取名为"铁木真"。铁木真9岁时，父亲被塔塔儿部人毒死，部众离散。由于泰赤兀部的塔里忽台（俺巴孩汗的孙子）的兴风作浪，铁木真母子被蒙古部众抛弃，艰难度日。铁木真一度被塔里忽台捉获，险些被杀，凭机敏侥幸逃脱。到18岁时，弘吉剌部的德薛禅根据原来的婚约，将女儿孛儿帖嫁给了铁木真。可是没过几个月，孛儿帖就被仇敌蔑儿乞部的脱脱部长抢走了。铁木真不得已开始寻觅盟友，他依附了蒙古高原最强大的克烈部首领脱里（后称王汗），并尊之为父，得以收聚其父旧部；又与札答阑部首领札木合结为安答（义兄弟），逐步发展势力。在王汗、札木合的帮助下，铁木真突袭蔑儿乞部，斩杀了仇敌，夺回了妻子。

金大定末年，铁木真移营怯绿连河（今克鲁伦河）上游，独立建帐，广结盟友，吸引了众多蒙古部众和乞颜氏贵族来投，被推为蒙古乞颜部的可汗。铁木真的崛起引起了札木合的忌恨，札木合纠合塔塔儿、泰赤兀等十三部众向铁木真发动进攻。铁木真则召集了诸部兵三万，分十三翼（翼，营或圈子之义）迎战，失利退兵，史称"十三翼之战"。由于铁木真颇得人心，札木合部纷纷叛附，由此，铁木真虽战败却反而壮大了力量。

金章宗承安元年（1196年），铁木真与王汗一起，配合金国击杀塔塔儿部，被金封授札兀忽里（部族官）。又与王汗联兵，大败正在会盟的哈答斤等十一部联军。泰和元年（1201年），破札木合组织的松散联盟。次年，大败乃蛮联军，并乘胜攻灭塔塔儿四部。因势力渐强，铁木真引起了王汗的警惕和敌视。三年，王汗突袭铁木真，铁木真败走班朱尼河（今呼伦湖西南），转至合泐合（哈拉哈）河中游，收集溃散部众千余骑，修养生息。后获悉王汗骄怠不备，即夜袭王汗大营。王汗不敌，只身败逃，在乃蛮边界被杀，克烈部亡。四年，铁木真建怯薛（护卫军）。不久，乃蛮首领太阳汗来攻，铁木真布疑阵，擒杀太阳汗，征服其部众。哈答斤、朵鲁班等部陆续来降。至1206年，蒙古高原百余个大小部落先后败亡，塔塔儿、克烈、蔑儿乞、乃蛮和蒙古五大部均被铁木真统一。铁木真遂在斡难河之源举行选汗大会，被尊为成吉思汗，蒙古正式建国。扩充怯薛至万人，称大中军。以兵民合一的千户制编组民众，大大加强了蒙古族的战斗力。

随着国势日盛，铁木真开始对外发动大规模战争。先是与西夏频繁争战，屡创西夏军主力。随后南下攻金。六年，铁木真率大军攻金。金被遣使逼和，奉献岐国公主及金帛、马匹无数。铁木真退出居庸关。十二年，铁木真封木华黎为太师、国王，再次攻金。

自己则率主力筹备西征。次年，铁木真派先锋将领哲别灭西辽屈出律势力，扫清西征障碍。十四年，以西域花剌子模国杀蒙古商人、使者为由，亲率大军约二十万分路西征。数年间，先后攻破讹答剌（在今锡尔河中游）、布哈拉及撒马尔罕等地。花剌子模国王摩诃末被迫逃至宽田吉思海（今里海）的小岛中，后病死。又命哲别、速不台继续西进，远抵克里米亚半岛。自己率军追击摩诃末之子札兰丁至申河（印度河）。十九年，班师返漠北。二十年秋，已西征多年的铁木真回归蒙古草原。因西夏背盟，木华黎死去，成吉思汗不顾64岁高龄，亲征西夏。途中围猎受伤，高烧不起，但他仍不退兵。西夏被迫派使者求降。二十一年，铁木真率军十万歼灭西夏军主力。二十二年（1227年）七月十二日，铁木真在六盘山下清水县（今属甘肃）病逝，终年66岁。临终留遗嘱：利用宋金世仇，借道宋境，联宋灭金。其子窝阔台和拖雷遵此遗策，于1234年灭金国。忽必烈建立元朝后，追封成吉思汗为元太祖。

关汉卿

关汉卿，生卒年不详。号一斋，又号已斋。大都（今北京）人。元初著名剧作家。元朝统一中国后，城市经济逐渐复苏并日渐繁荣。在城市里，杂剧逐渐兴起。但在当时，由于异族文化的冲击，儒学思想和知识分子的地位变得十分低下，甚至有"七匠八娼九儒十丐"的说法。不仅如此，当时社会上还存在着严重的种族歧视。关汉卿本出身于行医世家，由于医术高明，在当地颇有名气，还曾被召进宫中做太医院尹，但因志不在医，不久即辞官。此后，关汉卿和许多仕子一样，进则无门，退则不甘，但由于生性洒脱，便和同时代的很多儒生一样走进了勾栏（戏园子）、倡优（艺人）中间。

关汉卿"生而倜傥，博学能文，滑稽多智，蕴藉风流"，交友十分广泛，与杂剧作家、演员、青楼女子、官员都有交往。作为封建社会的知识分子，他熟读儒家经典，书写剧本时，典籍中的句子信手拈来。虽然生在仕途堵塞的时代，但关汉卿却能冲破思想的束缚，放下士子的清高，虚心接受、学习杂陈的民间文化，这在他的杂剧和散曲中，人们都能够感受到：无论是左右逢源的民间俗语还是三教九流的行话，都栩栩如生，极具欣赏价值。关汉卿本人亦颇有才华，不但吹拉弹唱样样精通，而且能歌善舞，形象动人，经常"面傅粉墨"，亲自登场，是时人公认的"梨园领袖"。

关汉卿一直生活在大都。大约在南宋灭亡（1278年）后不久，他南下漫游，曾到过杭州、扬州等地。散曲《杭州景》就是描写他在游历杭州时亲眼看到的繁华景象。之后，他在元大德初年（1297年—1307年），写了《大德歌》散曲十首，不久辞世。其一生写有六十多种杂剧作品和数十首散曲，流传下来的仅有十八种，收录于在《关汉卿戏曲集》中，其中像《窦娥冤》《救风尘》《蝴蝶梦》《鲁斋郎》《拜月亭》《调风月》《望江亭》等都是广为流传的名篇。

汤显祖

汤显祖（1550年—1616年），字义仍，号海若，又号若士，别署清远道人。临川（今属江西）人。明代戏曲作家。在中国和世界文学史上有着重要的地位，被誉为"东方的莎士比亚"。汤氏祖籍临川县云山乡，后迁居汤家山（今抚州市）。汤显祖从小聪慧好学，

"童子诸生中，俊气万人一"，14岁补县诸生，21岁中举人。当时，科举制度已经十分腐败，考试为利益集团所操纵，成为确立贵族子弟世袭地位的骗局，早不再以才学论人。万历五年、八年两次会试，朝廷首辅张居正想安排自己的几个儿子取中进士，为了找几个有真才实学的人作陪衬，就派自己的叔父去笼络当时很有名气的举人汤显祖和沈某。声言只要肯同宰相合作，就可中头几名。沈某等听从安排，果然中了高科；而汤显祖因洁身自好，拒绝招揽，结果名落孙山，并且在张居正当权的年月里，再未及第。张居正死后，张四维、申时行相继为相，他们都曾以高官厚禄拉拢汤显祖，都遭其拒绝。

汤显祖34岁时，以极低的名次中了进士。他先在北京礼部观政（见习），次年以七品官到南京任太常寺博士。在七品任上达七年之久。由于任上闲寂，而当地文人荟萃，汤显祖便一面以诗文词曲同人切磋唱和，一面专研学问。生活得清静自得。万历十一年（1583年），文坛"后七子"领袖王世贞以应天府尹的身份赴南京，任刑部侍郎、尚书。其地位显赫，很多士大夫趋之若鹜。汤显祖对王世贞的文学主张不以为然，他重创新而反对复古，与王世贞辈倡导的"文必秦汉""诗必盛唐"的摹拟之风大相径庭。因此，他与王世贞虽同在南京，又为王世贞之弟王世懋的直接下属，却不愿与王氏兄弟往来。并且，为了打击文学复古派，他还约友人把李梦阳、李攀龙、王世贞的诗文拿来剖析，指出他们诗文中模拟、剽窃的汉史唐诗字句，并一一加以论辩。王世贞知道后，无奈之余，哑然失笑。

万历十九年（1591年），汤显祖在南京礼部祠祭司主事任上，上了一篇《论辅臣科臣疏》，严词弹劾首辅申时行和科臣杨文举、

胡汝宁，揭露他们剽窃权柄、贪赃枉法的罪行。不但如此，疏文还对万历登基二十年的政治都作了抨击。疏文一出，明神宗大怒，将汤显祖放逐为雷州半岛徐闻县典史。一年后遇赦，迁浙江遂昌知县。在遂昌，他去重刑，减科条，建射堂，修书院。还时常下乡劝农，与读书人切磋文字。这种古循吏的作风，使浙中的精神面貌大为改观，桑麻牲畜都兴旺了起来。在上述善政外，他甚至还擅放狱中的囚犯回家过年，元宵节让他们上街观灯。这终于使他的政敌抓住了把柄，借考核官员的时机，暗语中伤。万历二十六年（1598年），朝廷要派税使来遂昌，汤显祖不堪忍受，不待他人攻击，先递了辞呈，扬长而去。三年后，吏部和都察院才正式以"浮躁"的理由给出了一个罢职闲住的处分，而汤显祖早已逍遥回乡。晚年的汤显祖专事佛学，置身于政治斗争之外。他自称"偏州浪士，盛世遗民"，说"天下事耳之而已，顺之而已"。后又以"茧翁"自号。传世主要戏剧作品有号称"玉茗堂四梦"的《牡丹亭》《邯郸记》《南柯记》《紫钗记》等。

明太祖

明太祖（1328年—1398年），名朱元璋。本名重八，又名兴宗，字国瑞，濠州（今安徽凤阳县东）钟离太平乡人。朱元璋自幼贫寒，父母兄长均死于瘟疫，由于孤苦无依，便到皇觉寺落发为僧。在寺中不久，因为粮食不够吃，主持高彬罢粥散僧，打发和尚们云游化缘。朱元璋也离开寺院托钵流浪。这一年，朱元璋17岁。三年后，朱元璋又回到了皇觉寺。云游期间，他走遍了淮西的名都大邑，目睹了元末农民起义的风起云涌。1351年，白莲教首领韩山童、刘福通在颍州（今安徽阜阳）发动起义，并推韩山童为明王。同年八月，彭莹玉、徐寿辉在蕲水（今湖北浠水）起义。由于起义者以红巾裹头，故称红巾军。1352年，郭子兴和孙德崖在濠州起义。朱元璋见四面都揭竿而起，于是投奔了郭子兴的红巾军。

朱元璋入伍后，由于作战勇敢，机智灵活，粗通文墨，很得郭子兴的赏识。郭子兴就把朱元璋调到帅府当差，任命为亲兵九夫长，并将养女马氏嫁给了他。朱元璋此前一直用名重八，至此正式取名元璋，字国瑞。由于濠州城诸将争权夺利，矛盾重重，朱元璋决心依靠自己的力量，开创新局面。至正十五年（1355年）六月，他回乡募兵，很快就募集了七百多人。回到濠州后，被郭子兴升为镇抚。之后，朱元璋离开濠州，南略定远，充实了兵力后南下滁州。不久，朱元璋又一举攻克和州，力量进一步强大。郭子兴病逝后，朱元璋被任命为左副元帅，成了队伍的实际统帅。至正十六年（1356年）三月，张士诚进攻江南元军。朱元璋乘机率水陆大军进攻集庆（今江苏南京），由于统兵有方，士气高涨，不到十天即攻下集庆。朱元璋在应天设立大元帅府。至此，其兵力已达十万。当时，各地割据势力很多：东面和南面是元军，东南是张士诚，西面是徐寿辉，虽然反元武装很多，但彼此却相互敌视。朱元璋时常遭到进攻。

为了巩固应天根据地，朱元璋占领应天不久，即出兵攻取镇江。由于军纪严明，镇江很快攻下。至正十七年（1357年）冬，朱元璋先后攻下了金坛、丹阳、江阴、常州、常熟、扬州等地。这时的力量形势是，长江上游有陈友谅，下游有张士诚，东南邻方国珍，南邻陈友定。其中，陈友谅势力最强。至正二十年（1360年），朱元璋以诱敌深入之计，大败陈友谅。陈友谅逃往武昌。至正二十三年（1363年）七月，朱元璋统兵二十万，与陈友谅在鄱阳湖展开决战。最终以火攻取胜，陈友谅被乱箭射死。翌年，朱元璋建百官司属，称吴王。至正二十六年（1366年）五月，朱元璋发表檄文声讨张士诚。十一月，以重兵包围平江，发动攻势。至正二十七年（1367年），朱元璋攻克平江城，杀张士诚。至正二十七年（1367年），方国珍归降。随着兵力的势如破竹，朱元璋打出了"驱逐胡虏，恢复中华，立纲陈纪，救济斯民"的口号，开始全力北伐。北伐军出师后，捷报频传。至正二十八年（1368年），占领开封，平定河南，同时攻克潼关。八月，攻克元朝首都大都（今北京），元顺帝弃城逃走，奔向漠北，元朝灭亡。至正二十八（1368年）正月，朱元璋告祀天地，于应天南郊登基，改元洪武，正式建立了明王朝。

朱元璋在位三十一载，与民休养生息，推行政治改革；为了加强专制统治，他清除权臣，血腥屠戮，不遗余力。总的来说，明初是中国历史上较强盛的时期，朱元璋也是一位杰出的政治家。洪武三十一年（1398年），朱元璋病逝，终年71岁。葬于孝陵。谥号"圣神文武钦明启运俊德成功统天大孝高皇帝"，庙号"太祖"。

朱熹

朱熹（1130年—1200年），中国南宋思想家。字元晦，号晦庵。徽州婺源（今属江西）人。建炎四年（1130年），朱熹降世不久，其父朱松（秘书省正字）即因反对秦桧主和，被逐出朝廷。朱熹随父亲在福建建阳度过了童年。

朱熹从小聪明过人，勤于思考，学业进步飞快，8岁即能读懂《孝经》，并在书上题字自勉："苦不如此，便不成人。"朱熹十几岁时，父亲过世。朱熹受父亲道学朋友的影响，很热衷于道学，对佛学也很有兴趣。绍兴十七年（1147年），朱熹参加乡贡被录取。绍兴十八年（1148年），朱熹中进士。后被派任泉州同安县主簿，从此走上仕途。朱熹在赴任途中拜见了著名道学家、程颐的弟子李侗。绍兴三十年（1160年），朱熹为向李侗求学，徒步几百里从崇安走到延平。李侗很欣赏朱熹，为他取字元晦，收为门生。从此，朱熹开始架构自己的客观唯心主义"理一分殊"体系：理学。淳熙三年（1176年），朱熹与著名学者陆九渊在江西上饶鹅湖寺相会，交流思想。陆属主观唯心论，认为人们心中先天存在着真、善、美，主张"发明本心"，这与朱熹的客观唯心说截然不同。二人辩论争持，竟至互相嘲讽，不欢而散。鹅湖论辩之后，"理学""心学"两大派别开始分庭抗礼。

隆兴元年（1163年），宋孝宗继位，迫于军民压力，起用了抗战派张浚，为岳飞冤案平反，贬退了秦桧党人。朱熹上奏孝宗，提出了一系列建议，如发展格物致知之学、罢黜和议、任用贤能等。言辞间的反和主张十分明确。这一奏章使朱熹得幸被召，朱熹奔赴杭州。在杭州，由于宋军交战失利，朝廷派人议和，朱熹强烈反对，接连上奏，慷慨陈词。随后朱熹又见了张浚，提议北伐中原，然而不久张浚即被罢相，出任外地，病死途中。朱熹闻讯赶赴豫章（今南昌）哭灵，悲痛不已。此时，朝廷内主和派的气焰十分嚣张，金兵已渡过淮水。朱熹心急如焚。隆兴元年（1163年），回福建崇安。隆兴二年

（1164年），隆兴和议之后，宋金结为"侄叔"，关系缓和。朱熹从此扎入书堆，潜心钻研理学。他在故里修"寒泉精舍"，十余年间著述、讲学，生徒盈门。其间，朝廷屡诏朱熹，均不应。淳熙五年（1178年），朱熹重新入仕，为官的同时，在庐山唐代李渤隐居旧址建"白鹿洞书院"讲学。淳熙八年（1181年），由于有人上书抨击理学，斥其为"伪学"，朱熹被解职。罢官后的朱熹在武夷山修建"武夷精舍"，广召门徒，传播理学。为了便于人们学习儒家经典，他又在诸经典中节选《大学》《中庸》《论语》《孟子》为"四书"，刻印发行。

宋宁宗继位后，开始全面肯定理学。朱熹甚至逢双日则早晚进宫为宁宗讲《大学》。此前，由于反对者陆续倒台，理学已经得势，至此，朱熹更是仕途顺利。但是好景不长，由于朱熹总是借讲学的机会评议朝政，引起了宁宗不满，宁宗遂以干预朝政的罪名，将朱熹逐出了朝廷。庆元元年（1195年），朱熹在朝中的支持者赵汝愚因受韩侂胄的排挤被罢相。韩随后又发动了一场抨击"理学"的运动。庆元二年（1196年），叶翥上书，要求"除毁"道学家书籍；科举取士，凡涉程朱义理者不取。监察御史沈继祖则指控朱熹十罪，请斩。朱熹的得意门生蔡元定在风波中被捕，解送道州。一时间，风云变幻，理学被斥为"伪学"，朱熹被斥为"伪师"，学生被斥为"伪徒"，理学威风扫地。庆元六年（1200年）三月初九，朱熹在家中忧愤而死，终年71岁。嘉定二年（1209年）诏赐遗表恩泽，谥号"文"，赠中大夫、宝谟阁直学士。理宗宝庆三年（1227年），赠太师，追封信国公，改徽国公。

王守仁

王守仁（1472年—1529年），原名云，后更名守仁，字伯安，因曾筑室绍兴阳明洞，别号阳明子，世人通常称阳明先生。死后三十九年，诏赠新建侯，谥"文成"，故后人又称王文成公。明代心学泰斗、主观唯心主义哲学家。浙江余姚人。父王华，在明成化十七年（1481年）中了状元，王守仁就随父移居绍兴。相传，王华对儿子管教极严，王守仁少年时学文习武，十分刻苦，但由于酷爱下棋，往往为此耽误功课。王华屡次责备，却收效甚微，他一气之下，把象棋扔到了河里。王守仁深受震动，从此愈发刻苦努力，不但学业大进，骑、射、兵法，也日趋精通。明弘治十二年（1499年），王守仁中进士，授兵部主事。当时，提督军务的太监张忠认为王守仁以文士授兵部主事，心中十分蔑视。一次，他强令王守仁当众射箭，想让他出丑。结果王守仁提弓连射三箭，三发三中，全军欢呼，张忠尴尬不已。

王守仁做了三年兵部主事，以肺病告归，在会稽山阳明洞结庐。病愈复职后，因反对宦官刘瑾，于明正德元年（1506年）被廷杖四十，谪贬贵州龙场驿丞。刘瑾被诛后，任庐陵县知事，正德五年（1510年），任吉安府庐陵县知县，次年迁南京刑部主事，后任南京鸿胪寺卿。当时，兵部尚书王琼认为王守仁有经世之才，于是向朝廷推荐。正德十一年（1516年），擢右佥都御史，继任南赣巡抚，更以镇压农民起义和平定"宸濠之乱"之功拜南京兵部尚书，封"新建伯"。后因功高遭忌，辞官回乡。于弘治十八年（1505年），在绍兴、余姚一带创建书院讲学，从事著述。王守仁是中国古代心学大家，其学深受南宋陆学和禅学的影响，但比陆学精致完整和广泛得多。王守仁之学，经历了"学凡三变"的历程。黄宗羲曾曰："先生之学，始泛滥于词章；继而遍读考亭之书，循序格物，顾物理、吾心终制为二，无所得入；于是出入佛老者久之。及至居夷处困，动心忍性，因念圣人处此，更有何道？忽悟格物致知之旨，圣人之道，吾性自足，不假外求。其学凡三变而始得其门。"（《明儒学案》）王守仁著作有《王文成公全书》（一称《阳明全书》）38卷。其中《传习录》《大学问》为重要哲学著作。总括王氏一生，其上马治军，下马治民，以文官掌兵符，集文韬武略于一身，可谓难得的全才。其政绩，其论述（发展为姚江学派）对明代及后世都影响甚巨。嘉靖六年（1577年），复被派总督两广军事，后因肺病加疾，上疏乞归，病逝于江西南安舟中。谥号"文成"。

顾炎武

顾炎武（1613年—1682年）是明末苏州府昆山县（今江苏昆山）人，起初名绛，后改名继绅，以后仍名绛，字忠清。清兵占领南京后，改称顾炎武（一作炎午），字宁人，世称亭林先生。明清之际著名的思想家、学者、民族志士。其一生勤奋治学，在很多方面都取得了卓越的成就，对清代学术文化产生了深远的影响，被梁启超誉为"清学开山之祖"。

顾氏为江东望族。顾炎武的曾祖章志，是嘉靖时进士，官至南京兵部右侍郎。祖父绍芳为神宗年进士，官至从六品。父亲同应，是国子监萌生。顾炎武出世之后，过继给已去世的堂叔为嗣，由嗣母王氏抚育。嗣母王氏为太学生之女，知书识字，"昼则纺绩，夜观书至二更乃息"，尤其喜欢读"《史

记》《通鉴》及本朝政纪诸书"。顾炎武6岁时，王氏就教他读《大学》，9岁又读《周易》。万历四十七年（1617年），顾炎武入塾学习。家人对他的督促更为严格。嗣祖绍芾为国子监生员，很熟悉朝章典故，对当时朝政腐败的情况十分了解。他曾指着庭院中的草对顾炎武说："尔他日得食此，幸矣！"于是要顾炎武认真学习古兵家《孙子》《吴子》诸书及《左传》《国语》《战国策》《史记》《资治通鉴》等。学习之余，王氏还经常给他讲述刘基、方孝孺、于谦等明朝历史上杰出人物的故事，以激励顾炎武学习前辈先贤。少年时代的启蒙教育，对顾炎武日后的学术成就和立身处世产生了深远的影响。天启六年（1626年），顾炎武入学，成为县学生员，取学名继绅，开始致力于学习科举文字。

这一时期，朱明帝国已是大厦将倾。以魏忠贤为首的阉党当道，大权旁落，朝政坏到了极点。万历四十六年（1618年），雄踞关外的努尔哈赤以"七大恨"告天誓师，正式向明朝廷宣战。几年间，相继攻陷了沈阳、辽阳。地方又有山东白莲教起义、陕西饥民暴动，明政权摇摇欲坠。明嘉宗死后，思宗即位，即崇祯帝。崇祯一意中兴国运，然而痼疾已深，积重难返，朝政并无多大起色，内忧外患的局势愈发严重。由于政局危机四伏，顾炎武的祖父绍芾时刻教诲顾炎武"士当求实学，几天文、地理、兵农、水土及一代典章之故，不可不熟究"，要顾炎武用心研读、了解国家大事及朝章典故。因此，顾炎武这一时期的主要精力就放在了"征逐为名"的举业上。崇祯三年（1630年）秋，18岁的顾炎武至南京参加应天乡试，并加入复社。从入县学为生员后的十几年里，顾炎武多次应科举，都未得中，而国事愈发危

急。"感四国之多虞，耻经生之寡术"，顾炎武于是退而读书，"历览二十一史、十三朝实录、天下图经、前辈文编说部以至公移邸抄之类，有关民生之利害者随录之"，着手撰写《天下郡国利病书》及《肇域志》。崇祯十四年（1641年）二月，顾绍芾病死，顾炎武为祖父服丧三年。崇祯十六年（1643年）夏，期满释服。顾炎武通过纳捐成为国子监生。然而仅过了半年，明朝就灭亡了。

崇祯十七年（1644年）五月，清兵攻入北京，京师陷落。明南京兵部尚书史可法、凤阳总督马士英等拥立福王朱由崧为帝，在南京建立了小朝廷，年号弘光。崇祯十八年（1645年），顾炎武取道镇江赴南京就职，尚未到达，南京即为清兵攻占，弘光帝被俘，南明军崩溃，清军铁骑又指向苏、杭。其时，江南各地抗清义军纷起。顾炎武和挚友归庄（其曾祖为散文大家归有光）、吴其沆投笔从戎，参加了反清义军，然而不久即溃败，顾炎武的生母何氏重伤，两个弟弟被杀，嗣母王氏绝食殉国，顾炎武侥幸得免，悲愤欲绝。同年闰六月，明宗室唐王朱聿键在福州称帝，年号隆武。经大学士路振飞推荐，隆武帝遥授顾炎武为兵部职方司主事。崇祯十九年（1646年），顾炎武准备赴福建就任，将行之际，路振飞派人与他联系，要他联络"淮徐豪杰"。此后四五年中，顾炎武"东至海上，北至王家营（今属江苏淮阴），仆仆往来"，奔走于各抗清力量之间，"每从淮上归，必诣洞庭告振飞之子泽溥，或走海上，谋通消息"，欲纠合各地义军伺机而动。不久，隆武政权亦瓦解。虽然抗清活动一再受挫，但顾炎武并未因此而颓丧。他同归庄、陈忱、吴炎、潘柽章、王锡阐等共结惊隐诗社，明为"故国遗民""优游文酒"，其实是借诗社为掩护，秘密进行抗清活动。

顾炎武在这一时期结识了不少富有民族气节的志士。

顺治十二年（1655年）春，顾炎武回到家乡昆山。由于仆人勾结昆山豪族叶方恒，顾炎武秘密将其处决，却因此而入狱。挚友归庄计无所出，向当时的文坛领袖钱谦益（顺治初曾任礼部右侍郎）求援。钱氏声言："如果宁人（即顾炎武）是我门生，我就方便替他说话了。"归庄于是代顾炎武拜钱谦益为师。顾炎武知道后，急忙叫人去索回归庄代书的门生帖子，钱谦益不与，顾炎武便自写一纸，声明自己从未列于钱氏门墙，并托人在通衢大道上四处张贴。钱谦益尴尬不已。顾炎武耿介不阿的秉性由此可见。十三年春，顾炎武出狱，叶方恒派刺客跟袭，顾炎武"伤首坠驴"，幸而遇救得免。此后，叶方恒又指使歹徒洗劫顾家，"尽其累世之传以去"。这之前的几年当中，顾炎武曾数次准备南下，赴福建沿海一带抗清，但由于各种原因均未能成行。至此，他了无牵挂，决计北游。翌年元旦，顾炎武晋谒孝陵，随后返昆山将家产尽行变卖，然后离开故乡，一去不归。到晚年，始定居陕西华阴，直至逝世。

黄宗羲

黄宗羲（1610年—1695年），字太冲，号南雷，学者称梨洲先生，余姚黄竹浦（今浙江省余姚市明伟乡）人。明清伟大的启蒙主义思想家、史学家、文学家、教育家与自然科学家。黄宗羲生长于书香门第。父亲黄尊素为明万历四十四年进士，明熹宗时为御史，东林名士，因弹劾魏忠贤而被削职归籍，不久又下狱，受酷刑而死。年仅19岁的黄宗羲，袖藏铁锥，孤身赴京为父讼冤。当时，崇祯即位，阉党失势，黄宗羲在刑部大堂当场锥刺魏忠贤死党许显纯等，其事轰动一时。崇祯帝听闻，叹称其为"忠臣孤子"。

黄宗羲曾自云一生有三变："初锢之为党人，继指之为游侠，终厕之于儒林。"这正是黄宗羲一生的写照。他觉得明朝封建统治丑恶，便淡泊功名，专心追求经世致用的学问。他遵照父亲的嘱咐，用三年时间，"自明十三朝实录，上溯二十一史"，全部阅读完后，便研读六经、历史、哲学、天文、地理、历算、音乐、数学等书籍。他还拜浙东名儒刘宗周为师。刘宗周品德高尚，学识渊博，对黄宗羲影响很大。如此，黄宗羲在20多岁时便已博学多才、誉满东南了。清兵入关后，黄宗羲又投身于抗清的斗争，并表现出了卓越的军事才能。抗清失败后，他开始对社会、历史进行深刻的反思。康熙三年（1664年），黄宗羲完成了其启蒙主义杰作《明夷待访录》。在书中，他猛烈抨击封建君主专制制度，断言"为天下之大害者，君而已矣"，提出了一系列改革的主张。此间，清廷诏征博学鸿儒，聘他预修《明史》，他三次坚辞不就，然而"史局大议必咨之"，其史学造诣可见一斑。黄宗羲75岁时，完成了另一部巨著《明儒学案》。该著作对明朝三百年间各个学派的学术思想作了系统的、完整的介绍和评述，为我国历史上第一部学术思想史的大作。黄宗羲84岁时，又完成了《明文海》。这是黄宗羲一生中最宏大的一部著作，共482卷，参考明朝各家文集两千余种，耗时二十六年。其一生共有著作60余种，1300余卷，数千万字。在著述的同时，他还在宁波、绍兴、海昌等地讲学，培养门生，是浙东学派的创始人。清朝的著名学者万斯同、万斯大、阎若璩等，都是他的学生，可谓桃李满天下。后人更尊其为"中国思想启蒙之父"。

王夫之

王夫之（1619年—1692年），字而农，号姜斋，晚年居衡阳之石船山，世称"船山先生"。中国明末清初思想家、哲学家，与顾炎武、黄宗羲同称"明清三大学者"。湖南衡阳人。崇祯年间，王夫之求学岳麓书院，师从吴道行。崇祯十一年（1638年）肄业。在书院期间，吴道行教以湖湘家学，传授朱张之道，对王夫之的思想产生了较大影响。明亡后，清顺治五年（1648年），王夫之在衡阳举兵抗清，阻击清军南下，后败退肇庆，任南明桂王政府行人司行人，结果因反对王化澄，几陷大狱。后又到桂林投奔瞿式耜，桂林陷没后，瞿式耜殉难，王夫之遂决心隐遁。辗转湘西以及郴、永、涟、邵间，窜身瑶洞，伏处深山，后回到家乡衡阳潜心治学，在石船山下筑草堂而居，人称"湘西草堂"。从此，王夫之"栖伏林谷，随地托迹"，甚至变更姓名为徭人以避世，直至死去。在四十年中，他刻苦研究，勤恳著述，因明之变故，始终未剃发，其孤高耿介，令世人慨叹不已。

王夫之学问渊博，对天文、历法、数学、地理学、经学、史学、文学等均有研究。在哲学上，他认为，"尽天地之间，无不是气，即无不是理也"，以"气"为物质实体，以"理"为客观规律。在知行关系上，他强调"行"是"知"的基础，反对陆王"以知为行"及禅学家"知有是事便休"的观点。在政治上，他反对豪强地主，认为"大贾富民"是"国之司命"，农工商业都能生产财富。在文学方面，则善诗能文，一生著书320卷。作品收于《四库》的有：《周易稗疏》《考异》《尚书稗疏》《诗稗疏》《春秋稗疏》等。岳麓书院建船山专祠，以纪念这位不朽的大师。著作由后人辑成《清代船山全书》。

张居正

张居正（1525年—1584年），字叔大，少名白圭，号太岳，湖广江陵（今属湖北）人，又称张江陵。明代著名政治家、改革家。少年时聪颖过人，是远近闻名的神童。嘉靖十九年（1540年），张居正通过乡试，成为一名少年举人。嘉靖二十六年（1547年），中进士，授庶吉士。授庶吉士后，张居正进入翰林院，在教习、内阁重臣徐阶的引导下，他努力钻研朝章国故，为日后走上政坛打下了坚实的基础。当时，不设丞相，增内阁，首席内阁学士称首辅（相当于宰相）。张居正入翰林院的时候，内阁中正在进行着一场激烈的政治斗争。夏言、严嵩二人争当首辅。争夺的结果是严嵩胜利。经过几年的冷眼观察，张居正对朝廷的政治腐败和边防废弛有了清晰的认识。嘉靖二十八年（1549年），张居正上疏指陈时弊，阐述改革的主张，没能引起重视。此后，除例行章奏外，在嘉靖朝，张居正没再上过一次奏疏。四年后，他以养病为由，休假三年。这一期间，他来到故乡江陵，对劳动人民的艰辛深有感触。嘉靖三十六年（1557年），张居正仍回翰林院供职。嘉靖四十三年（1564年），经徐阶推荐，张居正做了裕王朱载垕的侍讲侍读。职衔虽虚，但裕王很可能会继承皇位，因此张居正任职期间，"王甚货之，邸中中官亦无不善居正者"。四十五年，张居正掌翰林院事。同年，世宗死，裕王即位，即明穆宗。张居正的机会来了。隆庆元年（1567年），张居正以裕王旧臣的身份，擢吏部左侍郎兼文渊阁大学士，进入内阁，参与朝政。同年四月，改任礼部尚书、武英殿大学士。

张居正入阁后，和首辅徐阶共同整顿吏治，兴除利弊。隆庆二年（1568年），徐阶因年迈多病，解职归田。其对手高拱重回内阁兼掌吏部事，控制了内阁大权。隆庆六年（1572年），穆宗病逝，年幼的神宗继位。张居正遂联合冯保，将高拱排挤出内阁，自己成了首辅，从此独掌国家大权达十年之久。十年间，张居正实行了一系列改革措施，收到一定成效。他清查地主隐瞒的田地，改革赋税制度，推行"一条鞭法"，使明朝政府的财政状况有所改善；启用名将戚继光、李成梁等练兵，加强北部边防，整饬边镇防务；用潘季驯主持浚治黄淮，亦颇有成效。在诸多的改革中，"一条鞭法"是中国田赋制度史上的一次重大改革，影响深远。后来清代的"地丁合一"制度就是"一条鞭法"的运用和发展。张居正在任上兢兢业业，夜以继日地奔忙，连父亲去世都未能服丧守制。万历九年（1581年），张居正病倒，翌年六月二十日病逝。死后，神宗为之辍朝，赠上柱国，谥号"文忠"。至此，可谓生荣死哀。但其死后刚刚四日，御史雷士帧等七名言官即弹劾潘晟（张居正生前所荐），神宗命潘晟致仕。不久，言官把矛头指向已死去的张居正。神宗于是下令抄家，并尽削其官秩，追夺生前所赐玺书、四代诰命，以罪状示天下，几乎剖棺戮尸。其家人或杀或流放，凋零殆尽。所施之政，也一一恢复到从前弊端丛生的旧观。神宗死后，熹宗登基，于天启二年（1622年）为张居正平反，复官复荫。

康熙皇帝

康熙（1654年—1722年），名爱新觉罗·玄烨，为顺治帝第三子。顺治十八年（1661年），年仅8岁的玄烨遵遗召被立为皇太子，继承大统，由遏必隆、索尼、苏克萨哈、鳌拜四大臣辅佐。然而，鳌拜自恃功高，结党营私，专擅朝政，根本不把康熙放在眼里。康熙亲政后，鳌拜仍把持大权。康熙决计铲除鳌拜。他从各王府中挑选亲王子弟一百多人做自己的侍卫，组成善扑营，练习蒙古摔跤技艺。康熙八年（1669年）五月，他以下棋为名诏鳌拜进殿。当鳌拜目中无人地走进大殿时，众少年一下将鳌拜扑倒在地，捆绑起来。康熙当众宣布了鳌拜的三十条罪状，对其终身幽禁。康熙从此夺回大权，开始了自己的宏图伟业。

当时，吴三桂、尚可喜、耿精忠在南疆已经形成了割据势力；东边郑成功的儿子郑经控制着台湾；西北的准噶尔，剽悍难服。清王朝的统治受到空前的威胁。康熙十二年（1673年），康熙下令撤藩。吴三桂举兵叛乱，自称周王。尚可喜、耿精忠等也随之响应。仅在数月之间，清朝半壁江山就失于"三藩"之手。康熙帝临危不惧，运筹帷幄，制定了重点打击吴三桂，争取其他叛军中立、归降的策略。康熙十五年（1676年），耿精忠、尚可喜先后投降，吴三桂陷入孤立。康熙十七年（1678年），清廷发动反攻，吴三桂节节败退。不久，吴三桂病死，其孙吴世璠继续抵抗。三年后，清军攻克昆明，吴世璠自杀。至此，历时八年的"三藩之乱"被平定。翌年，康熙乘平"三藩"之余烈，派姚启圣、施琅为将，进攻台湾。次年八月，郑氏投降。清廷在台湾设置一府三县，归福建省管辖。

正当清内部酣战之时，沙皇俄国深入黑龙江流域，占据了雅克萨城。康熙二十四年（1682年），清廷向沙俄侵略军发出通牒，并派出水陆援军与黑龙江将军萨布素会师，反击雅克萨沙俄军队。沙俄受重创，向清军投降。同年冬，沙俄又返回雅克萨。康熙立即派萨布素率精兵出击，沙俄统帅被杀，八百俄军只剩不足十分之一。沙俄再次请求谈判，并于康熙二十八年和清廷签订了《尼布楚条约》，划定了两国东段边界。紧接着，漠西蒙古准噶尔部发动叛乱。准噶尔位于巴尔喀什湖以东，天山以北和伊犁河流域。首领噶尔丹野心勃勃，表面上臣服于清廷，却步步向南逼近，势力延伸至青海、西藏地区，并觊觎喀尔喀蒙古。康熙二十九年（1690年），噶尔丹率两万骑兵大举进攻蒙古，气焰十分嚣张。清廷立即下令反击，但初战即告失败。康熙随后御驾亲征，两军在乌兰布通展开大战。噶尔丹大败，只带少数随从逃往漠北。康熙三十五年（1696年），噶尔丹卷土重来。康熙第二次亲征，手绘阵图，指挥方略，在昭莫多将噶尔丹几乎全军歼灭。次年，康熙第三次亲征，扫除了噶尔丹残余势力，噶尔丹服毒自尽。康熙六十一年（1722年），康熙帝病逝于北京颐和园，终年68岁。

康熙一生励精图治，不仅平定了多次叛乱，奠定了祖国今日的疆域，而且崇尚科学，是中国古代帝王中极为少有的思想进步之人。他曾学过欧几里得的《几何原本》和巴蒂斯的《实用理论几何学》的满文译本，还将自己学到的知识用于治水的实践中。他爱惜民力，曾六下江南，考察解决饥荒和水患。整个康熙年间，社会稳定，经济繁荣，开创了中国历史上为数不多的盛世，为"康乾盛世"打下了坚实的基础。

乾隆皇帝

乾隆皇帝（1711年—1799年），名爱新觉罗·弘历，是清朝第五代皇帝，雍正帝第四子。弘历是雍正帝诸子中最有才干和能力的一位，在十几岁时就精于武术，喜欢艺术创作，因此很得祖父康熙的宠爱。相传，在雍正即位当年，弘历就被以"秘建皇储"的方式确立为继承人。雍正在位时，弘历经常以钦差的身份出京办事，其行事稳重，恩威并施，很有政治天分，也因此经常参与军国要务。1735年，雍正驾崩，弘历顺利继承皇位。

乾隆帝以文治武功著称。文治，主要表现在政治、经济和文化上。即位之初，乾隆矫其祖宽父严之弊，实行"宽严相济"的政策，整顿吏治，修订各项典章制度，优待士人，安抚前朝受打击之宗室。在经济上，奖励垦荒，兴修水利，与民休养生息。在文化上，乾隆帝儒雅风流，喜爱著文吟诗，其一生诗作达42000余首，数量堪与《全唐诗》媲美；乾隆帝对书法也十分痴迷，曾收集王羲之、王献之和王珣的真迹，于养心殿西暖阁专辟小室供奉，并亲自为小室命名为"三希堂"。当然，乾隆帝最突出的文化成就还是组织编纂巨帙《四库全书》。他在全国范围内征集书籍，动用大量人员参加编撰誊写，耗费无数心力才编撰完成。《四库全书》共七万九千三百余卷（文渊阁本），是后世宝贵的精神财富。此外，乾隆帝也是陶瓷及建筑艺术的爱好者（其在位时修建的皇家园林圆明园，被誉为东方艺术的博物馆）。

在武功上，乾隆帝也十分杰出，有"十全老人"之称，意谓有十全武功。乾隆登基后，曾两次平定西北的准噶尔部，一次平定新疆回纥部，两次征服大小金川，一次镇压台湾林爽文起义，还出征过缅甸、越南和尼泊尔，是一位杰出的军事指挥家。在这诸多的战役中，平定准噶尔部有着深远的历史影响。蒙古准噶尔部首领噶尔丹在康熙朝曾被击败，但是其侄儿策布阿拉布坦在西北仍拥有很大的势力，控制着新疆、西藏、青海等地，还时常与清廷作对。策布阿拉布坦死后，其子噶尔丹策零统领其众。乾隆登基后，准噶尔部正值内乱，乾隆帝遂于1755年出兵，攻占了伊犁。1757年再次出兵，完全清除了准噶尔部的反叛势力。这场战争，从康熙时算起，持续了近七十年。准噶尔部平定之后，维族首领大和卓木、小和卓木又在新疆策动各部反清。乾隆于是第三次对西北用兵。三年后，平定大、小和卓木叛乱。在伊犁设将军，在喀什等地设参赞大臣、领队大臣等职，同时也大幅度缩减了维族地区的赋税。西北从此稳固，被控制在中央政权之下。在乾隆帝统治中期，西南的大小金川发动叛乱，乾隆用了近三十年的时间平叛，最终擒杀两主帅，对稳定西藏的统治做出了贡献。

虽然文治武功齐备，乾隆帝也不是十全十美的，比如为了震慑反清势力，他大兴文字狱，被定罪之人不计其数。如内阁大学士沈德潜，生前曾深受乾隆帝宠信，乾隆作不出诗时他还会秘密代笔。沈德潜死后，乾隆命其家人进呈沈的诗集，发现有咏黑牡丹一首，其中云"夺朱非正色，异种也称王"。乾隆认为是在影射满族，盛怒之下，竟下令剖棺戮尸。此类案件，在当时比比皆是。文字狱的浪潮在乾隆时代被发挥到了极致。此外，乾隆帝统治的后期，过分倚重于敏中、和珅，加速了吏治败坏，以致弊政丛出，贪污盛行，这都给乾隆帝光辉的一生蒙上了阴影。但无论怎样，乾隆帝都是个十分有作为的皇帝。他在位六十年，退位后又当了三年太上皇（一说其实际统治到逝世）。在半个多世纪的统治中，中国封建王朝迎来了最后的盛世。1799年，乾隆帝逝世，终年89岁，是中国历史上执政时间最长的帝王。

蒲松龄

蒲松龄（1640年—1715年），字留仙，一字剑臣，别号柳泉居士，世称聊斋先生。山东省淄川县（今淄博市淄川区）人。清代杰出的文学家。

蒲松龄天资聪慧，勤于攻读，文思敏捷。19岁初应童子试，以县、府、道三试第一得中秀才，受到山东学政、著名文学家施闰章的奖誉，"文名藉藉诸生间"。然而此后屡应乡试不中，直到年逾古稀，方得一个岁贡生的科名，没几年即与世长辞了。蒲松龄一生位卑，寄人篱下。在25岁前后，他与兄弟分家，得到几亩薄田和三间老屋。随着子女接连降生，生活十分困窘。31岁时，蒲松龄应聘为幕僚，在衙门里帮办文牍，由于不甘沉沦，一年后便辞职返家。此后数年间，他一直辗转于本县缙绅之家，以做童蒙师、代抄文稿糊口度日。康熙十八年（1679年），他到本县西铺村毕家坐馆。毕家在明末曾显赫一时，入清，虽大不如前，却仍为一大乡绅。蒲松龄在毕家除了教东家毕际有的子孙读书外，还代写信札，应酬贺吊往来。由于蒲松龄诗文俱佳，很得毕际有的赏识，彼此相处融洽。由于受馆东的礼遇，蒲松龄在毕家的生活很安定，既有丰富的藏书可读，又可抽时间写《聊斋志异》，并定期赴济南应试。这一期间，他经常接触当地的缙绅名流、官员，很得他们的青睐。蒲松龄还有幸结识了朝廷高官兼诗坛领袖王士禛，与之有二十年的文字之交。在毕家坐馆三十多年后，蒲松龄于古稀之年撤帐归家，终其余年。

蒲松龄困于场屋，怀才不遇，然而大半生在缙绅人家坐馆，生活还不是很拮据。这种处境决定了蒲松龄一生的文学生涯：在所谓雅文学和民间俗文学间徘徊。他写过很多文章，多骈散结合，文采斐然，然而多是代人歌哭的应酬文字。诗作甚丰，终身不废吟咏。诗如其人，大抵率性抒发，质朴平实，其中颇多伤时讥世之作。由于长年做塾师，他还写过《省身语录》《怀刑录》等教人修身齐家的书。当然，其一生大部分时间都是在创作《聊斋志异》。晚年时，《聊斋志异》基本辍笔，转而为民众写作，如以民间曲调和方言土语创作的俚曲《姑妇曲》《翻魇殃》《墙头记》；还有为方便民众识字、种田、养蚕、医病而编写的《日用俗字》《历字文》《农桑经》《药崇书》等。在众多的作品中，《聊斋志异》成了流传至今不朽的名著。在蒲松龄生前，《聊斋志异》已引起了人们的兴趣，人们竞相传抄。后来《聊斋志异》刊行，更是风行天下。在《聊斋志异》出现后的一个时期内，效仿之作丛生，造成了志怪传奇类小说在清代中叶再度繁荣。本世纪以来，《聊斋志异》仍为人们所喜爱，其中的很多篇章不断地被改编为影视作品，影响深远。蒲松龄成就了《聊斋志异》，《聊斋志异》则让蒲松龄流芳千古。

曹雪芹

曹雪芹（约1715年—1763年），名霑，字梦阮，号雪芹，又号芹溪、芹圃。祖籍辽阳，出生于南京。曹家先世原是汉族，后为满洲正白旗"包衣（家奴）"。曹雪芹曾祖曹玺任江宁织造，曾祖母孙氏做过康熙帝的保姆乳母。祖父曹寅做过康熙的伴读和御前侍卫，后袭江宁织造，兼任两淮巡盐御史，极受康熙帝宠信。康熙六次南巡，其中四次由曹寅接驾，并住在曹家。曹寅病故后，其子曹颙、曹頫先后继任江宁织造。曹家祖孙三代四人担任织造之职长达六十年之久。曹雪芹出生时，曹家仍然富贵，他从小即过着"锦衣纨绔""饫甘餍肥"的豪门奢侈生活。然而好景不长，雍正初年，受政治斗争的牵连，曹家陆续遭受打击。曹雪芹的父亲曹頫以"行为不端""骚扰驿站"和"亏空"的罪名被革职抄家，并被下狱治罪。曹家的权势、财产转瞬间丧失殆尽。曹雪芹随家人迁回北京，家道从此衰落。这一变故，使曹雪芹深感世态炎凉，对封建社会有了更加清醒、深刻的认识。从此之后他蔑视权贵，远离官场，过着一贫如洗的艰难日子。晚年，曹雪芹移居北京西郊，生活更加穷苦，"满径蓬蒿""举家食粥"。他以坚韧不拔的毅力，专心从事《红楼梦》的写作和修订。乾隆二十七年（1762年），曹雪芹的幼子夭亡，他陷入了极度的忧伤和悲痛中，一病不起。这一年除夕（1763年2月12日），曹雪芹病逝（关于曹雪芹逝世的年份，另有乾隆二十九年一说）。

据记载：曹雪芹"身胖，头广而色黑"，性格豪放不羁，善谈吐，嗜酒。曹雪芹的祖父曹寅工诗词、善书法，是当时著名的藏书家。家中拥有大量的藏书。曹雪芹自幼受祖父的熏陶，博览群书，工诗善画，具有多方面的艺术才能。可惜其作品多已散失，只有"披阅十载，增删五次"的八十回《红楼梦》（后四十回一般认为是高鹗续成）和一部专门记载工艺技术的《废艺斋集稿》传世。前者是我国古典小说的杰出代表；后者因专载工艺技术，流传范围有限，鲜为人知。在《废艺斋集稿》中，曹雪芹打破了中国文人对"百工之人，君子不齿"的观念，详细记载了金石、风筝、编织、印染、烹调、园林设计等诸多工艺，目的是让残疾人能够以此为技艺，糊口养身。反映了曹雪芹扶弱济困、助人为乐的高尚情怀，令人景仰。

慈禧太后

叶赫那拉氏（1836年—1908年），乳名兰儿，又称"西太后""那拉太后""老佛爷"。安徽徽宁池广太道道台惠征女。1851年以秀女被选入宫，封懿贵人。因得咸丰皇帝宠幸，1854年进封懿嫔，生子载淳后，封懿妃，再封懿贵妃。1861年8月，咸丰帝病死热河，遗诏立载淳为皇太子，继承皇位，并任命怡亲王载垣、郑亲王端华、户部尚书肃顺等八人为"赞襄政务王大臣"辅政。同年11月，慈禧太后与恭亲王奕䜣发动政变，将八名辅政大臣分别革职或处死。改年号"祺祥"为"同治"，实行垂帘听政，掌控了国家政权。

1873年，载淳成年。慈禧宣布撤帘归政，但仍把持权柄。1874年，载淳病死，慈禧立宗室载湉继承皇位，年号"光绪"，复行垂帘听政。1889年，载湉大婚成年，慈禧宣布归政，退居颐和园，但朝内一切用人行政，仍出其手，光绪帝形同虚设。1894年，日本发动甲午战争。这一年，也是慈禧的六十寿辰，拟"在颐和园受贺，仿康熙、乾隆年间成例，自大内至园，路所经，设彩棚经坛，举行庆典"。为了庆典，慈禧挪海军经费，缮修颐和园，布置点景，广收贡献。慈禧的生辰庆典从年初即开始筹备，到8月，中日战事愈发激烈，户部上书"请停工程"，慈禧大发雷霆。一些主战派大臣也纷纷上疏，请求停办"点景"，移作军费。慈禧怒不可遏，称"今日令吾不欢者，吾亦将令彼终生不欢"。9月，中国陆海军先后战败。慈禧一心求和，以各种借口打击主战派。9月27日，她强使主战派军机大臣翁同龢到天津与李鸿章会商停战求和之事。10月18日，下令王公大臣及外省封疆大吏，将"六旬万寿贡品"统于10月23日进献。11月7日，日军占领大连湾。这一天正是慈禧生日。任前方急电如雪片般飞来，慈禧不为所动，在颐和园升殿受贺，大宴群臣，连续赏戏三天，公事皆延置不办。11月22日，北洋水师基地旅顺沦陷，慈禧将矛头指向以光绪帝为首的主战派。11月26日，慈禧于仪銮殿召见军机大臣，宣布"瑾、珍二妃有祈请干预种种劣迹，即著缮旨降为贵人"。并将瑾、珍二妃之兄，礼部右侍郎志锐遣戍乌里雅苏台（珍妃为光绪帝宠妃，支持主战。当时朝廷内一些主战官员，结二妃之兄志锐"密通宫闱，使珍妃进言于上"，推动光绪对日抵抗）。12月，授恭亲王奕䜣为军机大臣，并撤销满汉书房，以加强主和派的势力。1894年底，战事每况愈下，慈禧求和之心更加急切。1895年元月，派张荫桓、邵友濂为全权大臣，赴日求和，结果遭日本拒绝。慈禧惊恐万分，拟出逃山西。日本拒和后，立即向北洋水师另一基地威海卫进攻。27日，威海卫陷落，北洋水师全军覆没。至此，慈禧决心向日本投降。3月，她派李鸿章为全权大臣，再次赴日乞和。4月17日，中日签订了《马关条约》。消息传出后，举国哗然。人们在北京城门贴出"万寿无疆，普天同庆；三军败绩，割地求和"的对联表示抗议。6月间，日军进入台湾，遭到了台湾人民的奋勇抵抗。慈禧下令台湾官员内渡，并严禁接济台湾抗日军民。同时，又在颐和园搭起天棚，准备避暑。

甲午战争失败后，光绪帝愤恨不已，决心变法，改革政治。1898年6月，他发布"明定国是上谕"，实行变法。9月，慈禧发动政变，囚禁光绪帝于瀛台，大肆捕杀维新人士，并复出训政。1900年，八国联军入侵北京，慈禧挟光绪仓皇逃往西安，令奕䜣、李鸿章为全权大臣，与列强谈判。第二年初，她批准《议和大纲》，并颁布了"量中华之物力，结与国之欢心"的政策。1901年9月7日，奕䜣、李鸿章代表清政府与11个帝国主义国家签订了《辛丑条约》。从此，清政府成了洋人的朝廷。1908年11月15日，慈禧病逝。谥号"孝钦慈禧端佑康颐昭豫庄诚寿恭钦献崇熙配天兴圣显皇后"。终年73岁。慈禧死后不久，即爆发了辛亥革命，晚清的舞台轰然坍塌。

左宗棠

左宗棠（1812年—1885年），中国晚清军政重臣，湘军统帅之一，洋务派首领。字季高，一字朴存，号湘上农人。湖南湘阴人。

左宗棠生性颖悟，少负大志，不仅攻读儒家经典，举凡历史、地理、军事、经济、水利无所不读。道光七年（1827年），长沙府试，中第二名。1832年，参加长沙乡试，中举，但此后的几年中，接连三次赴京会试，均不第。三试不第，左本打算"长为农夫没世"，但很多名流显宦都很赏识他。他去拜见官员、学者贺长龄时，贺氏"以国士见待"。贺长龄的弟弟是左宗棠的老师，盛赞学生说："卓然能自立，叩其学则确然有所得。"还与他结成了儿女亲家。很值得一提的是，林则徐亦对左宗棠分外器重。两人曾于长沙彻夜长谈，对治国方略，尤其是关于西北军政的见解不谋而合。咸丰二年（1852年），太平天国大军围攻长沙，省城岌岌可危，左宗棠应湖南巡抚张亮基之聘入幕，投入到了保卫大清江山的阵营。张亮基对左宗棠的到来欢喜不已，将军中事宜悉数托付给了左宗棠。左宗棠所提的建议均被采纳。太平军攻城不下，撤围北去。1854年，左宗棠又应湖南巡抚骆秉章之邀，第二次入湖南巡抚幕府。这时，清王朝在湖南的统治已越发危急，太平军驰骋湘北，农民起义接连不断。左宗棠日夜策划，辅佐骆秉章苦撑大局。骆对其言听计从，"所行文书画诺，概不检校"。在左宗棠的悉心辅佐下，湖南的形势转危为安，作战接连告捷。左宗棠初试锋芒，峥嵘尽显，引起了朝野的瞩目，当时甚至有"天下不可一日无湖南，湖南不可一日无左宗棠"之语。

1856年，左宗棠因接济曾国藩部军饷有功，被命以兵部郎中。1860年，太平军攻破江南大营，左宗棠在湖南招募5000人，组成"楚军"，赴江西、安徽作战。1861年，太平军攻克杭州，在曾国藩的推荐下，左宗棠任浙江巡抚。次年，组建中法混合军，称"常捷军"，先后攻陷金华、绍兴等地，升闽浙总督。1864年，攻陷杭州，控制浙江全境，因功封"一等恪靖伯"。太平军覆灭后，左宗棠于1866年上疏奏请设局监造轮船，获准试行，即于福州马尾择址办船厂，并创办求是堂艺局，培养造船技术和海军人才。时逢西北事起，旋改任陕甘总督。1867年，奉命为钦差大臣，督办陕甘军务。在陕甘任上，继续从事洋务，创办兰州制造局、甘肃织呢总局（为中国第一个机器纺织厂）。

1864年6月，新疆库车爆发农民起义，建立热西丁政权；7月至10月，和阗、伊犁分别建立独立政权；1865年元月，浩罕国（今属乌兹别克斯坦）军官阿古柏入侵新疆；1871年，沙俄武装侵占伊犁；1872年，阿古柏在新疆的喀什、和阗、阿克苏、库车等地悬挂奥斯曼土耳其帝国国旗并发行货币；1874年，日本入侵台湾。在这种局势下，清廷爆发了激烈的"海防""塞防"之争。李鸿章等主张放弃塞防。左宗棠不赞同，认为西北"自撤藩篱，则我退寸而寇进尺"，尤其招致英、俄渗透。同年，左宗棠以钦差大臣督办新疆军务。次年，坐镇甘肃酒泉，打响了收复新疆的战役。1877年，占和阗，收复除伊犁以外的新疆全部领土，阿古柏服毒自杀。1879年，中俄就伊犁问题进行交涉时，左宗棠严词抨击了崇厚一任俄国要求，轻率定议约章的行径，主张"先之以议论""决之于战阵"。1880年春，在新疆部署兵事，彻底击溃了阿古柏残余势力。1881年初，中俄《伊犁条约》签定，中国收回了伊犁和特克斯河上游两岸领土。左宗棠任军机大臣兼在总理衙门行走，管理兵部事务。同年夏，调任两江总督兼南洋通商大臣。1884年，再任军机大臣。中法战争期间，福建水师全军覆没，左宗棠奉命督办福建军务。1885年，于福州病故，终年74岁。谥号"文襄"。有《左文襄公全集》传世。

曾国藩

曾国藩（1811年—1872年），初名子城，字伯函，号涤生，湖南长沙府湘乡（今湖南省双峰县）人。清代"中兴名臣"之一，军事家、理学家、政治家、文学家，晚清散文"湘乡派"创立人。一生著述甚丰，有《曾文正公全集》传世。

曾国藩出生于湖南的一个豪门地主家庭。兄妹九人，曾国藩为长子。曾家世代务农，生活宽裕。曾国藩自幼天资聪明，勤奋好学。6岁入私塾。8岁能读八股文诵五经。

14岁时能读《周礼》《史记文选》，同年参加了长沙的童子试，成绩俱佳列为优等。1832年，考取秀才，并与欧阳沧溟之女成婚。28岁中进士成为军机大臣穆彰阿的得力门生，从此踏上仕途。在京十多年间，曾国藩先后任翰林院庶吉士、累迁侍读、侍讲学士、文渊阁值阁事、内阁学士、稽察中书科事务、礼部侍郎及署兵部、工部、刑部、吏部侍郎等职。十年内七迁，从七品一跃升至二品。

曾国藩一生的辉煌与太平天国起义密切相关。1852年，曾国藩因母丧在家。这时太平天国的起义已席卷半个中国，腐朽的清军不堪一击。清廷遂频频颁发奖励团练的命令，希望借助地主武装来遏制太平军的势力。1853年，曾国藩在其家乡湖南一带，建立了一支地方团练，称为湘军。曾氏治军严苛，赏罚分明，镇压太平军时心狠手辣。由于湘军凶残彪悍，作战力极强，很快便在清朝的武装力量中脱颖而出。曾亦因战功被封为"一等勇毅侯"，成为清代以文人而封武侯的第一人。此后历任两江总督、直隶总督，升至一品。

镇压太平军起义让曾国藩飞黄腾达，写就了人生的辉煌，但发生在1870年的天津教案（1870年6月，天津数千名群众因怀疑天主教堂以育婴堂为幌子拐骗人口、虐杀婴儿，群集在法国天主教堂前。法国领事丰大业持枪射杀了天津知县刘杰的仆人。民众愤激之下先杀死了丰大业及其秘书西门，之后又杀死了修女、神父、法国领事馆人员、法国侨民、俄国侨民等19人和30余名中国信徒，烧毁了法国领事馆、望海楼天主堂及四座基督教堂）却让曾国藩的名誉大受影响。天津教案发生后，英、美、法等国联合提出抗议，并出动军舰威胁。清廷胆战心惊，立即召正在直隶总督任上的曾国藩前往天津办理。曾国藩到天津后，考量当时局势，不愿与法国开战，最后处死了为首杀人的18人，充军流放25人，并将天津知府张光藻和知县刘杰革职充军发配黑龙江。赔偿洋人白银46万两，组使团亲往法国道歉。这个处理结果让民众甚为不满，朝野上下骂声一片，曾国藩在湖广会馆题写的匾额甚至也被乡人砸烂焚毁。两年后，即同治十一年（1872年），曾国藩在南京病逝，终年62岁。朝廷赠太傅，谥号"文正"。

李鸿章

李鸿章（1823年—1901年），字渐甫（一字子黻），号少荃（泉），晚年自号仪叟，别号省心。安徽合肥东乡磨店人。因行二，民间又称"李二先生"。

李家世代耕读，至李鸿章高祖时才"勤俭成家，有田二顷"。李家一直与科举功名无缘，直到李鸿章的父亲李文安于道光十八年（1838年）考中进士，李氏一族才"始从科甲奋起，遂为庐郡望族"。李鸿章6岁时，入家馆学习。他少年聪慧，先后拜堂伯仿仙和合肥名士徐子苓为师，攻读经史，打下了扎实的学问功底。道光二十七年（1847年）考中进士，授翰林院庶吉士。入京后，在时任刑部郎中的父亲引领下，李鸿章遍访吕贤基、王茂荫、赵畇等安徽籍京官，得到他们的器重和赏识。然而最令李鸿章感到庆幸的是，他在初次会试落榜后就以"年家子"身份拜在大儒曾国藩门下，学习经世之学，由此奠定了一生事业和思想的基础。在曾国藩幕府，李鸿章不仅与恩师"朝夕过从，讲求义理之学"，还受命按新的治学宗旨编校《经史百家杂钞》。曾国藩对其十分器重，一再称其"才可大用"，并把他和门下同时中进士的郭嵩焘、帅远燡等一起，称为"丁未四君子"。

咸丰三年（1853年），太平军大举入皖，李鸿章和父亲也回乡办团练。先后率团练随周天爵、李嘉端、吕贤基、福济等清廷大员在皖中与太平军、捻军作战。咸丰六年（1856年），因战功，赏加按察使衔。七年（1857年），李鸿章父亲去世，李为父亲守制，从此结束了团练生涯。翌年，太平军陷庐州，李鸿章携家眷出逃，辗转至南昌，寓居其兄李翰章处。九年（1859年），李鸿章投奔建昌曾国藩的湘军大营，充当幕僚，为老师出谋划策。咸丰十年（1860年），太平军二破江南大营。江南的豪绅地主纷纷逃到上海避难，并派代表前往安庆请曾国藩派援兵。曾国藩转商于李鸿章，李欣然应命，开始了淮军的招募与组建。由于两淮地区本有团练基础，再加上李鸿章在当地的各种关系，淮军的组建、招募比较顺利。同治元年（1862年）初，淮军正式宣告建军，赶赴上海。同年，淮军即取得了虹桥、北新泾和四江口三战役的胜利，守住了上海。同治元年（1862年）十一月，李鸿章率淮军发起了收复苏、常的战役。经过与太平军的反复激战，最终攻克常熟、太仓、昆山、苏州等地。在进入苏州城后，为防变生肘腋，李鸿章杀太平军八降王。曾国藩接报后，盛赞李鸿章"殊为眼明手辣"。同治三年（1864年），常州、苏南地区的太平军基本被肃清。此后，淮军节节胜利。李鸿章因功受封"一等肃毅伯"，赏戴双眼花翎。太平天国失败后，北方的捻军起义仍如火如荼。同治五年（1866年），李鸿章以钦差大臣督办剿捻。同治七年（1868年），东、西捻军全部覆没。李鸿章赏加太子太保衔，授湖广总督协办大学士。天津教案后，升直隶总督。此后，

李鸿章在直隶总督兼北洋大臣任上秉政二十余年，参与了清政府有关内政、外交、经济、军事等一系列重大国策的制定与实施，成为清廷的股肱重臣。

同治四年（1865年），力倡洋务的李鸿章收购了上海虹口美商旗记铁厂，扩建为江南制造局，此后又陆续扩建了金陵机器局，接管天津机器局，大力发展近代军工业。同治十一年（1872年）以后，李鸿章又陆续创办了轮船招商局、开平矿务局、津沽铁路、上海电报总局、热河四道沟铜矿、上海华盛纺织总厂等一系列民用企业，涉及矿业、铁路、纺织、电信等各个领域。客观上促进了近代资本主义在中国的发展。

除了求富、发展经济外，建海军、谋外交，也是李鸿章一生浓墨重彩的段落。

同治十三年（1874年），李鸿章提出了定购铁甲舰、组建舰队的战略。光绪十一年（1885年），海军衙门成立，醇亲王总理海军事务，李鸿章为会办。这一时期，北洋海军建设成军。拥有舰艇25艘，官兵4000余人，成为亚洲最强大的海上力量。然而好景不长，光绪二十年（1894年）六月，甲午战争爆发。八月，北洋舰队与日本海军在黄海开战，五小时的鏖战后，军舰沉没4艘。随着旅顺、威海等重要基地失守，北洋舰队全军覆没。光绪二十一年（1895年）二月，李鸿章受命赴日本议和。二十三日，签订《马关条约》。《马关条约》一出，国内哗然，康有为等发起公车上书，掀起维新变法的高潮。在铺天盖地的舆论下，李鸿章被解除了位居二十五年之久的直隶总督兼北洋大臣职务，投置闲散。

二十六年（1900年）六月，八国联军占领北京后，慈禧挟光绪帝西逃。为收拾八国联军之役的残局，清廷再度授李鸿章为直隶总

督兼北洋大臣，并催其北上。七月，李鸿章抵京，向八国联军求和。二十七年（1901年）七月，李鸿章、奕劻代表清廷签署了《辛丑条约》，赔款4亿5000万。九月二十七日，李鸿章去世，终年78岁，谥号"文忠"。有《李文忠公全集》传世。

张之洞

张之洞（1837年—1909年），字孝达，号香涛，又号壹公、无竞居士，晚年自号抱冰。直隶南皮（今河北南皮）人。晚清洋务派代表人物之一。

同治二年（1863年）中进士，后历任翰林院编修、教习、侍读、侍讲学士及内阁学士等职。其间，为"清流派"重要成员，与张佩纶、黄体芳、宝廷、陈宝琛、吴大澄、张观准、刘恩溥、吴可读、邓承修、何金寿等人一起，放言高论，纠弹时政，抨击奕䜣、李鸿章等洋务派官僚，有"翰林四谏"之称。光绪七年（1881年），授山西巡抚。以后政治态度转变，热衷洋务运动，成为后期洋务派的主要代表人物。1884年春，中法战争前夕，补授两广总督。任内力主抗法，起用前广西提督老将冯子材等，为战事的进展作出了积极贡献。同时，他在广东筹建官办新式企业，设立枪弹厂、铁厂、枪炮厂、铸钱厂、机器织布局、矿务局等，还设立水师学堂，以新式装备和操法练兵。1889年，调湖广总督。以后十八年间，除两度暂署两江总督外，一直在此任上。他将在广东向外国订购的机器移设湖北，建立湖北铁路局、湖北枪炮厂、湖北纺织官局等，并开办大冶铁矿、内河船运和电讯事业，力促兴筑芦汉、粤汉、川汉等铁路。1894—1895年署督两江时，仿德国营制，在江宁（今南京）筹练江南自强军，后又

以之为基础在湖北编练新军。为培养洋务人才，尤注重广办学校，在鄂、苏两地设武备、农工商、铁路、方言、普通教育、师范等新式学堂，并多次派遣学生赴日、英、法、德等国留学。在洋务运动中，还大量举借外债，是为中国地方政府直接向外国订约借款之先。1895年初，日军进犯山东半岛，他曾建议将驻扎台湾的刘永福调来山东抗日，保卫烟台。6月，日军攻陷台湾基隆港，张之洞致电唐景崧，希望其"率大支亲兵，获饷械，择便利驻扎，或战、或攻、或守，相机因应，务取活便，方能得势"，不被采纳。10月19日，刘永福孤守战败，退归厦门。

在湖广、两江总督任上，张之洞颇得一些具有维新思想的知识分子好感，并任用其中一些人充当幕僚。戊戌变法时期，起先以支持维新活动的面目出现。不但捐金资助，还担任了上海强学分会的会长，并派旧属汪康年助办《时务报》。但当维新运动日益发展、新旧斗争渐趋激化后，即表明与维新派的分歧，登报声明自除会长之名，对《时务报》的进步言论大加干涉，并严斥积极支持变法维新的湖南巡抚陈宝箴、学政徐仁铸等。1898年4月，撰《劝学篇》，提出"旧学为体，新学为用"，维护封建纲常，宣传洋务主张，攻击维新思想。1900年义和团运动爆发后，主张"安内乃可攘外"，建议对其严加镇压。同年夏，八国联军进逼京津，清政府对外宣战，张之洞于地方拥兵自重，在英国策动下，与两江总督刘坤一、两广总督李鸿章联络东南各省督抚，同外国驻上海领事订立《东南互保章程》九条，规定上海租界由各国共同"保护"，长江及苏杭内地治安秩序由各省督抚负责。8月间，在汉口通过英国领事，破获设于英租界的"自立军"机关，捕杀唐才常等人。随后又在鄂、湘、皖镇压了由

维新派唐才常、林圭、秦力山等联络长江中下游哥老会发动的"自立军"起义。1901年清政府宣布实行"新政",设督办政务处,命张之洞以湖广总督兼参预政务大臣。1903年,会同管理学务大臣商办学务,仿照日本学制拟定"癸卯学制",在全国首采近代教育体制。1905年后,资产阶级革命运动兴起,镇压革命派领导的武装起义,此举颇受社会进步舆论的谴责。1907年调京,任军机大臣,充体仁阁大学士兼管学部。次年,清政府决定将全国铁路收归国有,受任督办粤汉铁路大臣,旋兼督办鄂境川汉铁路大臣。光绪帝和慈禧太后死后,受任顾命重臣晋太子太保。1909年,病故,谥"文襄"。遗著辑为《张文襄公全集》。

康有为

康有为(1858年—1927年),又名祖诒,字广厦,号长素,世称康南海或南海先生。近代政治家、思想家、教育家。广东佛山市南海丹灶苏村人。

康有为最初由祖父康赞修授业。19岁时拜学者朱次琦为师。康、朱二人都崇信理学,康有为在其熏陶下,也摒弃了经学的烦琐考据,企图开辟新的治学道路。然而在一段学习之后,他认为理学"仅言孔子修己之学,不明孔子救世之学",于是在22岁那年离开朱次琦,只身到西樵山白云洞读书,读了不少经世致用的书,如顾炎武的《天下郡国利病书》、顾祖禹的《读史方舆纪要》及《海国图志》《瀛寰志略》等书。在此期间,他还游了一次香港,眼界大开。这一年,是康有为从中学转为西学的重要开端。

1888年,康有为到北京参加顺天乡试,没有考取。他上书光绪帝,批判因循守旧,要求变法维新,提出了"变成法,通下情,慎左右"三条纲领性的主张。1891年,他回到广东,开办万木草堂学馆,收徒讲学。完成了《新学伪经考》和《孔子改制考》两部著作。1894年,发表《大同书》。1895年以后,康有为开始积极地进行变法实践。4月,正在北京参加会试的各省举人,听说清政府要与日本订立丧权辱国的《马关条约》,极为愤慨。康有为连夜起草了一份万余字的上皇帝书,力主变法,反对求和。各省举人1300多人集会,通过了这个万言书。5月2日,万言书被送交都察院(即有名的"公车上书")。在这次会试中,康有为中了进士,被任命为工部主事。以后,康有为又连续给皇帝上了几次书,系统地阐释自己的变法思想:在政治方面,他提出变君主专制为君主立宪;在经济方面,提出发展工业,振兴商业,保护民族资产阶级利益;在文化教育上,提出了"开民智""兴学校""废八股"的主张。这些观点是康有为变法维新的基本纲领。1895年8月,康有为在北京组织了强学会,讨论"中国自强之学",批判投降卖国的顽固派。这让李鸿章等人十分恼怒,强学会被迫关闭。1897年11月,德国出兵占胶州湾,激起了人民的强烈愤慨。1898年3月,康有为在北京组织了保国会。在成立大会上,康有为慷慨陈词:"二月以来,失地失权之事已二十见,来日方长,何以卒岁?"保国会员很快发展到数百人。改良派还通过发行报刊进行舆论宣传,如创办《中外纪闻》《强学报》等。这一系列的政治实践,让康有为声名远扬。1898年6月,光绪皇帝发布"明定国是"诏书,宣布实行新政,接见了康有为,赏六品衔,在"总理衙门章京上行走",给其专折奏事的权力。不久,梁启超、谭嗣同也都在政府中任了职。他们根据皇帝的授意,发布了不少实行新政的诏书，如设立学堂、提倡一定的言论自由、奖励发明创造、保护和奖励农工商业、改革财政等。然而，光绪皇帝毕竟只是一个傀儡皇帝，没有真正掌握实权。顽固派随后发动了政变，先是囚禁了光绪帝，接着又大肆捕杀谭嗣同、刘光第、康广仁等维新人士。康有为仓皇逃亡日本。曾轰轰烈烈的变法运动，随之夭折。流亡国外后，康有为组织保皇会，力倡开明专制，反对革命。为了获得更多支持，他还游历列国，会见欧洲各国君主。1913年，康有为回国，主编《不忍》杂志，宣扬尊孔复辟。作为保皇党领袖，他一直反对共和制，谋划让废帝溥仪复位。1917年，他和军阀张勋发动复辟，拥戴溥仪登基，可惜不久就以失败告终。晚年时，康有为仍对清朝抱有赤诚，溥仪出宫后，他曾亲往天津，到其居住的张园觐见探望。1927年，康有为在青岛病逝，终年70岁。

严复

严复（1854年—1921年），初名体乾、传初，改名宗光，字又陵，后又易名复，字几道，号尊疑、尺盦等。福建侯官（今福州）人。特赐文科进士出身。中国近代启蒙思想家、翻译家、教育家。

少年时期，严复考入福州马尾船政学堂，接受严格的自然科学的教育。1877年到1879年，严复被公派英国留学，先入朴茨毛斯大学，后转到格林威治海军学院。留学期间，严复对英国的社会政治产生了浓厚的兴趣，他阅读了大量的政治学术理论，尤为赞赏达尔文的进化论。1879年，严复回国。在相当长的一段时间里，他一直致力于海军教育事业。先是在福州船政学堂任教。次年，李鸿章倡建的北洋水师学堂成立，又奉调

北上，任该学堂总教习，后升任会办、总办。1895年，中国在中日甲午战争中失败，严复深受打击，开始致力于翻译著述，主张变法图强以挽救民族危亡。同年，他在天津《直报》连续发表了《论世变之亟》《原强》《辟韩》《救亡决论》等政论，以尊民叛君、尊今叛古的精神，公开申斥历代帝王是窃国于民的大盗窃国者；主张废除八股，取消科举制，施行变法等改革主张。1897年，他与王修植、夏曾佑等在天津创办《国闻报》，引进西学，抨击时政，积极倡导变法维新。一时间，《国闻报》成为与上海《时务报》齐名的当时影响最大的报纸。严复深厚的西学素养，在当时的思想界产生了重大的影响。

严复一生最重要的活动，也是他毕生最大的贡献，是他对西方学术名著的翻译介绍。其主要译著有八部：《天演论》（1898年）、《原富》（1901年）、《群己权界说》（1903年）、《群学肄言》（1903年）、《社会通诠》（1904年）、《法意》（1904年）、《穆勒名学》（1905年）、《名学浅说》（1909年）。严复的这些译著，首次系统地引入了西方的古典经济学、政治学理论以及自然科学和哲学理论，启蒙与教育了一代国人。

离开北洋水师学堂后，严复于1902年受聘为京师大学堂译书局总办。1905年，参与创办复旦公学，并在次年任校长。1912年，任京师大学堂总监督，兼文科学长。同年，京师大学堂改名北京大学，被荐为校长。辛亥革命后的严复日趋保守，担忧中国丧失本民族的"国种特性"会"如鱼之离水而处空，如蹩跛者之挟拐以行，如短于精神者之恃鸦片为发越，此谓之失其本性"，而"失其本性未能有久存者也"。1913年，他参与发起孔教会，极力主张尊孔读经。1915年，又列名于拥护袁世凯复辟帝制的筹安会。此后，他还支持

宣扬迷信的灵学会。1919年，"五四运动"爆发，他又对青年学生的爱国行动加以诋毁。1921年10月27日，严复去世，终年68岁。著作有《严几道诗文钞》等。译著编为《侯官严氏丛刑》《严译名著丛刊》。

梁启超

梁启超（1873年—1929年），字卓如，号任公，别号饮冰室主人、饮冰子、哀时客、中国之新民等。广东新会人。近代思想家，戊戌维新运动领袖之一。

梁启超自幼在家中接受传统教育。1889年中举。1890年赴京会试，不中。回粤路经上海，因看到介绍世界地理的《瀛寰志略》和上海机器造纸局所译西书，眼界大开。同年结识康有为，投其门下。1891年就读于万木草堂，接受康有为的思想学说并由此走上改良维新的道路，时人合称"康梁"。1895年春再次赴京会试，协助康有为发动在京应试举人联名请愿的"公车上书"。维新运动期间，表现活跃，曾任北京《中外纪闻》和上海《时务报》主笔，又赴澳门筹办《知新报》，在社会上产生了很大影响。1897年，任长沙时务学堂总教习，在湖南宣传变法思想。1898年回京，积极参加"百日维新"。7月，受光绪帝召见，奉命进呈所著《变法通议》，赏六品衔，负责办理京师大学堂译书局事务。9月，慈禧太后发动政变，梁启超逃亡日本，一度与孙中山领导的革命团体有过接触。在日期间，先后创办《清议报》和《新民丛报》，宣扬改良，反对革命。同时也大量介绍西方社会政治学说，在当时的知识分子中影响很大。武昌起义爆发后，革命派与清政府达成妥协。民国初年支持袁世凯，并承袁意，将民主党与共和党统一合并，改为进步党，与国民党争夺政治权力。1913年，进步党成立内阁，梁启超任司法总长。其后袁世凯称帝的野心日益暴露，梁启超反对袁称帝，与蔡锷策划武力反袁。1915年底，护国战争在云南爆发。1916年，梁启超赴两广地区，积极参加反袁斗争。袁世凯死后，梁启超出任段祺瑞把持的北洋政府财政总长兼盐务总署督办。9月，孙中山发动护法战争。11月，段内阁被迫下台，梁启超也随之辞职，从此退出政坛。1918年底，梁启超赴欧，亲身了解到西方社会的许多问题和弊端。回国之后，即宣扬西方文明已经破产，主张光大传统文化，用东方的"固有文明"来"拯救世界"。1922年起在清华学校兼课。1925年，应聘任清华国学研究院导师。1927年，离开清华研究院。1929年，因病逝世，终年57岁。

梁启超是近代学术大家，学贯中西，囊括古今，在哲学、文学、史学、经学、法学、伦理学、宗教学等领域均有建树，其中以史学研究成绩最著。1901年至1902年，梁氏先后撰写了《中国史叙论》和《新史学》，批判封建史学，发动"史学革命"。从欧游归来后，主要从事文化教育和学术研究活动，研究重点为先秦诸子、清代学术、史学和佛学。1922年起在清华学校兼课。1925年应聘任清华国学研究院导师，在职期间完成了《清代学术概论》《墨子学案》《中国历史研究法》《中国近三百年学术史》《情圣杜甫》《屈原研究》《先秦政治思想史》《中国文化史》等著作。梁启超一生著述颇丰，有多种作品集行世，其中，1936年出版的百卷本《饮冰室合集》（计149卷，1000余万字）是至今最为完备的梁氏交集。

王国维

王国维(1877年—1927年),初名国桢,后改国维,字伯隅、静安(庵),号观堂、永观、东海愚公等。浙江海宁人。近代中国著名学者,杰出的古文字、古器物、古史地学家,诗人,文艺理论学,哲学家,国学大师。

王国维家世代清寒,幼年为中秀才苦读。早年应乡试屡屡不中,遂弃绝科举。22岁起,至上海《时务报》馆任书记校对。工作之余,他到"东文学社"研习外交与西方近代科学,结识了学社的主办人罗振玉,并在罗振玉资助下于1901年赴日本留学。1902年,王国维因病归国。后又在罗振玉推荐下执教于南通、江苏师范学堂,讲授哲学、心理学、伦理学等,并致力于文学研究,开始了"独学"阶段。1905年,撰《孔子之美育主义》《就伦理学上之二元论》《尼采之教育观》《叔本华之遗传说》《教育偶感二则》《汗德之哲学说》《汗德像赞》《叔本华之哲学及其教育学说》《国朝汉学派戴阮二家之哲学说》《红楼梦评论》《书叔本华遗传说后》《叔本华与尼采》及《释理》等。1906年,随罗振玉入京,任清政府学部总务司行走、图书馆编译、名词馆协韵等。其间,王父病故,王国维回故里奔丧。这一年,王国维著述甚丰,完成了《人间词甲稿》《教育小言十二则》《奏定经学科大学文学科大学章程书后》《教育家之希尔列尔(即席勒)传》《德国哲学大家汗德传》《墨子之学说》《老子之学说》《汗德之伦理学及宗教论》《原命》《去毒篇(鸦片烟之根本治疗法及将来教育上之注意)》《孟子之伦理思想一斑》《列子之学说》《纪言》《论普及教育之根本办法(条陈学部)》《教育小言十则》《文学小言十七则》《屈子文学之精神》等。

辛亥革命后,王国维携生平著述62种,随亲家罗振玉逃居日本京都,从此以"前清遗民"处世。这一时期,王国维做了大量关于甲骨文、金文、汉简的研究。

1916年,王国维应上海犹太富商哈同的聘请,回国任仓圣明智大学教授,并继续从事甲骨文、考古学研究。1922年,受聘任北京大学国学门通讯导师。翌年,由蒙古贵族、大学士升允举荐,与罗振玉、杨宗羲、袁励准等应召任清逊帝溥仪"南书房行走",食五品禄。1924年,冯玉祥发动"北京政变",溥仪被驱逐出宫。王国维引以为奇耻大辱,愤而与罗振玉等前清遗老相约投金水河殉清,因被家人拦阻未成。1925年,受聘任清华研究院导师,教授古史新证、尚书、说文等,与梁启超、陈寅恪、赵元任、李济被称为"五星聚奎"(即清华五大导师),其桃李满天下,门人弟子遍布几代中国史学界。1927年6月,国民革命军北上时,王国维留下"经此世变,义无再辱"的遗书,在颐和园投昆明湖自尽,终年51岁。王国维的死,为中国国学史涂上了一抹悲壮的色彩。

章太炎

章太炎(1869年—1936年),原名学乘,又名绛,字枚叔,后改名炳麟,号太炎。浙江余杭人。清末民初民主革命家、思想家、学者,研究范围涉及小学、历史、哲学、政治等,被尊为经学大师。

章太炎早年遵从朴学大师俞樾学经史。中日甲午战争以后,投身变法运动,参加强学会,任《时务报》撰述。其政治思想倾向改良主义,对康有为神化孔子很不赞同,再加上他属古文经学派,康有为、梁启超是今文经学派,两派不久即分道扬镳。1898

年戊戌政变后，章太炎因参加过维新运动被通缉，逃往台湾，在《台北日报》任记者。1899年春，他把自己有关经学、史学、哲学、文学和音韵等方面的散论辑成《訄书》。同年夏，东渡日本，结识孙中山。1900年7月，在上海参加唐才常发起的张园国会，因反对既排满又勤王的宗旨，由此脱离改良派，走上了推翻清王朝的革命道路。1902年再次逃亡日本，与孙中山正式结交。为了宣传排满思想，和秦力山等人在东京发起支那亡国242年纪念会。1903年3月，重回上海，在蔡元培创办的爱国学社任教。6月在《苏报》上发表《驳康有为论革命书》，直斥光绪皇帝为"载湉小丑，未辨菽麦"，对革命则大加赞颂。清廷恼怒不已，和上海租界勾结，查封了《苏报》，将章太炎逮捕入狱，判监禁三年。监禁期间，章太炎与狱外蔡元培等人联络，发起光复会。1906年，章太炎刑满释放，孙中山派人将其接到东京，加入同盟会，任同盟会机关报《民报》主编。1908年，《民报》被日本政府查禁，章太炎开始从事讲学和著书。后因不同意孙中山的民权主义和民生主义，与之分裂。1910年，和陶成章在东京重组光复会，任会长，和同盟会从此脱离。武昌起义后，章太炎回国，与黎元洪及立宪官僚广通声气，宣传"革命军起，革命党消"，要求解散同盟会，并组织中华民国联合会，出任会长。1912年，中华民国联合会改为统一党，任理事。又被袁世凯任命为总统府高等顾问、东三省筹边使。宋教仁遇刺案发生后，章太炎辞职，参与筹划讨袁。从1913年8月起，被袁世凯软禁在北京。1917年7月，随孙中山南下护法，任护法军政府秘书长。不久，因护法军内部矛盾重重，于1918年10月退隐上海。1922年在上海组织联省自治促进会。1924年脱离孙中山改组的国民党，在苏州设立章氏国学讲习会。其思想日趋保守，反对新文化运动，反对孙中山"联俄""联共""扶助农工"三大政策，"九·一八"事变后，主张坚决抵抗日本侵略，强烈反对蒋介石"攘外必先安内"的政策。1936年6月，章太炎在苏州逝世，终年68岁。著作辑为《章太炎全集》。

经典论著

经

简述

指儒家经典。经部之下又有分类。清代的《四库全书》经部之下又分易、书、诗、礼、春秋、孝经、五经总义、四书、乐、小学等十类。

《论语》

孔子的弟子记录孔子言谈行事的著作。语录体，以记言为主。政治核心为"仁""礼""义"。"论"，为排比资料，纂辑成编的意思。"语"，系语录之意。《论语》比较忠实地记录了孔子及其弟子的言行，比较集中地反映了孔子的思想。政治、伦理、教育、礼乐、文艺等方面的许多见解，书中都有收录。今本《论语》共20篇。作为儒家的经典著作，《论语》对中华民族的心理素质和道德行为产生了重大影响。直到近代新文化运动之前，在两千余年的历史中，《论语》一直是中国人的初学必读之书。

《大学》

《大学》原为《礼记》第42篇。宋朝程颢、程颐兄弟把它从《礼记》中抽出，编次章句。朱熹将《大学》《中庸》《论语》《孟子》合编注释，称为《四书》，从此《大学》成为儒家经典。至于《大学》的作者，程颢、程颐认为是"孔氏之遗言也"。朱熹把《大学》重新编排整理，分为"经"一章，"传"

十章。认为，"经一章盖孔子之言，而曾子述之；其传十章，则曾子之意而门人记之也"。就是说，"经"是孔子的话，曾子记录下来；"传"是曾子解释"经"的话，由曾子的学生记录下来。

《中庸》

《中庸》原来也是《礼记》中的一篇。经宋儒抽出后，成为"四书"中的一书。关于《中庸》的作者，司马迁、郑玄、程氏兄弟和朱熹等人士均认为是孔子的孙子子思。子思是孔鲤的儿子，被后人尊称为"述圣"。孔子卒时，子思刚刚4岁。后来拜入曾子门下，成为曾子的弟子。成年后的子思博学多才，做过鲁缪公的老师。《汉书》中记载，子思著有《子思》23篇，现已不可考，只有《中庸》篇流传于世。

《中庸》主要讲天命性道，阐明诚意和正心为修身之前提。是基于《大学》纲目之上的展开。中心思想为"过犹不及"。宋儒程颐解释道："不偏之谓中，不易之谓庸；中者，天下之正道，庸者，天下之定理。"

《孟子》

《孟子》是记载孟子及其学生言行的一部书。与《论语》一样，《孟子》也是以记言为主的语录体散文，但相比《论语》，《孟子》又有了明显的发展，如《论语》以文字简约、含蓄出众，《孟子》则有许多长篇大论，气势磅礴，议论尖锐、机智而雄辩。

《诗经》

《诗经》是中国最早的诗歌总集。《诗经》原本叫《诗》，共有诗歌305首，因此又称"诗三百"。从汉朝起，儒家将其奉为经典，《诗经》一名由此而来。

《诗经》分《风》《雅》《颂》三部分。《风》有十五国风，是出自各地的民歌，这一部分文学成就最高，有对爱情、劳动等美好事物的吟唱，也有怀故土、思征人及反压迫、反欺凌的怨叹与愤怒。《雅》分《大雅》《小雅》，多为贵族祭祀之诗歌，祈丰年、颂祖德。《小雅》中也有部分民歌。《颂》则为宗庙祭祀之诗歌。

《尚书》

《尚书》是中国古代的一部历史文献汇编，又称《书》。"尚"的意义是上古，"书"的意义是书写在竹帛上的历史记载。"尚书"就是"上古的史书"，主要记载了商、周两代统治者的一些讲话记录。

《尚书》书名为汉代今文家所定。元代以后，该书成了科举的法定读本，明代起被刻在《五经大全》等本中。后来更成为经典中的经典之作。

《礼记》

《礼记》是战国至秦汉年间儒家学者解释说明经书《仪礼》的文章选集，是一部儒家思想的资料汇编。《礼记》的作者不止一人，写作时间也有先有后，其中多数篇章可能是孔子的七十二弟子及其学生们的作品。除了上述作品外，《礼记》还兼收了先秦的其他典籍。

《礼记》的内容主要是记载和论述先秦的礼制、礼仪，记录孔子和弟子等的问答，记述修身做人的准则。实际上，这部9万字左右的著作内容广博，门类杂陈，涉及政治、法律、道德、哲学、历史、祭祀、文艺、日常生活、历法、地理等诸多方面，几乎包罗万象，集中体现了先秦儒家的政治、哲学和伦理思想，是研究先秦社会的重要资料。

《周易》

《周易》是传统经典之一，内容包括《经》《传》两个部分。在《左传》中已有《周易》的记载，说明《周易》在春秋战国时期已经出现了。目前，对《周易》成书的时代，学术界尚有争论，但西周前期却为大多数人所接受。

至于《周易》的"周"字，历来说法颇多，如，有人认为：周是"易道周普无所不备"的意思；也有人认为周易是指的周朝。周朝为一般人所接受，很多人都以为《周易》的"周"字就是年代的意思。而《周易》的"易"字解释则更为纷繁。一说："易之为字，从日从月，阴阳具矣。""易者，日月也。""晶月为易，刚柔相当。"一说："易，飞鸟形象也。"一说："易，即蜴。蜥蜴因环境而改变自身颜色，日之易，取其变化之义。"西汉时，儒家学派将《周易》与《诗》《书》《礼》《乐》《春秋》等奉为经典，称为"六经"。

《左传》

《左传》是我国现存最早、也是相对较为完备的一部编年体史书，是儒家重要经典之一。相传是春秋末年左丘明为解释孔子的《春秋》而作。《左传》强调等级秩序与宗法伦理，重视长幼尊卑之别，同时也表现出了"民本"思想，具有强烈的儒家思想倾向，是研究先秦儒家思想的重要历史资料。《左传》起自鲁隐公元年（前722），迄于鲁哀公二十七年（前464）。按照鲁国十二公的顺序，记录了当时的历史。全书共18万字。《左传》与《公羊传》《谷梁传》被合称"春秋三传"。晋范宁曾评"春秋三传"云："《左氏》艳而富，其失也巫。《谷梁》清而婉，其失也短。《公羊》辩而裁，其失也俗。"可谓各有所长。除了史学价值，《左传》也属文学佳作，其"情韵并美，文彩照耀"，是一部颇具文学色彩的历史典籍。

《孝经》

《孝经》是儒家的伦理学经典。一说是孔子为陈述弟子曾参孝道而作，亦有人认为是后人附会。清代纪昀在《四库全书总目》中指出，该书是孔子"七十子之徒之遗言"，成书于秦汉之际。作为儒家经典，《孝经》自西汉至魏晋南北朝，注解者有百余家。

《孝经》的核心思想是"以孝治天下"，通过孔子答问的方式，论述了天子、诸侯、卿大夫、士、庶人等不同阶层的孝道。书中云，"人之行，莫大于孝"，"夫孝，天之经也，地之义也，人之行也"，"（天子之孝）爱敬尽于其事亲，而德教加于百姓，刑丁四海"，"（诸侯之孝）在上不骄，高而不危，制节谨度，满而不溢"，无不以孝为诸德之本。在《孝经》中，孝亲与忠君被亲密无间地联系在一起，"忠""孝"的地位无比崇高，"孝悌之至"甚至可以"通于神明，光于四海，无所不通"。《孝经》以孝行贯穿人行为的始终，在当时颇受推崇，不但学生士子必读，也有幸成为《十三经注疏》中唯一由

皇帝（唐玄宗）注释的儒家经典。

《尔雅》

《尔雅》是中国最早的一部解释词义的书，是中国古代的词典，也是儒家经典之一。其中，"尔"同"迩"，近的意思；"雅"即"雅言"，是某一时代官方规定的规范语言。"尔雅"就是使语言接近于官方规定的语言。其作者历来说法不一，相传为周公所作，再由孔子增益而成，也有认为是秦汉时人所作，经过代代相传成为《尔雅》。现存《尔雅》19篇，分别为释诂、释言、释训、释亲、释宫、释器、释乐、释天、释地、释丘、释山、释水、释草、释木、释虫、释鱼、释鸟、释兽及释畜篇，内容丰富，与今人分类编排的百科词典颇为类似。《尔雅》的释义非常简单，如介绍第一人称"我"，它写道："卯、吾、台、予、朕、身、甫、余、言，我也。"因为注义太过简单，它所涉及的许多语言知识很不容易理解，因此后世又出现了许多注释、考证它的著作，如晋朝郭璞的《尔雅注》，清邵晋涵的《尔雅正义》、马国翰的《尔雅古注》、郝懿行的《尔雅义疏》等。《尔雅》是最早的训诂书，保留了许多古注古义，是阅读古代经典的重要参考，因此很被学界看重。

《说文解字》

《说文解字》简称《说文》，是我国第一部系统分析字形和考证字源的字书，作者为东汉时期的许慎。《说文》原书有14卷，叙目1卷。正文以小篆为主，收入9353字，还有古文、籀文（古代的一种字体，即大篆）等异体字1163字，解说133441字。在流传中被

改动较多。现在的版本由宋朝徐铉校定，和原书相比，徐氏版本的篇目很多，每篇又分为上下卷，共30卷，收入9431字，异体字1279字，解说122699字。《说文解字》改变了秦汉以来的字书编纂方法，将收入的字编成四言、七言韵语的形式，部首编排法首次问世。许慎总结了前人的"六书"理论，创造了系统解释文字之法：先解释字义，再分析字形构造，最后注明读音。《说文》对古文字、古文献的研究很有价值，因此对其考据的文人学者颇多，以清代为例，仅为《说文》作注的就有几十家，其中段玉裁的《说文解字注》、王筠的《说文句读》《说文释例》、桂馥的《说文解字义证》及朱骏声的《说文通训定声》最受推崇。

《训诂学》

是中国传统研究古书中词义的学科，属于中国传统语文学——小学的一个分支。训诂学在译解古代词义的同时，也分析古代书籍中的语法、修辞现象。研究训诂学对于人们阅读古代文献很有帮助。"训诂"，也叫"训故""故训""古训""解故""解诂"，训，即用通俗的语言解释词义；诂，指用当代的话解释古代的语言。"训诂"连用，最早见于春秋时鲁国人毛亨注释《诗经》的《诗故训传》，"故""训""传"皆为注解古文的方法。训诂学一般有广义、狭义之分。广义的训诂学包括音韵学、文字学，狭义的训诂学只是小学中与音韵、文字相对的学科。训诂学早在先秦时就已经开始了，到汉代基本形成。宋代时，训诂学得到一定革新。元朝时，出现了一定程度上的衰退。到了清代，训诂学迎来了发展的辉煌时期。到了现代，人们则以现代语言学的方法来发展训诂学。

语言一直都在不断的变化中，相对于今人，古书中的许多词义、语法都在变化，历史语言学家考证古书中词的当代意义，编著出注疏书籍，即训诂学。训诂学最主要的研究对象是汉魏以前古书中的文字。注疏书籍分两种：一种专为注疏某一本重要的书，逐字解释全书的意义，如《论语注疏》《韩非子集解》《毛诗注疏》等；一种是单纯解释、搜集古代的词汇，分类注释，如《尔雅》《方言》《说文解字》等。此外还有对训诂学的书籍进行补充、阐释的书籍，如《方言疏证》。具体来说，训诂学的研究方法有六种，分别是：互训法，以同义词互相解释，如"老，考也"；"考，老也"。声训法，以声音相似意义相同的字解释，如"衣，依也"。形训法，以字形说明字的来源、意义，如"小土为尘"，说明"尘"的意思为"小土"，其简体字即由此而来。义训法，以当代的词义解释古词的意义，如"明明、斤斤，察也"，说明"明明""斤斤"都是"察"的意思。递训法，指用几个词连续解释，如"庸也者，用也；用也者，通也；通也者，得也"，说明"庸"字用声训是从"用"字来的，但意思是指"得"。反训法，指用意义相反的词注释，如"乱而敬，乱，治也"，此处的"乱"是"治"的意思，与现代义相反。

《方言》

《方言》是西汉学者扬雄的语言学代表作。模仿《尔雅》写成，是中国第一部方言词典。距今已有两千年的历史，全名为《輶轩使者绝代语释别国方言》。"輶轩"指古代使臣所乘坐的轻便的车子，汉末应劭曾说："周秦常以岁八月，遣輶轩之使，采异代方言。"大意是说，周秦时代，每年到八月五谷入仓之时，就会派遣乘轻车的使者到各地采集方言，以考查风俗民情，供统治者参考。到了西汉时，扬雄把这些采集来的材料加以分类编纂，即《輶轩使者绝代语释别国方言》，后因书名繁琐，被简称为《方言》。

《方言》所记载的语言所属区域极为广阔：北起燕赵（今辽宁、河北一带），南至沅湘九嶷（今湖南一带），西起秦陇凉州（今陕西、甘肃一带），东至东齐海岱（今山东、河北一带）。对于朝鲜北部的方言也有所搜集。由于整理工作艰辛，《方言》至脱稿时已用去了27年的时间。我们今日见到的《方言》是晋代郭璞的注本，其内容比原本有所增加（原本9000字，今本近12000字），大概是郭氏以前的学者进行了增补。作为一部工具书，《方言》的问世对后人研读古代史籍很有意义，对研究汉代社会文化也是难得的宝贵资料。

《释名》

《释名》作者刘熙，字成国，汉时人（可能在桓帝、灵帝时），曾师从著名经学家郑玄，献帝建安中曾避乱至交州，史书中少有记载，事迹不详。

《释名》共8卷，27篇，释名共计1502条。卷首有作者自序："熙以为自古造化制器立象，有物以来，迄于近代，或典礼所制，或出自民庶，名号雅俗，各方多殊……夫名之于实各有义类，百姓日称，而不知其所以之意，故撰天地、阴阳、四时、邦国、都鄙、车服、丧纪，下及民庶应用之器，论叙指归，谓之《释名》，凡二十七篇。"阐释其撰书的目的是让百姓知晓日常事物得名的原由或含义。其27篇分别为：释天，释地，释山，释水，释丘，释道，释州国，释形体，释姿容，

释长幼，释亲属，释言语，释饮食，释采帛，释首饰，释衣服，释宫室，释床帐，释书契，释典艺，释用器，释乐器，释兵，释车，释船，释疾病，释丧制。虽不够完备，但已是相当丰富。对于后世研究训诂、语言及社会学来说，有着重要的价值。《释名》解释名源，用的是声训的方式，就是用声音相同或相近的字来解释词义。如："贪，探也，探取入他分也。""勇，踊也，遇敌踊跃欲击之也。"以音义结合的方式说明名称的来由。《释名》也有其不足，如："斧，甫也。甫，始也。凡将制器始用斧伐木已，乃制之也。""雹，跑也，其所中物皆摧折，如人所蹴跑也。"这分别是《释用器》《释天》中的阐释，明显有穿凿杜撰之嫌。不过，在近两千多年以前，能写出这样一部具有语源学性质的书，已经十分可贵。清人毕沅曾评说："其书参校方俗，考合古今，晰名物之殊，辨典礼之异，洵为《尔雅》《说文》以后不可少之书。"这是很中肯的评价。另外值得一提的是，明代时，郎奎金将《释名》与《尔雅》《小尔雅》《广雅》《埤雅》合刻，称《五雅全书》。由于其他书都有"雅"名，为求统一，遂改《释名》为《逸雅》。因此《释名》又别称《逸雅》。《释名》的明刻本缺误较多，清人对其进行了补证疏解，其中毕沅的《释名疏证》、王先谦的《释名疏证补》最为重要，后者被誉为研究整理《释名》的集大成之作。

《切韵》

《切韵》是代表中古汉语语音的一部韵书，是汉语史上最重要的著作之一。《切韵》的编写工作始于隋文帝开皇初年，当时，陆法言的父亲陆爽在朝廷做官，刘臻、颜之

推、卢思道、李若、萧该、辛德源、薛道衡、魏彦渊这八位当时的著名学者到陆法言家聚会时讨论了编订新韵书的纲领性意见，陆法言执笔把大家商定的审音原则记下来，即《切韵》的雏形，该书直至隋文帝仁寿元年（601年）才编写完成。该书韵目的特点是按平、上、去、入四声分卷。由于平声字很多，合在一卷篇幅太大，跟其他各卷不平衡，所以分成上平声和下平声两卷。五卷总共193韵，平声54韵，上声51韵，去声56韵，入声32韵。韵相同而声调不同的三个韵组成一个"韵部"；收塞音韵尾的入声韵配合收相同部位鼻音的阳声韵组成一个"韵系"。没有入声韵相配的一个阴声韵部也叫一个韵系。这种分组，叫做"四声相承"。由于有些韵系不是在每个声调都有字，所以"四声相承"中有空缺，不是很整齐。《切韵》音系的性质是一个综合性质的语音系统，综合了南北许多方言的特点，还吸收了古音的特点。在汉语音韵学中，《切韵》音系是最受重视的一个音系，被看作是整个语音史的中枢，是研究历代音系的重要参照系统。《切韵》是历史上影响深远的韵书。它成于隋代，到初唐时仍被朝廷规定为标准韵书，即官韵。宋时，对其加以扩充成了《广韵》，地位得到了进一步强化。到了元明清三代，虽然不再以《切韵》或《广韵》为官韵，取之以"平水韵"，但平水韵也是在《广韵》的基础上改编而成的。从公元7世纪到19世纪末，《切韵》音系一直占据着音韵学的主导。

《康熙字典》

《康熙字典》是张玉书、陈廷敬等30多位著名学者奉康熙帝圣旨编撰的一部汉字辞书。编撰工作始于康熙四十九年（1711年），成书于康熙五十五年（1716年），历时六年，因此书名叫《康熙字典》。字典全书分为十二集，以十二地支为标识，每集又分为上、中、下三卷，共排列214个部首，载47035个字目。书中按韵母、声调以及音节分类排列韵母表及其对应汉字，为汉字研究的主要参考文献之一。

《康熙字典》依据明代《字汇》《正字通》两书加以增订，两书错误之处，《康熙字典》还做过一番"辨疑订讹"的工夫。《康熙字典》有这样三个优点：首先收字相当丰富，共有47035字，在相当长一段时期内是我国收字最多的一部工具书（直至1915年《中华大字典》出版，收录了48000余字）；其次它有两百部首分类，并注有反切注音、出处及参考等，几乎把每个字的不同音切和意义都做了列举，供使用者查阅；三是除了僻字僻义以外，又几乎在每字每义下，都举了例子并且注明了历代用法以佐证其变迁。

《康熙字典》的版本很多，有康熙内府刻本（即武英殿版本），该本有两种纸本：开化纸和太史连纸两种。康熙内府刻本十分豪华，多是内廷赏赐用的，在民间不常见。此外还有道光七年的内府重刊本、其他木刻本以及清末的铅印本、石印本、影印本。而最流行、发行量最大的版本是清末上海同文书局的增篆石印本。《康熙字典》的社会影响巨大，其文字、音义、书证被广泛引用，其编排体例也成为了后世出版字书的蓝本。作为中华文化的重要参考文献之一，《康熙字典》有着极高的研究价值。